生态环境资源法典型案例研究

Research on Typical Cases of
Eco-Environmental Resources Law

于君刚 著

人民出版社

目　录

前　言

　　法学研究和司法实践具有天然的联系，原因就在于理论的研究永远是基于实践的问题和经验。所以司法实践中的典型案例历来是法学研究最为"鲜活"的素材，这也是法学研究者和法律实践者的共识。案例被称为是"活的法"，是法律规范、法学理论、司法理念在法律实践中融会贯通的结晶。事实上重视案例不仅是英美法系的传统，在大陆法系也是各国的普遍做法，司法判例既是法律研究的重要对象，也是法治发展的重要基础。在我国，比照成例断案一直是古代法律文化与司法传统的重要组成部分。如汉朝有"决事比"，清朝有"律例、会典"等。当前，深入发掘与研究典型案例，搜寻类案，比对案情与处理思路，总结提炼典型案例中的裁判要旨与司法规则，更是日常司法工作的常态和必修课。这一点在最高人民法院加强案例指导和文书上网工作的背景下显得尤为重要。

　　在司法实务领域，对案例的重视也从上至下达成共识。最高人民法院和最高人民检察院实行的案例指导制度，是一项中国特色的司法制度。自建立以来，该制度发展迅速，并在统一裁判标准、提高审判质量、提升司法公信力等方面发挥了重要作用。2014 年 10 月，党的十八届四中全会《中共中央关于全面推进依法治国若干重大问题的决定》提出了"加强和规范司法解释和案例指导，统一法律适用标准"，这是党的文献首次对案例指导提出明确要求。2018 年，《人民法院组织法》和《人民检察院组织法》进行了修订，其中明确规定了最高人民法院和最高人民检察院可以发布指导性案例，并由审判委员会和检察委员会讨论通过。这一修订首次在法律上确立了案例指导制度。最高人民法院原院长周强指出："及时将最高人民法院出台的指导案例汇聚成册，不断总结案例指导工作经验，是贯彻落实党的十八届四中全会关于加强和规范案例指导工作要求的具体措施，必将有力推动案例指导制度的发展完善。"①

从法律人才培养的角度来看，在法学教学中充分体现案例指导制度的作用是多年来我国法学教育所一直大力提倡的教学方法。党的二十大报告提出要"完善以宪法为核心的中国特色社会主义法律体系"，在实践中，通过完善指导性案例实现案例法治，是为高质量发展提供法治保障的成功经验。2010年发布的《最高人民法院关于案例指导工作的规定》正式确立了指导性案例制度。长期以来，不少法律院校、法学教师致力于案例教学的实践探索，已经取得了可喜的成绩，出版了多部相对完整而体系化的案例教材，极大地促进了我国法学领域的案例教学水平。无论是法学理论研究、司法实践还是法学教育，都注重案例特别是典型案例的研究与使用。

生态环境资源法案例作为生态环境法实践的重要组成部分，对于指导实践、完善法律体系、保护生态环境具有重要意义。因此，对生态环境资源法案例进行研究不仅是理解和运用生态环境法的前提，也是推动生态文明建设的需要。生态环境资源法案例不仅展示了生态环境法律规范在实际中的应用，也反映了法律对于解决生态环境问题的作用和方式。通过对案例的分析，可以深化对生态环境法律规范的理解，提升法律规范的实际适用性和有效性。对生态环境法案例的研究不仅能够深化对生态环境法的理解，还能够推动法律的发展和完善，促进理论与实践的结合，提高公众的环保意识和法律意识。因此，加强生态环境法案例研究，对于促进生态文明建设和实现社会可持续发展具有重要意义。

---

① 周强：《充分发挥案例指导作用 促进法律统一正确实施》，《人民法院报》2015年1月4日。

习近平总书记2017年5月3日在中国政法大学考察时强调,法学学科是实践性很强的学科,法学教育要处理好知识教学和实践教学的关系。要打破高校和社会之间的体制壁垒,将实际工作部门的优质实践教学资源引进高校。法学专业教师要坚定理想信念,带头践行社会主义核心价值观,在做好理论研究和教学的同时,深入了解法律实际工作,促进理论和实践相结合,多用正能量鼓舞激励学生。习近平法治思想是党的十八大以来以习近平同志为核心的党中央统筹推进"五位一体"总体布局和协调推进"四个全面"战略布局形成的重要制度成果。习近平生态文明思想强调的"坚持用最严格制度最严密法治保护生态环境",就是习近平法治思想在生态环境保护领域的实践深化和科学运用,引领指导生态环境制度体系更加丰富和完善。

2023年2月中共中央办公厅、国务院办公厅印发了《关于加强新时代法学教育和法学理论研究的意见》。该意见紧密结合全面依法治国战略布局和当前及今后法学教育、法学理论研究的实际需要,着眼于法学教育、法学理论研究在推进全面依法治国中的重要地位及作用,落脚在为建设中国特色社会主义法治体系、建设社会主义法治国家、推动在法治轨道上全面建设社会主义现代化国家提供有力人才保障和理论支撑,具有重大的战略意义和实践价值,为法学教育改革、法治人才培养和法学理论研究提供了科学指引和基本遵循。《意见》对于环境与资源保护法学教育和生态文明法治理论研究都提出了明确要求,为我们在新形势下的法学教育和法学理论研究过程中如何体现生态环境问题提供了基本遵循。《意见》的指导思想就是习近平法治思想,前者是后者的体现和部署,和习近平总书记一贯对立法、执法、司法、法学教育和法学理论研究的要求一脉相承,都要求紧密联系实际。所以,对最能体现法律运行情况的典型案例进行系统深入研究,总结经验,不仅是法治本身的需要,也是对习近平法治思想的贯彻落实。

作为司法产品的案例,是社会公平正义防线的筑基石、防波堤。无论是案件的当事人,还是社会公众,都会从案例中管窥法律世界的一丝堂奥,而这其中散发的就是当事人与社会公众对社会公平正义的感受与感知。① 基于此，本书立足于案例又不限于对案例的讨论，通过对几个相关但又不是很系统的方面来思考生态环境保护法中的问题。本书分为公益诉讼问题研究、"绿色原则"的司法适用、生态环境损害赔偿磋商制度研究、生态环境污染侵权惩罚性赔偿适用研究、流域生态补偿机制及其法律规制和环境犯罪问题研究等六章，每章均结合典型案例进行讨论并将相关典型案例附于文后。典型案例参照最高人民法院指导案例的体例，从基本案情、诉讼及处理情况和评析及思考三个方面设置，与该章的讨论相对应。笔者希望本书能够作为生态环境保护法律实践和理论研究的一点尝试，为实现人与自然和谐共生的美好愿景贡献一份力量。

---

① 雷槟硕：《卷首语》，《师大法学》2022 年第 1 期。

第一章　公益诉讼问题研究

第一节　行政公益诉讼与人民检察院的法律监督权

2015 年 7 月 1 日全国人大常委会作出《关于授权最高人民检察院在部分地区开展公益诉讼试点工作的决定》，该制度运行后取得了令人瞩目的成就。其中最大的成就是检察公益诉讼作为一项专门的诉讼类型在国家顶层制度设计的层面得以确立起来①。人民检察院职能的增减，尤其是行政公益诉讼制度的建立，从"法律监督权"的角度看有何价值，是值得探讨的问题。

一、人民检察院法律监督权的权能配置

《中华人民共和国人民检察院组织法》第 20 条规定，人民检察院行使下列职权：（一）依照法律规定对有关刑事案件行使侦查权；（二）对刑事案件进行审查，批准或者决定是否逮捕犯罪嫌疑人；（三）对刑事案件进行审查，决定是否提起公诉，对决定提起公诉的案件支持公诉；（四）依照法律规定提起公益诉讼；（五）对诉讼活动实行法律监督；（六）对判决、裁定等生效法律文书的执行工作实行法律监督；（七）对监狱、看守所的执法活动实行法律监督；（八）法律规定的其他职权。根据上述规定，人民检察院的职权

---

① 高家伟：《检察行政公益诉讼的理论基础》，《国家检察官学院学报》2017 年第 2 期。

基本上可以概括为针对刑事案件从侦查（自侦案件）到侦查监督（公安机关侦查），再到公诉、审判以及执行活动的全过程的法律监督。这一职能设置与检察机关在历史上以公诉为中心的"刑事司法监督"理念显然具有重大关联，即：人民检察院以重大违法（刑事违法）案件的监督为工作重心。据此，检察院对人民法院民事和行政案件的处理具有了监督权。尽管人民检察院的法律监督以刑事案件为主，但已经完全覆盖了刑事、民事和行政诉讼三类案件，涉及全部法律活动。

但是，如果从人民检察院的监督对象看，不得不承认，其主要监督对象乃是刑事诉讼从侦查到审判再到执行的各机关，以及民事和行政案件的审判机关。一般行政行为并不在人民检察院的法律监督范围之内。这是因为，根据行政诉讼基本原理，一般行政行为如果侵害了相对人的合法权益，其本人即可以提起行政诉讼，人民检察院没有越俎代庖的必要。与之不同的是刑事案件，一般来说，刑事犯罪被视为侵犯了公共利益，而且确实有诸多犯罪（行政犯）并没有具体的受害人，也不存在适格的原告，但是又必须打击此类犯罪行为。为了维护法律尊严和公共秩序，法律规定由专门机关代表国家和公共利益提起诉讼，而人民检察院正是这一职能的承担者。

但是，一般行政行为违法侵害相对人的利益自然会引发相对人提起诉讼，乃是一种法律预设，而不代表实际情况。事实上，违法行政行为的直接相对人从行政行为中获取利益，从而使国家和社会公共利益遭受损害的情形亦不少见，具体行政行为损害公共利益，缺乏具有实效的救济制度。2017年修订的《行政诉讼法》第25条规定："人民检察院在履行职责中发现生态环境和资源保护、食品药品安全、国有财产保护、国有土地使用权出让等领域负有监督管理职责的行政机关违法行使职权或者不作为，致使国家利益或者社会公共利益受到侵害的，应当向行政机关提出检察建议，督促其依法履行职责。行政机关不依法履行职责的，人民检察院依法向人民法院提起诉讼。"此规定从立法层面规定了检察机关"行政公诉人"的地位。督促行政机关依法履行职责成为人民检察院法律监督的内容之一，自然也成为《中华人民共和国人民检察院组织法》修订的一大任务①。

司法体制改革后，人民检察院在失去职务犯罪侦查权的同时，获得了对具体行政行为的监督权，使其法律监督权的内涵发生了较大变化，而且这一改革从总体上向更有利于实现人民检察院法律监督的方向发展。改革之前，人民检察院的法律监督基本上围绕刑事诉讼，其监督主体涵盖侦查、审判和执行。至于其对职务犯罪的自侦权，可以看成是对公职人员侦控一体化的廉政监督（人民检察院对其他刑事案件的监督不包含侦查，但包括对侦查行为的监督）。改革之后，人民检察院获得了督促行政机关依法行使职权的权力，其监督对象和范围均得到了扩大。首先，从监督对象看，人民检察院对一般行政机关可以进行监督；而在此之前，其只能对担负侦查或者执行的行政机关，如公安、监狱等机关实施监督。其次，从监督的事项范围看，亦从刑事诉讼相关行为扩大到了一般行政行为。当然，根据《行政诉讼法》第25条第4款的规定，目前仅限于生态环境和资源保护、食品药品安全、国有财产保护、国有土地使用权出让等领域，因为在这些领域中，公共利益更容易受到行政机关行政行为的侵害。但随着检察行政监督的不断深化，其他行政行为亦可能纳入检察监督的范围。

二、行政公益诉讼的基本价值厘定：客观行政法律秩序的维护

在我国的国家机构体系中，行政机关所担负的职能最为广泛，行政执法活动对人民生活以及社会公益的影响最为直接和广泛。宪法所规定的依法治国，在很大程度上需要落实在依法行政上。而行政机关在行政执法过程中享有较大的自由裁量权，又不像司法机关存在控辩审三方的结构制约。因此，行政机关在行政活动中滥用权力及不作为的可能性均较大。对行政机关侵害行政相对人的作为或者不作为，行政相对人可以运用行政复议和行政诉讼乃至国家（行政）赔偿来解决，尽管目前的制度仍然不够完善，但制度通道是

---

① 天津市人民检察院第二分院课题组：《检察机关提起民事公益诉讼制度的实践与完善》，《检察调研与指导》2019年第3期。

畅通的。而对损害公共利益的行政行为，则缺乏富有实效的制度来纠正，建立行政公益诉讼的主要目的正在于纠正损害公共利益的行政行为。

人民检察院维护公共利益而提起公益诉讼与行政相对人维护其自身利益提起的普通行政诉讼的最大不同，在于人民检察院不仅要代表国家和公共利益，同时也要维护法律的正确实施，而行政相对人并不具有对法律正确实施的监督义务。比如以最典型的刑事诉讼为例，人民检察院既要代表国家对犯罪进行追诉，同时，如果发现犯罪嫌疑人存在罪轻或者无罪的证据，同样要予以收集，存在不应当起诉的法定情形时，亦应依法不予起诉。而行政被告人的辩护人只需要收集对被告人有利的证据，对其不利的证据甚至可以视而不见。维护公共利益与维护法律正确实施乃是检察工作的一体两面，不可偏废。甚至可以说，法律的正确实施，本身就是人民检察院最关注的"公共利益"，这也是人民检察院法律监督权的应有之义。所有国家机构，包括立法、行政和司法机关均有维护公共利益之义务，但人民检察院维护公共利益的方式最为特殊。立法机关、行政机关和司法机关均以其自身的立法活动、行政活动以及审判活动，维护公共利益，而人民检察院则以监督其他机关的公权行为是否符合法律规定来维护公共利益（根据我国的宪法体制，人民检察院对立法机关不具有监督权）。对公权力进行合法性监督乃是人民检察院检察职能的本质要求。

在合法性监督的视角下考察人民检察院的各项职权就会发现，从刑事诉讼程序中的侦查监督到审判监督以及执行监督的整个过程，人民检察院均站在维护法律正确适用的立场，既不偏向于公权机关，也不偏向于刑事被告人。唯有在公诉活动中，其作为控诉方与辩护方和审判方形成一种三角结构，推进庭审的进程，法律监督的特征似乎不明显。但如果将控辩审三方格局视为确保人民法院对被告人正确定罪量刑的最佳审判结构，就会发现人民检察院的监督作用仍然是明显的。试想只有辩护方和审判方的法庭结构，要么法官成为主动的追诉者，丧失中立的立场。要么法官中立，而只有被告人一方的辩解，都很难保证刑事审判的合法性。因此，即便在公诉活动中，作为控方的人民检察院也担负了监督刑事审判合法进行的基本责任。有论者指出，担任公诉人的人民检察院与担任法律监督者的人民检察院会产生职权上的混淆，这种说法过分夸大其词。首先需要明确的是，人民检察院即便担任公诉人，只能依据事实和法律追诉犯罪，对被告人具有的从轻减轻情节的相关证据亦应当向法庭提交。这一点与辩护方具有重大不同，辩护方没有义务向法庭提交被告人具有从重、加重情节的证据。其次，在刑事诉讼中，控辩双方对审判活动都具有广义上的监督作用。控辩审三方的诉讼结构中，控方和辩方形成对抗的基本作用乃是为了帮助法院更好的查明案件事实，正确适用法律，辩方也只能在法律允许的范围内维护被告人的合法权益。

行政公益诉讼的价值也可以比照刑事公诉进行同样的分析。在行政公益诉讼中，人民检察院担任控方，行政机关作为辩方，人民法院居中裁断，通过三角诉讼构造对被诉行政行为或者行政不作为是否合法进行审判。事实上亦有论者提出将行政公益诉讼命名为"行政公诉"，乃至"民事公诉"[①]。因违法的行政行为或者违法的行政不作为给公共利益造成损害，而又缺乏适格的原告提起诉讼时，行政违法行为或者违法不作为就无法得到纠正。行政公益诉讼使人民检察院获得了通过诉讼方式确认行政违法、纠正行政违法的制度通道。在理论上，通常把当事人因自身权益受到行政行为损害，为了保护公民的权益提起的诉讼称为"主观诉讼"，而"客观诉讼"的目的则在于维护公共利益和客观的法律秩序[②]。所谓"客观法律秩序"在行政法领域其实就是法律的正确执行。人民检察院提起行政公益诉讼当然是对行政机关和行政行为进行法律监督的活动，这乃是落实宪法关于人民检察院法律监督权的应有之义。之所以在此前没有建立行政公益诉讼制度，只是因为立法者认为一般的行政违法通过主观诉讼就能够得到完全解决。

[①]　刘辉：《检察公益诉讼的目的与构造》，《法学论坛》2019 年第 5 期。

[②]　曾哲、梭娅：《环境行政公益诉讼原告主体多元化路径探究——基于诉讼客观化视角》，《学习与实践》2018 年第 10 期。

三、行政公益诉讼存在的主要问题反思

行政公益诉讼包括前置程序、诉讼程序以及人民法院生效裁判的执行阶段，在这三个阶段都存在需要探讨的实际问题。

（一）提起行政公益诉讼的前提条件问题

行政公益诉讼的基本理由就是通过人民检察院提起"客观诉讼"纠正重大的行政违法，维护社会公益。但是，诉讼程序本身是代价比较高昂的活动，在通过更低成本就能够纠正行政违法的情况下，公益诉讼恰恰是应该避免的。尤其是在控辩审三方皆为国家公权机关、花费公共资源的情况下，降低成本本来就是社会公共利益的应有之义。因此，《行政诉讼法》规定行政公益诉讼必须以人民检察院提出检察建议作为提起诉讼的前置程序。《最高人民法院、最高人民检察院关于检察公益诉讼案件适用法律若干问题的解释》进一步将行政机关收到检察建议后自行改正并回复检察机关的时间限定为两个月，两个月仍然不履行职责的，人民检察院依法提起公益行政诉讼。从监督成本的角度看，上述规定显然是合理的。不过实践中可能出现这样几种情形，仍然需要加以明确。第一种，行政机关收到检察建议后，采取了一定措施，但并没有完全履行职责，能否提起诉讼？第二种，行政机关完全履行了职责，但没有向人民检察院回复，能否提起诉讼？第三种，行政机关收到检察建议后，向人民检察院作出了回复，但回复的内容是解释之所以无法履行职责的各种理由，能否提起诉讼？就行政执法实践看，行政机关对检察建议置若罔闻，既不积极履行，也不进行回复的可能性很小。但采取部分履行或者向人民检察院回复解释各种履行中的困难和障碍的可能性更大。上述情形是否符合起诉条件就必须要加以考虑。

（二）诉讼阶段的举证责任分配问题

举证责任是诉讼中的核心问题，举证责任不同，必然导致当事人在诉讼

中地位的不同。在刑事诉讼中，为了保障被告人的合法权益，我国确立了由公诉机关承担举证责任的制度。在行政诉讼中，为了维护行政相对人的合法权益，同时考虑到行政机关对证据的接近性以及依法行政的要求，由被告行政主体承担主要的举证责任。在行政公益诉讼中，应当由哪一方承担主要举证责任乃是一个不容回避的问题。

《最高人民法院、最高人民检察院关于检察公益诉讼案件适用法律若干问题的解释》第4条规定："人民检察院以公益诉讼起诉人身份提起公益诉讼，依照民事诉讼法、行政诉讼法享有相应的诉讼权利，履行相应的诉讼义务，但法律、司法解释另有规定的除外。"据此，行政公益诉讼一般应当遵照《行政诉讼法》的相关规定，人民检察院担任原告的角色。根据行政诉讼法的规定，被诉行政主体应当对其行政行为合法的事实和法律承担证明责任。但在行政公益诉讼实践中，通常由人民检察院对行政行为不合法的事实举证。比如，在乾县人民检察院诉乾县农牧局、乾县发展和改革局、乾县财政局确认发放退耕还林后续产业项目专项资金违法，并责令依法履行职责一案〔（2018）陕0424行初9号〕中，人民检察院承担了全部举证责任，而三被告未提交任何证据。在行政公益诉讼中，究竟是如同在刑事诉讼中一样由人民检察院承担举证责任，还是如同在普通行政诉讼中一样，由行政机关承担举证责任，这是一个需要认真对待的问题。

（三）行政公益诉讼的执行问题

行政公益诉讼的核心功能在于纠正行政违法，督促依法行政。行政公益诉讼结束并不意味着行政监督工作的结束。在西安铁路运输检察院诉西安市环境保护局不履行法定职责案〔（2018）陕7102行初745号〕（西安市首例环境保护行政公益诉讼案件）中，西安铁路运输法院指出：保护大气环境是全社会的共同使命，治理大气污染，法治不可缺少。行政机关及每个公民均有责任保护大气环境。国家设立公益诉讼制度的目的和意义在于充分发挥司法审判、法律监督职能作用，维护宪法法律权威，维护社会公平正义，维护国家利益和社会公共利益，督促适格主体依法行使公益诉权，促进依法行政、严格执法。因此，诉讼的本身不是目的，裁判也非终点。西安市环境保护局作为本案被诉行政机关，对辖区内的环境保护工作更应当依法、及时、全面地履行监督管理职责。

裁判并非终点，这在行政公益诉讼中表现更为突出。有研究发现，在全部行政公益诉讼中，责令行政机关履行职责的案件占绝对多数①。行政机关履行职责裁判的执行自然成为一个重大问题。在行政机关拒不执行人民法院履职判决的情形下，没有有效的程序进行处理。首先，根据我国的权力结构，责令行政机关履职的案件，应当由行政机关自行执行，无法申请人民法院强制执行。其次，由人民检察院再次发出检察建议并提起行政公益诉讼，不仅存在"重复处理"的嫌疑，而且也存在浪费司法资源的问题，故不可采用。

由行政相对人提起的行政诉讼中，尽管也存在一些要求行政机关履行职责的案件，但总体上数量及比例均较低。在行政公益诉讼中，要求行政机关履行职责成为主要的诉讼类型。由于人民法院对行政机关是否执行裁判，无法越俎代庖予以执行，随着行政公益诉讼的展开，如何监督行政机关主动执行判决、履行职责自然会成为一个必须面对的问题。

四、人民检察院行政公益诉讼的完善

从法律监督的视角观之，行政公益诉讼作为检察机关对行政行为的法律监督，具有合理性和必要性。但由于行政公益诉讼与刑事诉讼制度的出发点存在很大差异，制度构造自然也应存在相应区别。行政公益诉讼的基本职能是对行政行为进行法律监督，确保行政机关依法行政。对行政机关的检察法律监督应当以能否实现监督目标以及能否以较低成本实现法律监督作为评价标准。因此，行政公益诉讼的成本效益应当成为制度设计的重要考

① 王一彧：《检察机关提起环境行政公益诉讼现状检视与制度完善》，《中国政法大学学报》2019年第5期。

量依据。

损害公共利益的违法行政行为或者不作为，大致可以分为三种情形。第一种是行政机关明显违法或者不作为，只不过没有具体行政相对人，或者行政相对人不愿或者不能提起诉讼，导致违法行为或者不作为得不到纠正。第二种是行政机关是否存在违法、是否损害公共利益存在较大争议，难以作出简单的判断。第三种是行政机关的行政行为或者不作为虽然不完全符合法律，但因其他客观原因，比如执法力量不足、法律制度的设计存在问题等，导致行政机关难以履行职责。显然只有第二种情形才适宜通过行政公益诉讼的方式，由人民检察院提起公益行政诉讼，相对中立的人民法院对是否违法、应否撤销以及是否继续履行、如何履行等作出裁判。第一种明显违法的情形，即便诚实的行政机关自己也不会或者无法提出其行政行为合法的有效抗辩。此种情形如果也按照普通的行政诉讼程序予以审理，显然会造成公共资源的较大浪费。笔者以为，此类案件即便进入诉讼程序，也应当以完全不同的方式结案。比如，可以考虑在行政公益诉讼中，规定行政机关强制答辩，人民检察院可以请求人民法院只在书面审查的情况下作出迅速裁决。如果行政机关在期限内提不出答辩或者不能提出有效抗辩，人民法院可以根据人民检察院的申请，直接作出裁判。对第三种情形，严格来讲，已经不属于行政诉讼能够解决的问题，而是更为广泛的社会问题、立法问题，也不宜通过诉讼来解决。

从制度设计的整体性来讲，尽管行政公益诉讼毫无疑问以诉讼程序为中心，但是从制度的有效性和制度效率方面考量，行政公益诉讼的前置程序以及裁判后的执行问题也是不容忽视的方面。有研究者发现，经过行政诉前程序，大约接近80%的案件由相关行政机关自行进行了纠正或者履行了职责①。这说明检察建议作为行政公益诉讼的前置程序发生了非常良好的作用。另一方面，在进入公益诉讼的案件中，大部分案件为责令行政机关履行

---

① 秦鹏、何建祥：《论环境行政公益诉讼的启动制度——基于检察机关法律监督权的定位》，《暨南学报（哲学社会科学版）》2018年第5期。

职责案件。目前我国行政公益诉讼主要有三种类型，即确认违法之诉、撤销之诉以及责令履行职责诉讼。刘艺收集了截至2016年12月的318例生态环境和资源保护类行政公益诉讼案件，其中308件涉及责令履行职责，其比例接近97%①。尽管其所选取的生态环境和资源保护等案件类型可能对结论会产生一定影响，但毫无疑问，行政机关以行政不作为方式侵害公共利益的案件数量占有很大比例应该是成立的。这一方面说明，行政机关通过行政行为乱作为的情况并不是很严重，另一方面又说明行政机关怠于履行职责的情况较为突出。在法院作出责令行政机关履职之后，就存在行政机关执行法院生效裁判的问题。行政不作为的情形较为复杂，即便法院作出了履职裁判，但行政机关由于多种原因可能无法在限期内履行职责。这时，既不能申请人民法院强制执行，又无法再次提出检察建议。为了保障人民法院生效判决的严肃性，可能需要对行政机关主要负责人采取行政问责措施，以此保障生效裁判得到尊重和执行。总之，行政公益诉讼乃是一项系统工程，整体设计应当大体上遵循以前置程序为重点、以诉讼程序为中心、以判后监督为保障的原则，整体推进依法行政。

第二节　检察机关提起环境民事公益诉讼的主体资格

检察机关参与民事公益诉讼问题在我国的实务界、理论界一直争议颇大。持肯定观点的学者从国家干预理论、程序当事人理论和正当当事人理论论证检察机关作为适格民事主体提起公益诉讼的正当性和必要性②；持否定观点的学者则针对检察机关提起公益诉讼可能因自身角色冲突（法律监督机关与监督对象）而导致民事诉讼架构失衡、和行政机关职能的冲突以及检察权无限扩张带来的诉讼可能性等角度否定检察机关提起公益诉讼的主体资

---

① 刘艺：《行政检察与法治政府的耦合发展》，《国家检察官学院学报》2020年第3期。

② 张陈果：《论公益诉讼中处分原则的限制与修正——兼论〈新民诉法解释〉第289、290条的适用》，《中外法学》2016年第4期。

格①。从民事诉讼立法来看，这种分歧也是显而易见的：1982 年通过的《民事诉讼法（试行）》否定检察机关民事公益诉讼的诉权，仅由第 12 条就检察机关的民事检察监督权做了原则性规定；1991 年修订《民事诉讼法》尚未就检察机关提起公益诉讼问题进行任何规定；直至 2012 年修订《民事诉讼法》，增加了关于民事公益诉讼的规定："对污染环境、侵害众多消费者合法权益等损害社会公共利益的行为，法律规定的机关和有关组织可以向人民法院提起诉讼"，成为检察机关民事公益诉讼的主要法律依据。

一、检察机关参与民事公益诉讼实践与立法历程

自 2012 年民事诉讼法修订后增设了环境公益诉讼条款及此后被称为"史上最严"的环境保护法出台一年多时间里，我国环境公益诉讼案件数量并无飞跃式增长。实践中环境污染事件频发而法律难以作为，为加强对国家利益和社会公共利益的保护，2015 年 7 月 1 日全国人大常委会发布《全国人民代表大会常务委员会关于授权最高人民检察院在部分地区开展公益诉讼试点工作的决定》，授权最高人民检察院在生态环境和资源保护、国有资产保护、国有土地使用权出让、食品药品安全等领域开展提起公益诉讼试点。试点地区确定为北京、内蒙古、吉林、江苏、安徽、福建、山东、湖北、广东、贵州、云南、陕西、甘肃共十三个省、自治区、直辖市，公益诉讼试点期限为两年。

自 2015 年到 2017 年 6 月检察机关完成了两年的民事公益诉讼试点工作，试点的实践效果如何呢？依据最高人民检察院的通报，截至 2017 年 6 月，试点地区检察机关共办理公益诉讼案件 9053 件。其中，诉前程序 7903 件、提起诉讼案件 1150 件，起诉案件中，人民法院判决结案 437 件。试点地区检察机关共办理生态环境和资源保护领域案件 6527 件②。其中陕西省截

---

① 杨秀清：《我国检察机关提起公益诉讼的正当性质疑》，《南京师范大学学报（社会科学版）》2006 年第 6 期。

② 薛应军：《最高检通报检察机关提起公益诉讼试点工作情况》，《民主与法制时报》2017 年 7 月 4 日。

至 2017 年 3 月底，收到公益诉讼案件线索 724 件，生态环境类 284 件，占比 39.23%，资源保护类案件 323 件，占比 44.61%；提起公益诉讼的案件 49 件，生态环境类 17 件，占比 34.69%，资源保护类 27 件，占比 55.10%①。从检察机关试点情况分析，诉前程序案件比例较高，起诉案件比例不高，检察机关民事公益诉讼的重点集中在环境公益诉讼中。

迄今为止涉及环境民事公益诉讼的法律主要有《环境保护法》《海洋环境保护法》《民事诉讼法》《民法典》；司法解释有最高人民法院先后出台的《关于适用〈中华人民共和国民事诉讼法〉的解释》(以下简称《民诉法解释》)、《关于审理环境侵权责任纠纷案件适用法律若干规定的解释》（以下简称《环境侵权解释》)、《人民法院审理人民检察院提起公益诉讼案件试点工作实施办法》（以下简称《法院实施办法》)，最高人民检察院出台的《检察机关提起公益诉讼试点方案》（以下简称《试点方案》)、《人民检察院提起公益诉讼试点工作实施办法》（以下简称《检察院实施办法》)，以及最高人民法院、最高人民检察院《关于检察公益诉讼案件适用法律若干问题的解释》（以下简称《公益诉讼解释》)。至此，我国有关环境民事公益诉讼制度的立法框架基本建构完成。

2018 年《公益诉讼解释》出台后，对试点工作中呼声很高的检察机关公益诉讼管辖问题、诉讼请求范围、诉讼费用负担、被告能否反诉、是否适用调解、检察机关有无撤诉权等作出了司法解释，上述问题得到基本解答。我们应该看到，《公益诉讼解释》对困惑环境民事公益诉讼的许多问题作出司法解释，对环境民事公益诉讼非常具有指导性和操作性，但对于检察机关民事公益诉讼当事人资格、诉讼主体顺位、举证责任分配、证明规则、裁判的效力范围等尚未明确。检察机关进行环境民事公益诉讼，其诉讼地位如何确定、诉讼权利与诉讼义务与普通民事原告有何不同、诉讼程序有无特殊要求，由于现有立法对此尚无明确规范，需要结合现行民事诉讼法及司法解

---

① 祁英：《陕西省检察机关公益诉讼试点调研情况及取得成效分析》，《吉林广播电视大学学报》2018 年第 8 期。

释，协调和统一。

二、检察机关民事公益诉讼主体资格：从一起全国首批检察机关起诉的环境民事公益诉讼案谈起

2015 年 8 月，徐州市人民检察院在履行职责过程中，发现徐州市鸿顺造纸有限公司非法排放生产废水造成环境污染后，督促当地三家环保社会组织提起环保公益诉讼，但这些组织均称不具备公益诉讼能力。徐州市人民检察院就检察机关能否作为公益诉讼人提起民事诉讼上报至最高人民检察院，最高人民检察院批复同意徐州市人民检察院提起环境公益诉讼。随后，徐州市人民检察院依据《民事诉讼法》及《全国人大常委会关于授权最高人民检察院在部分地区开展公益诉讼试点工作的决定》的规定，向徐州市中级人民法院提起环境污染公益诉讼。徐州市中院审查认为符合受理条件，于 2015 年 12 月 28 日立案受理该案。此案经徐州市中级人民法院一审判决鸿顺公司赔偿生态环境修复费用及服务功能损失共计 105.82 万元。宣判后，被告不服提起上诉。江苏省高级人民法院二审判决驳回上诉，维持原判①。

本案是全国人大常委会授权检察机关试点提起公益诉讼以来，人民检察院依法提起的首批环境民事公益诉讼案件之一，具有较强指导意义和理论研究价值。

(一) 当事人适格与检察机关的民事公益诉讼主体资格

我国民事诉讼理论传统观点认为，当事人是指因民事权利义务关系发生纠纷，以自己的名义进行诉讼，并受人民法院裁判约束的直接利害关系人。按照这一说法，当事人必须与案件有直接利害关系，这就排除了其他与案件无直接利害关系的人起诉的可能性。这一观点在学界称为"利害关系当事人说"。此后随着民事诉讼理论研究的深入，出现了权利保护当事人概念，即

---

① 参见江苏省徐州市人民检察院诉徐州市鸿顺造纸有限公司水污染民事公益诉讼案。具体案情见本章案例 1。

指因民事权利义务发生纠纷，以自己的名义进行诉讼，旨在保护民事权益，并能引起民事诉讼程序发生、变更或消灭的人。它与"利害关系当事人说"最根本的区别是，这种当事人不仅包括为保护自己权利而进行诉讼的人，还包括那些为保护他人的民事权益而进行诉讼的人。"权利保护当事人说"拓宽了我国民事诉讼当事人的范围，有助于民事纠纷的解决。但是这种修正是有局限性的，对于为他人利益而战的当事人，其实质也有可能是一种诉讼承担。目前民事诉讼理论较多地采用程序当事人来矫正前两种观点之不足，认为在现实诉讼中，当事人的资格需要在诉讼进行中逐渐查明，因而所谓的当事人是存在于程序中即以自己名义起诉、应诉的人①。结合该案，如何判断检察机关是不是民事诉讼当事人或是否具有民事诉讼当事人资格，判断当事人的标准，在学术界主要有意思说、行动说、表示说、适格说等学说，其中适格说为我国多数学者认同，即主张从有利于解决纠纷的实体法主体的角度把握、确定当事人②。也有学者认为检察机关提起民事公益诉讼的当事人资格，更接近学理上的"诉讼管理学说"。该观点认为，公益诉讼中的诉权主体是否为请求权主体，并非为最为关键的问题，而是出于公共秩序和执法效率的考量，在特定条件下赋予特定主体诉权③。

依据《试点方案》和《检察院实施办法》，结合此案来看，检察机关以公益诉讼人的身份提起诉讼，显然是基于全国人大常委会对检察机关的授权，其主体身份恰是一种在"特定条件下的被赋予特定诉权"主体，那么检察机关在何种情况下能够成为公益诉讼主体？本案被告鸿顺造纸有限公司违法排污，造成苏北堤河河段严重污染，其行为产生的社会危害是对公共利益的损害。依照《试点方案》，检察机关经过诉前程序，在其他适格主体没有提起诉讼、社会公共利益仍处于受侵害状态下，检察机关可以公益诉讼人的身份提起民事公益诉讼。对于检察机关的诉讼地位，处于民事诉讼原告地

① 江伟：《民事诉讼法学》，中国人民大学出版社2007年版，第153页。
② 张卫平：《民事诉讼法》，法律出版社2016年版，第125页。
③ 吴俊：《中国民事公益诉讼年度考察报告（2017）》，《当代法学》2018年第5期。

位，但尚难以采用原告的称谓。环境公益诉讼中检察机关的民事主体资格，究其来源仅仅依据的是最高人民法院、最高人民检察院《关于检察公益诉讼案件适用法律若干问题的解释》第4条的规定，"人民检察院以公益诉讼起诉人身份提起公益诉讼，依照民事诉讼法、行政诉讼法享有相应的诉讼权利，履行相应的诉讼义务，但法律、司法解释另有规定的除外"。检察机关作为国家法律监督机关，其权力来源于宪法。依据现行《民事诉讼法》，检察机关属于民事诉讼参加人，有权支持当事人向法院提起诉讼。《最高人民法院关于审理环境民事公益诉讼案件适用法律若干问题的解释》虽然对环境公益诉讼制度相关内容进行了细化，但人民检察院也仅限定在"支持起诉"上，和民事诉讼法规定保持一致。结合《试点方案》和《实施办法》对检察机关提起公益诉讼的主体资格定位为"公益诉讼人"，这一表述存在以下几个问题：检察机关是诉讼当事人还是诉讼参加人？检察机关如果是当事人则其诉讼权利和诉讼义务如何？是否和普通当事人一致还是有所不同？现有立法及司法解释均未明确规定。民事诉讼当事人在诉讼中依法享有诉讼权利和履行诉讼义务，其诉讼权利义务指向其主张的案件事实和诉讼请求，而其他诉讼参加人参与民事诉讼活动指向性明确，即协助人民法院查明案件事实。此次两院联合出台司法解释，检察机关在民事公益诉讼中的"公益诉讼参加人"身份，既有别于诉讼当事人，也不同于其他诉讼参加人。这种既非当事人又非一般诉讼参与人的定位，恐怕与当前我国环境案件激增，急需进入环境公益诉讼加以解决的现实性不无关系。此种地位可以应一时之需，但难以保障实践中检察公益诉讼主体诉讼权利的实现与诉讼义务的履行。这意味着检察机关提起民事公益诉讼，在程序上将有必要且应尽快实现特殊化和专门化。

（二）检察机关支持适格当事人起诉与检察机关以"公益诉讼参加人"资格支持起诉是我国民事诉讼法的基本原则之一

《民事诉讼法》第15条规定，"机关、社会团体、企业事业单位对损害国家、集体或者个人民事权益的行为，可以支持受损害的单位或者个人向人民法院起诉"。支持起诉必须具备三个条件：一是加害人的行为构成了侵权，确实损害了国家、集团或者个人的民事权益，需要支持受害者同侵权行为作斗争；二是受损害者没有起诉，如果是一般民事权利争议，当事人可以自行处分；三是支持起诉的时机必须是受损害的单位或个人不能、不敢或者不便诉诸法院。结合民事诉讼法和我国审判实践经验，有权支持起诉的主体只能是对于受害者有保护责任的机关、团体和企事业单位，在支持起诉的案件中，被支持者是当事人，支持起诉的单位、团体等不是当事人，不能以自己的名义起诉。我国司法实践中，检察机关支持起诉的民事案件时有发生，如2014年江苏泰兴"12·19"环境污染案发生后，泰州市人民检察院实施其法律监督职能，与市环保部门、人民法院协商，由泰兴市环保局牵头成立泰州市环保联合会，由环保联合会以原告名义提起公益诉讼，同时检察机关支持起诉，最终法院裁决认可诉求请求，取得较好的法律效果和社会效果①。又如2014年江苏省句容市人民检察院依法支持镇江市生态环境公益保护协会、句容市环保局为原告，将句容市葛村镇荣盛防水材料厂、上海铁路局南京东机务段诉至镇江市中级人民法院，诉其承担因环境污染造成的污染物处置费用80万元，污染场地处置平整费用75600元，被污染土地修复费用350万元。该案由镇江市中级人民法院立案审理，荣盛防水材料厂现已被责令关停②。

检察机关作为法律监督机关，履行监督职能，对于损害国家、集体的侵权行为，督促受损害者起诉，并支持起诉，是其职责使然。那么，在支持起诉之外，如何协调检察机关以自己名义提起环境民事诉讼？依据《试点方案》和《检察院实施办法》，检察机关在起诉前有一个必经程序，即诉前程序，负有法律监督权的检察机关，通过诉前程序督促负有环境保护法定职责的行政机关或者"有关组织"向法院提起环境公益诉讼，以上有关机关、社会组

---

① 《检察机关可支持起诉环境污染损害民事赔偿案》，泰州普法网，2017年12月11日。

② 《七大典型案例》，江苏检察网，2015年1月20日。

织怠于起诉的，可以由检察院以"公益诉讼人"的身份直接提起环境公益诉讼。这意味着，检察机关起诉其实为适格当事人不起诉的"后卫"，检察机关以支持起诉、督促相关机关依法起诉，将会是检察民事公益诉讼坚持的基本原则。

三、对检察机关提起环境民事公益诉讼若干法律问题的思考

对于我国目前关于环境公益诉讼的立法建构，检察机关提起的环境公益诉讼是否需要一个特殊和专门化的程序抑或目前已有的程序是否属于特殊程序，学界观点不一。有学者认为，环境公益诉讼并非一种独立的诉讼类型，只是一种与原告资格认定相关的诉讼方式和手段，是为了解决对"环境的损害而确定的特殊制度"①。有学者认为，现有的立法模式，将环境公益诉讼列入和小额诉讼一样的特别诉讼程序②。从现行立法和司法解释来看，不论是环境民事公益诉讼还是普通民事诉讼程序，都未将其特殊化称为一种特别程序。因而，在现行法律体系下，完善环境民事公益诉讼制度，需要明确以下几个问题。

（一）检察机关提起环境民事公益诉讼的法律原则

民事诉讼法的基本原则在民事诉讼整个阶段或重要阶段起着指导性作用，集中体现了我国民事诉讼法的社会主义精神实质，具有普遍指导意义，为诉讼参与人的诉讼活动和法院的审判活动指明方向。检察机关提起公益诉讼，现有立法及司法解释的规定十分有限，这意味着在法律规范不明确之处，作为本源和基础的法律原则，可以很好协调法律体系中规则之间的矛盾，弥补法律规则的不足与局限。环境民事公益诉讼作为民事诉讼活动，其

---

① 吕忠梅：《侵害与救济——环境友好型社会中的法治基础》，法律出版社 2012 年版，第 321 页。

② 董峻、高敬：《破解"企业污染、群众受害、政府买单"的局面——专访环境保护部副部长黄润秋》，《新华每日电讯》2016 年 11 月 9 日。

必然要适用民事诉讼的基本原则，但同时又要坚持检察民事诉讼的公益性、支持起诉原则和谦抑性原则。

一是公益性原则。从公益诉讼与私益诉讼在定义、性质、内容等方面的区别来看，二者是相对的。所谓私益诉讼，从其各方面来看以保护个体利益为主要诉讼目的；公益诉讼，则是保护国家、社会公共利益为主要诉讼目的，为阻止损害公益的行为同时追究加害人的法律责任向法院起诉①。我国一直陷于"边发展，边污染，边治理"的困境，形成了"企业污染，群众受害，国家治理"的怪圈②。近年环境问题成为国家重大的民生问题，让检察院提起环境民事公益诉讼，其核心强调"公益"，其诉讼主要目的是保护国家利益和社会公共利益。环境公益诉讼与传统诉讼不同，突破了"无利益无诉讼"原则。检察机关提起民事公益诉讼，能够充分发挥检察机关法律监督职能作用，督促对环境保护负有监督管理职责的政府部门及其他机关、社会组织更好地履行职责。

二是支持起诉原则。《最高人民法院关于审理环境民事公益诉讼案件适用法律若干问题的解释》第 11 条规定："检察机关、负有环境保护监督管理职责的部门及其他机关、社会组织、企业事业单位依据民事诉讼法第 15 条的规定，可以通过提供法律咨询、提交书面意见协助调查取证等方式支持社会组织依法提起环境民事公益诉讼。"因而检察机关在提起民事公益诉讼之前，应当依法督促或者支持法律规定的机关或有关组织提起民事公益诉讼。法律规定的机关或者有关组织应当在收到督促或者支持起诉意见书后一个月内依法办理，并将办理情况及时书面回复检察机关。适格主体提起民事公益诉讼的，检察机关应当派人出庭支持诉讼。

三是谦抑性原则。检察机关在环境公益诉讼中，应当"有所为有所不为"，即坚持谦抑原则。公权力行使应当有所制约，在环境民事公益诉讼中，

---

① 傅郁林：《民事诉讼法修改应立足于程序分类建构》，《人民法院报》2012 年 2 月 29 日。

② 别涛：《中国的环境公益诉讼及其立法设想》，中国环境科学出版社 2007 年版，第 32 页。

检察机关依职权行使法律监督职责，理应体现谦抑性。首先，《试点方案》《检察院实施办法》以及《公益诉讼解释》设置诉前程序，是对检察机关诉权的必要限制。检察机关在提起民事公益诉讼之前，应当依法督促或者支持法律规定的机关或有关组织提起民事公益诉讼。其次，设置起诉前的层报程序。根据《试点方案》的要求，试点期间，地方人民检察院拟决定向人民法院提起公益诉讼的，应当先行层报最高人民检察院审查批准。经过诉前程序，法律规定的机关和有关组织没有提起民事公益诉讼，社会公共利益仍处于受侵害状态的，检察机关才可以提起民事公益诉讼。

（二）检察机关在环境民事公益诉讼中的和解权和撤诉权问题

依据相关条款，检察机关依法享有相当于民事诉讼原告的权利，但不完全等同于原告的诉讼权利，也不完全承担民事原告的诉讼义务。《检察院实施办法》第 23 条对和解权作出了规定："民事公益诉讼案件，人民检察院可以与被告和解，人民法院可以调解。和解协议、调解协议不得损害社会公共利益。"《检察院实施办法》肯定检察机关在进行环境民事公益诉讼中具有和解和调解的权利，同时规定这项权利的行使不得损害社会公共利益。那么由谁来判断和认定？以怎样的程序来实现这种限制？如果仅有原则性的规定，那么规制的作用只在于宣示，产生不了实际作用。和解以侵害者停止侵害、进行环境修复和支付环境修复以及生态补偿费用为结果，如果达成环境侵害人后期进行环境修复治理等协议，检察机关撤诉后环境侵害人又反悔而不履行协议达成义务的，检察机关如何督促其履行义务？能否再行起诉还是申请强制执行协议？如果和解是检察机关和被告庭外达成和解而申请撤诉的，能否准予？这都是需要继续研究的问题。我国民事诉讼法对于撤诉权的规定，体现了当事人处分原则与法院审查原则的结合，即当事人可以申请撤诉和法院按撤诉处理，其中原告申请撤诉的，是否准许，由法院决定。法院经审查后，认为原告撤诉不损害他人、国家或者集体合法权益的，予以准许。另外，对于法院准许撤诉的时间法律没有规定。原则上，在案件审理期限内的任何时间，法院都可以作出准许撤诉的裁定。具体时间，由承办法官视案件情况决定。对于"在民事公益诉讼审理过程中，人民检察院诉讼请求全部实现的，可以撤回起诉"这一规定，依然存在诸多不明确之处：对于检察机关在环境民事公益诉讼中的撤诉权问题上，是否依然实行审查制，即受案法院是否对人民检察院"诉讼请求全部实现的"与否进行审查，是形式审查还是实质审查？以及对检察院申请撤诉，有无时间限制？法院准许撤诉是否和普通民事诉讼一样还是应有所区别？显然这样一个条款解决不了上述诸多问题。实践中，为了避免适用上的混乱，应严格按照民事诉讼法的规定进行，即对检察机关与被告的和解以及检察机关的撤诉权，需按照现行民诉法由法院进行审查，对于不损害他人、国家或者集体合法权益，实现全部诉讼请求的，予以准许。检察院提起撤诉的时间应当在法院合议前提出，法院可以在案件审理的期限内作出是否准许的裁定。对于检察机关和被告达成庭外和解的，应由法院制作和解协议由双方签字确认，在检察机关申请撤诉时，可以准予，而被告反悔不执行协议内容的，检察机关有权依协议申请强制执行。

（三）检察机关在环境民事公益诉讼的证明责任问题

环境侵权责任由侵权损害结果、侵权违法行为、行为和结果之间的因果关系三个要件事实构成，环境受害方应就其环境污染损害赔偿请求权的发生要件事实负证明责任。其中，由于环境侵权纠纷的特殊性，关于环境侵权行为与环境遭受损害结果之间的因果关系，成为决定环境侵权诉讼是否成立的最重要的争论点。我国受大陆法系影响较为深远，在环境侵权这一特殊侵权领域，在证明责任分配上，采用所谓举证责任倒置。即为了保证受害方得到充分有效的救济，减轻原告的证明责任，矫正传统"谁主张，谁举证"证明规则产生的不平衡，立法和司法解释对因果关系的举证责任作出了特别安排，在环境侵权案件当事人之间进行强制性分配即举证责任倒置。《民法典》第 1230 条规定："因污染环境、破坏生态发生纠纷，行为人应当就法律规定的不承担责任或者减轻责任的情形及其行为与损害之间不存在因果关系承担举证责任。"即不论侵权人是否存在主观上的过错，只要存在客观的侵权行为和损害事实，就构成承担责任的前提基础。

环境民事公益诉讼自然属于环境侵权诉讼无疑，但由于一般环境侵权案件涉及法益多是人身权或财产权，在环境民事公益诉讼中，涉及法益是社会公共利益。当检察机关充任原告、以公益诉讼参加人提起环境民事公益诉讼时，基于其国家法律监督机关的地位和职能，有强大、雄厚的权力资源做支撑。而被告通常是处于被管理、被监督地位的环境损害行为人。可见，原告与被告之间并不是完全平等的民事主体之间的关系。此时是否将被告的环境损害行为与环境损害结果之间有无因果关系的举证责任倒置给被告，存在两个问题：一是有无必要性，二是举证责任倒置和检察机关提起环境民事公益诉讼的条件不一致。根据《检察院实施办法》第 16 条规定，"人民检察院可以向人民法院提出要求被告停止侵害、排除妨碍、消除危险、恢复原状、赔偿损失、赔礼道歉等诉讼请求"。第 17 条规定，人民检察院提起民事公益诉讼应当提交"民事公益诉讼起诉书；被告的行为已经损害社会公共利益的初步证明材料"。第 19 条规定，"人民检察院提起民事公益诉讼，对提出的诉讼请求所依据的事实或者反驳对方意见所依据的事实，以及履行诉前程序的事实，应当提供证据加以证明，法律另有规定的除外"。检察机关就环境侵权的三个要件提供证据已经加以证明，所以就损害作为与结果之间的因果关系是否需要倒置给被告则不是必然要求。

我国在司法实践中增设检察机关提起环境民事公益诉讼，既涉及国家和社会公共利益的保护，又要兼顾法律监督职能的实现，其诉讼目的带有很强的规制和管理目的。结合现有的诉讼实践，需要不断完善环境民事公益诉讼制度的理论构建，进一步丰富民事诉讼理论体系，逐步推动环境民事公益诉讼立法日趋完善和成熟。遵循环境问题特质和特别诉讼程序个别化原理，建立起与环境公益诉讼自身特质相适应的专门化程序是必然要求[①]，环境公益

---

① 甘力、张旭东：《环境民事公益诉讼程序定位及立法模式选择研究》，《重庆大学学报（社会科学版）》2018 年第 4 期。

最大化是环境公益诉讼立法机关和司法机关解决环境问题的出发点和最终落脚点。

第三节　检察机关提起环境民事公益诉讼诉前程序

随着经济的发展，环境生态问题也愈发严重。环境保护领域不仅成为社会热议话题，也成为各界学者们研究的热点。立足我国司法实践和生态现状，借鉴其他国家环境立法的经验，我们逐步建立了环境民事公益诉讼相关的法律制度。从环境民事公益诉讼制度的出台，到明确环境民事公益诉讼的诉前程序，增设人民检察院拟提起民事公益诉讼依法公益制度，有关我国环境民事公益诉讼诉前程序的顶层设计日益完善。但是该制度如何实现立法目的，该手段是否能够达到制度设计的初衷，仍需要我们从国情出发，从中国裁判文书网以及《中国环境资源审判》的具体案例出发，针对诉前程序当前的主要矛盾，立足时限性和实效性，进行目的性和可持续性的分析研究，并提出可行性的参考建议，使诉前程序在更好地发挥其独立作用的同时，能够与诉讼程序更好地递进衔接。

一、检察机关提起民事公益诉讼诉前程序概述

（一）检察机关提起诉前程序内涵界定

1. 检察机关提起民事公益诉讼诉前程序的概念

随着生态环境保护问题的日趋严重，基于保护无归属主体的环境公益，立法者通过赋予与环境公共利益不具有直接利害关系的社会组织和特定国家行政机关公益诉权的方式对我国传统的诉讼机制进行了改革。检察机关提起民事公益诉讼诉前程序（以下简称为"诉前程序"）是检察机关提起环境公益诉讼的最后一个环节，其内容是在检察机关依职权提起环境民事公益诉讼之前，应当督促适格起诉主体优先提起环境民事诉讼，或在其他适格主体行使公益诉权时以支持起诉的方式给予相应的帮助。如果经过诉前程序，有关

适格主体仍不提起民事诉讼或无适格主体提起诉讼，且公共环境仍在遭受不法侵害，检察机关可作为公权力代表提起公益诉讼，以实现对社会公共利益的保护①。

诉前程序的设置，使检察机关作为最后的诉讼保障人存在于环境公益诉讼中。检察机关作为我国的法律监督机关，其拥有的监督权中天然包含着维护公共利益的职责，但由于其所拥有的公权力具有单向性的特点，使用不当极易造成专权滥用的现象，所以应坚持谦抑原则。诉前程序便是该原则的一个体现。

2.环境民事公益诉讼客体范围界定

在实践中，我国生态环境民事公益诉讼案件类型涉及生态的各个方面，从最高人民法院发布的《中国环境资源审判（2019）》来看，环境资源案件主要有自然资源开发与利用、气候变化的应对及影响、生态环境服务、生态环境保护、生态环境治理五种类型。从中国裁判文书网公布的2012—2020年全国生态环境民事公益诉讼286起案件类型分布来看（图1-1），案件类型主要集中在废物污染（74起，占比26%）、林地破坏（55起，占比19%）、水污染（48起，占比17%）三种类型。

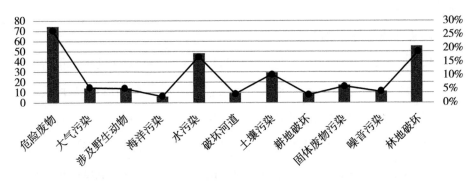

图1-1 2012—2020年我国有关生态环境公益诉讼案件类型

在三清山巨蟒峰环境民事公益诉讼案中，张永明等三被告采取打岩钉方

———————
① 董荣：《环境民事公益诉讼诉前程序完善的法律思考》，《河北环境工程学院学报》2020年第5期。

式的攀爬行为对巨蟒峰的损害构成对自然环境（亦即生态环境）的破坏，侵害了社会公众的环境权益。环境权益包含人们生存发展必需的环境基本要素和满足人们更高层次需求的生态环境资源，前者如空气、水源等，后者如名胜古迹、优美风光、具有科研和保护价值的濒危动植物等。所以，该案中二审人民法院驳回上诉，维持原判，认定该案属于检察院可提起的破坏生态环境和资源保护的民事公益诉讼。

（二）诉前程序与相关程序的关系

1. 诉前程序和审前程序

诉前程序异于审前程序，审前程序适用于案件受理之后、法院审理之前，其主要内容是送达起诉书、答辩状、整理案件争点等庭审前期准备工作，以保障后续审判的顺利进行。而诉前程序主要是对相关行政机关以及社会组织进行督促建议、公告和支持起诉或者作为兜底主体行使诉权等方式去保护社会公共利益①。

虽然两者都起到了对案件进行分流的作用，但诉前程序更侧重于保障其他适格主体的潜在诉权，防止检察机关滥用权力，发挥公益保护协同效应，调动公众参与度。

2. 诉前程序与诉讼阶段

从时间上看，诉前程序在先，诉讼程序在后，检察机关非因诉前程序的经过不能提起诉讼。诉讼程序作为一种后置保护力，能够在诉前程序失效的情况下补位完成对公共利益的救济。从逻辑上看，诉前程序作为一种被法律规定的正当程序，无论是检察机关还是其他适格主体在进行环境民事公益诉讼中都应该严格依照法定程序来行使自己的权利，让权利在制度的框架内自由活动。近几年的实践结果也证明，依照法定顺序进行诉讼活动不仅能有效促进实体问题的跟进，还能体现其保障公正秩序的内在价值。从目的上看，

---

① 曾鹏：《论检察机关提起民事公益诉讼诉前程序》，硕士学位论文，西南财经大学法学院，2019年，第26页。

诉前程序和诉讼程序都是为了实现对公共利益的保护，如果在诉前程序阶段就能实现这一目的，不仅能提高环境问题的解决效率，避免因开展诉讼程序这一环节所造成的司法资源浪费，还能促进检察机关精准把握定位，进一步优化其法律监督职能属性[①]。

3. 诉前程序与行政公益诉讼诉前程序

在适用主体上，前者包括行政机关和社会组织；而后者主要是滥用职权或者渎职不作为的行政机关。在适用的案件范围上，前者主要适用于环境资源保护以及食品药品安全领域损害社会公共利益的案件；而后者除前两种案件类型外还适用于国有财产保护和国有土地使用权出让等方面的案件。在实施方式上，前者侧重于督促、公告以及支持起诉的方式，而后者侧重于发检察建议的方式。

二者都有助于实现案件的诉前分流以减少诉累，且在实践中，二者的适用范围亦有重叠之处，例如，某造纸厂滥伐树木严重损害生态环境，在环保机关积极履责而造纸厂继续滥伐行为时，可由有关机关或者社会组织对该造纸厂提起民事公益诉讼。然而在环保机关不积极履责、行政不作为的情况下，检察机关可以选择以行政机关为被告提起行政公益诉讼，亦可选择督促相关适格起诉主体以造纸厂为被告提起环境民事公益诉讼，要求其停止滥伐行为。

（三）诉前程序的特征

1. 诉前程序适用的法定性

2017 年民事诉讼法增加了诉前程序，其适用对象为法定行政机关、社会组织。针对前者，现行立法仅规定了海洋环境行政机关享有公益诉权；针对后者，环境保护法中规定享有公益诉权的社会组织应当符合四要件，即依法在设区的市以上人民政府民政部门登记、专门从事环境保护公益活动、从事公益活动连续五年以上、截至目前无违法记录。例如中国生物多样性保护

---

①　杜玮倩：《检察机关提起民事公益诉讼相关问题研究》，《重庆第二师范学院学报》2020 年第 1 期。

与绿色发展基金会、中华环保联合会和消费者权益保护协会等①。

此外，《最高人民法院关于审理环境民事公益诉讼案件适用法律若干问题的解释》（以下简称为《解释》）规定了检察机关的督促公告期为 30 日；《公益诉讼解释》明确规定了其他适格主体对检察机关督促公告的 30 日回复期。

2. 程序必经性

2015 年《检察院实施方法》中首次明确了诉前程序，由此赋予了诉前程序法定性特征。其将诉前程序与提起普通民事诉讼置于同等地位。作为检察机关提起公益诉讼的前置性程序，检察机关在履行完支持或督促程序后，有关组织应当在法律规定的期限内依法行使自己的起诉权利并将结果以书面形式反馈给检察机关，否则经过诉前程序，检察机关才能以适格主体的身份行使公益诉权②。

3. 方式特定性

目前环境民事公益诉讼的诉前程序分为支持起诉和发布诉前公告两种。支持起诉是指检察机关以主动支持或者依申请支持起诉的方式帮助诉讼主体参与到公益诉讼中，这是唤醒公民积极行使权利的有效方式，也是公权力机关保障公民私力救济权的体现。《公益诉讼解释》在环境民事公益诉讼的诉前程序中增加了检察院公告，使得所有符合法律规定的适格主体在知晓检察院公告后都能了解其享有诉权。在以往的实践过程中，同一民事公益诉讼中符合法律规定的适格主体数量庞大，而检察机关无法针对每一主体都发送督促起诉意见书和检察建议。该规定有效解决了定向性与现实性之间的矛盾，基本杜绝了收到意见书的主体放弃起诉资格而未收到意见书和检察建议的主体却要求起诉的现象③。

---

① 解京京：《检察机关提起民事公益诉讼诉前程序研究》，硕士学位论文，中南财经政法大学法学院，2019 年，第 45 页。

② 王春花：《试论检察机关提起民事公益诉讼诉前程序》，硕士学位论文，华东政法大学法律学院，2019 年，第 32 页。

③ 董荣：《检察机关提起环境民事公益诉讼诉前程序研究》，硕士学位论文，石河子大学法学系，2020 年，第 36 页。

二、检察机关提起环境民事公益诉讼诉前程序的问题分析

（一）诉前程序中调查核实权的行使缺乏保障机制

根据《检察机关民事公益诉讼案件办案指南（试行）》（以下简称《办案指南》）规定，检察机关在诉前程序中需要对侵权行为人的身份情况、具体侵权行为、损害后果（包括社会公共利益与环境权益的持续受损状态、损害的具体类型、损害预估数额等）、侵权行为与损害后果之间的因果关系、侵权行为人的主观过错进行调查。且检察机关所收集的上述证据材料要符合《民事诉讼法》规定的证据的真实性、关联性和合法性；与此同时，各个证据之间要能够指向同一目标，不存在冲突，不违反相关的政策和法律文件。

首先，关于对损害后果以及侵权行为与损害后果因果关系的调查难度较大，针对此类侵害生态环境案件，虽然因果关系的举证责任倒置给侵权行为人，但检察机关基于确定违法侵权事实的需要，对是否存在因果关系仍负有调查核实义务；且由于生态自然环境具有自净功能，部分侵权行为所造成的损害后果往往因为环境的自我净化功能而恢复或者好转，在此过程中固定证据亦具有很大的难度[①]。

其次，在检察机关行使调查核实权的过程中缺乏相应的制度机制予以保障，具体包括在取证、样本及损害鉴定、询问、与其他机关或者组织交流沟通等环节，其强制力度不足，调查核实的可操作性便会相应减弱，在该过程中也容易受到外界干扰（包括其他自然人、社会组织以及相关行政机关）。

（二）诉前程序的启动与终结无明确标准

关于诉前程序的启动条件，现行立法并未对其做具体规定，基于对中国裁判文书网的 286 份环境民事公益诉讼案例进行统计和分析，可得出以下的操作步骤（如图 1-2 所示）。

---

① 王慧、樊华中：《检察机关公益诉讼调查核实权强制力保障研究》，《甘肃政法大学学报》2020 年第 6 期。

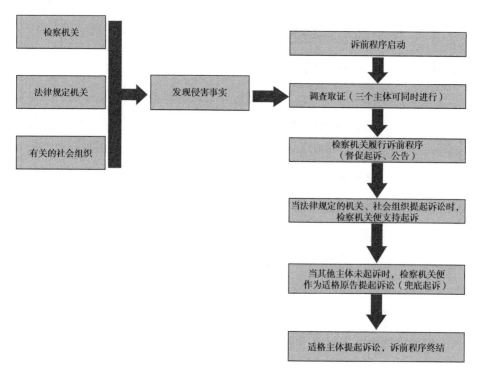

图 1-2 公益诉讼诉前程序流程图

从图 1-2 可知，当一个侵害环境事实发生时，可能会存在多个适格主体同时进行调查取证，大量的人力、财力、物力无疑会增加诉讼成本，使得诉前程序失去减少诉累和降低成本的意义。而以下问题均与民事环境公益诉讼的启动与终结标准有关。如在检察机关发布公告、督促起诉之前，各方主体的重复取证行为；在调查取证阶段，当多方主体重复行为时应当由哪一方终止取证进程或者放弃潜在诉权；若法律规定的机关或者有关组织在公告期内依法行使诉权，检察机关在诉前准备阶段所收集证据材料的证明力问题、证据材料如何移交给其他适格主体问题，检察机关之外的适格主体欲行使公益诉权时，由管辖法院还是由适格原告向检察院回应公告、告知其终止相应的诉前程序、结束相关的调查核实措施、向法院移送有关的案件材料问题等。

（三）督促与建议起诉的方式较为单一化

通过对中国裁判文书网 286 份有关民事公益诉讼诉前程序案例以及《中国环境资源审判》案例进行归纳统计（见表 1-1、表 1-2），可以得出以下结论：在司法实践中，检察机关履行诉前督促程序以在网站上发布公告为主要方式，包括但不限于"正义网"和《检察日报》，而在 30 日的公告期内，法律规定的机关以及社会组织大多未对检察机关的公告进行书面回复，在 30 天期满后，亦未提起诉讼，从而导致检察机关成为证据搜集主体与必然起诉主体①。

表 1-1　我国公益诉讼主体诉前程序中具体做法

案件名称	检察院诉前程序做法	其他机关或者组织的做法
重庆市人民检察院第二分院诉被告简青山、谭长和、钟华林侵权责任纠纷环境民事公益诉讼案	在正义网进行公告，公告期 30 天；搜集并提交有关证据	公告期内无书面反馈，未提起公益诉讼
衢州市柯城区人民检察院与被告盛国祥、朱亚飞侵权责任民事公益诉讼案	在正义网进行公告，公告期 30 天；搜集并提交有关证据	公告期内无书面反馈，未提起公益诉讼
佛山市人民检察院与佛山市金业金属制品有限公司环境民事公益纠纷案	在《检察日报》刊登公告，公告期 30 天；搜集并提交有关证据	公告期内无书面反馈，未提起公益诉讼
重庆市人民检察院第二分院诉被告恩施市渝新农业开发有限责任公司、彭永亮、彭顺廷、彭顺金、谭天云侵权责任纠纷环境民事公益诉讼案	在正义网进行公告，公告期 30 天；搜集并提交有关证据	公告期内无书面反馈，未提起公益诉讼
重庆市人民检察院第二分院诉被告许传林侵权责任纠纷环境民事公益诉讼案	在正义网进行公告，公告期 30 天；搜集并提交有关证据	公告期内无书面反馈，未提起公益诉讼

---

①　麻宝宝、张峰：《环境公益诉讼诉前程序研究》，《山东理工大学学报（社会科学版）》2018 年第 2 期。

续表

案件名称	检察院诉前程序做法	其他机关或者组织的做法
重庆市人民检察院第二分院诉被告赵安奉侵权责任纠纷环境民事公益诉讼案	在正义网进行公告,公告期30天;搜集并提交有关证据	公告期内无书面反馈,未提起公益诉讼
重庆市人民检察院第三分院与郝明应侵权责任纠纷案	在《检察日报》刊登公告,公告期30天;搜集并提交有关证据	公告期内无书面反馈,未提起公益诉讼

表1-2　我国公益诉讼主体诉前程序中具体做法

案件名称	检察院诉前程序做法	法律规定的机关或组织寻找情况
许建惠、许玉仙污染环境案	调查常州市辖区内的环保社会组织	登记的三家组织不符合提起公益诉讼主体规定
北京多彩联艺国际钢结构工程有限公司污染大气环境案	发出公告,公告期30天	没有法律规定的机关或组织提起
山东省聊城市人民检察院诉路荣太民事公益诉讼案	向淄博市民政局进行查询	没有符合提起民事公益诉讼条件的公益组织,且无法律规定的机关提起民事公益诉讼
湖北省利川市人民检察院诉吴明安、赵世国、黄太宽刑事附带民事公益诉讼案	在《检察日报》刊登公告,督促适格主体提起民事公益诉讼	公告期满后没有其他适格主体对该案提起诉讼

　　督促程序是诉前程序的必经阶段,最高人民法院、最高人民检察院联合出台的《公益诉讼解释》将检察机关履行诉前程序的方式由"督促起诉意见书""检察建议书"的方式更改为"公告"的方式,并规定公告期为30日。至于公告的方式、范围、具体操作、公告后续如何、适格主体之间如何衔接等问题,均未进行明确的规定。

　　结合最高检公布的第八批和第十三批指导性案例中的许建惠、许玉仙民事公益诉讼案件,江源区卫生计划局及中医院行政附带民事公益诉讼案,宝鸡市环保局凤翔分局怠于履职案，曾云侵害英烈名誉案等，我们可以看出所涉及诉前程序的执行方式都是以检察机关的咨询、公告、调查核实为主，而非支持起诉、督促、调查核实与公告的有机统一，这使得诉前程序中检察机关的职责与义务流于形式。综上，实行以公告为主、完善发放检察建议的督促方式具有可行性与现实的紧迫性①。

（四）支持起诉与实际参与诉讼的界限较难把握

依据《民事诉讼法》第58条的规定，当适格起诉主体行使公益诉权时，人民检察院可以对其支持起诉。首先，从该条以及相关的司法解释来看，现行法对"支持起诉"仅局限于起诉阶段，即在其他适格主体提起诉讼之时或者之后，检察机关可以支持起诉，这也就等同于将诉前的调查核实阶段以及后续的法庭审理阶段排除在支持范围之外，覆盖范围小使得"支持起诉"在实务中难以落实。与此同时，关于"支持起诉"与"实际参与诉讼"的界限亦未进行区分，诸如提供法律咨询、协助调查取证、依法提供有关证据材料、搜集调查证据等行为到底属于支持起诉还是实际参与诉讼②。其次，法条规定"可以支持起诉"，"可以"表明是任意性规范，无强制性约束力，从某种程度而言，检察机关也会因此而取得较大的自由裁量空间，而这对实际落实支持起诉制度是极为不利的。

三、检察机关提起环境民事公益诉讼诉前程序完善建议

（一）扩大调查核实权的行使范围并建立相关的运行保障机制

依据《民事诉讼法》以及《办案指南》的相关规定，检察机关行使调查核实权时需要以初步明确的损害为前提。由于生态环境具有自净恢复功能，

---

① 陆军、杨学飞：《检察机关民事公益诉讼诉前程序实践检视》，《国家检察官学院学报》2017年第6期。

② 晏翔：《环境民事公益诉讼诉前程序的构建与完善》，《山东行政学院学报》2017年第3期。

损害的"明确"与否于检察机关而言具有极大的不可控因素，这便大大降低了检察机关对损害环境公共利益侵权行为适用诉前程序的频率。

首先，随着经济的高速发展，防控生态环境风险问题（即绿水青山的保护问题）逐渐演变为经济健康发展的另一镜面，二者相辅相成。基于此，笔者认为环境民事公益诉讼诉前程序调查权的行使范围应扩大为损害事实和侵权行为，前者是指对环境利益、生态资源的破坏事实，后者是指侵权方污染环境、破坏生态的侵权行为，赋予检察机关较为广泛的调查权。此种范围界定有利于检察机关收集和固定证据，把更多的环境侵权、生态破坏行为置于公益诉讼管辖范围之内，降低侵权行为的发生率，从而保护自然生态环境。

其次，应当建立公益诉讼调查核实权的运行保障机制，形成调查核实权运行和保障的一体化、完整化流程。具体而言，包括赋予检察机关在诉前程序中的强制取证权，在某些特殊情况下，检察机关在调查取证过程中需要对其他主体的权益进行相应限制时，赋予其强制取证权以防止证据丧失而无从恢复；赋予检察机关相应的制裁权，对妨碍、破坏调查核实的其他自然人、法人、行政机关等主体视其行为情节严重程度采取罚款、司法拘留等强制措施；实行公益诉讼证据调查令制度等①。

（二）明晰诉前程序的启动和终结标准

关于诉前程序的启动标准，笔者认为诉前程序的启动应当分为三步。首先，应以检察机关发现并初步确认生态环境遭受侵害为启动点，进而发布公告、由检察机关先行调查取证。其次，判断侵权违法行为所损害的利益性质，若侵害了社会公共利益（自然资源、生态环境），应由法律规定的机关调查取证，提起民事公益诉讼；若侵害了特定主体（如消费者、集体经济组织成员、邻近居民或者村民）的利益，则应由有关的社会组织进行调查取证，提起诉讼；若所损害的利益性质难以判断时，则由有关行政机关进行取

---

① 刘加良：《检察公益诉讼调查核实权的规则优化》，《政治与法律》2020 年第 10 期。

证，赋予其优先起诉权。最后，当检察机关发布公告以后，享有起诉权的主体依法决定提起诉讼时，检察机关应将其先行调查的线索信息和证据移送有关机关，并可以依申请或者依职权进行支持起诉；若在公告期内享有起诉权的主体未提起诉讼或者在回复期内未对公告和督促建议进行回复（包括书面和口头回复），检察机关应当兜底行使公益诉权，继续完成后续取证搜集资料的工作，并将适格起诉机关和社会组织的消极不作为告知其隶属的行政机关、同级监察机关或者主管部门，追究相关负责人责任[①]。

关于诉前程序的终结标准，首先，笔者认为诉前程序的行使结果包括适格起诉主体接受检察建议或督促公告，在回复期内行使公益诉权；法律规定的机关和社会组织以自己的行为或者书面回复明确表示放弃诉权；法律规定的机关和社会组织在回复期内消极不作为；且上述的回复权均由法律规定的机关或者社会组织自己行使，无须通过后续的管辖法院进行回复。综上，笔者认为最优环境公益代表主体行使诉权是诉前程序的终结标准之一，"最优"主体是指从案件辖区范围、诉前所收集的证据材料等因素来进行判断最适宜诉讼目的达成的主体。当然，在最优诉讼主体未行使诉权的情况下，检察机关作为兜底主体依法依规行使公益诉权亦是诉前程序终结的标准之一。

（三）完善督促、建议起诉的方式

笔者认为完善督促和建议起诉的方式应当从以下几点入手：第一，在网络化和信息化的背景之下，利用智能电子数据库将辖区内享有起诉权的主体进行归纳汇总，通过对库内各种数据的对比，智能筛选出与该公益诉讼案件最为密切的适格原告；网络初选后，再由相关工作人员进行人工审核，确定最终适格主体。

第二，对"督促起诉意见书"和"检察建议书"可以采用纸质、电子版以及现场送达三种方式。电子版的文书以到达对方系统为准，在进入对方系

———————

① 刘加良：《检察公益诉讼调查核实权的规则优化》，《政治与法律》2020年第10期。

统 7 个工作日内视为对方已经接收，并且开始起算 30 日的回复期；纸质版的文书和现场送达的文书以送达之日的次日视为起算回复期的第一天，回复期原则上为 30 日，但是也应当设置一个 7 日的紧急回复期，以防止紧急情况下损害的进一步扩大。回复期满，若法律规定的机关未回复，检察机关在兜底行使诉权的同时，一并将该机关的行为向同级监察委员会或者该机关的上级行政机关反映，追究其相应的责任；若渎职、不作为等行为构成相应职务犯罪的，则可由检察院自侦或由监察委员会进行调查；回复期满，若符合条件的社会组织未回复，可以将该情况告知其所属的人民政府或者对该组织有直接隶属关系的其他行政机关，并且将此情况计入社会组织的社会征信记录①。

第三，"公告"应当在报纸、新闻媒体以及有关的政府、机关网站上发布，公告范围应覆盖全国，以此来最大程度地避免因辖区内无适格主体从而"一揽子"交由检察机关进行兜底起诉。原则上公告期为 30 天，但是也应当设置一个 7 日的紧急公告期，在适格主体接收到检察建议或者知道公告内容后消极不作为，以致社会公共利益仍在遭受紧迫危险时，以便检察机关能够及时行使诉权，防止损害的进一步扩大。

（四）明晰支持起诉的时机和内容

关于"支持起诉"的时机，笔者认为，检察机关应在发送检察建议书、督促起诉意见书、公告文本的同时将《支持起诉权利告知书》置于附件，在被告知、被督促主体作出行使诉权的决定阶段即享有"支持起诉"的申请权。

关于"支持起诉"的内容，笔者认为检察机关应当坚持"有限支持"的原则，要与"实际参与诉讼"进行区分，以诉前支持为主，以诉中和诉后支持为辅。检察机关不能实质性地参与法庭审理、法庭调查、法庭辩论，诉中和诉后阶段以派员出庭支持起诉、派员监督诉后执行进度最为适宜。一方面，其作为法律监督机关，要时刻保持谦抑性的特点；另一方面，检察机关

---

① 徐薇婷、张茂龙：《民事公益诉讼中检察机关调查核实权的立法完善》，《经济师》2021年第 1 期。

本身就是民事公益诉讼的适格兜底主体，若再实质性地参与支持起诉，反而会架空其他适格主体的起诉权。检察机关应在支持起诉中与其他适格主体共享线索信息、提供专业的法律服务、协助其固定与收集证据、帮助其熟悉相关的诉讼流程、辅助其进行相关样本和损害鉴定等。在物质方面，检察机关可以对案件所涉及的民事公益诉讼进行初审，若案情较为复杂、涉及多方主体利益等，可以对有关组织提供相应的物质帮助。与此同时，检察机关应当协助有关的社会组织建立公益诉讼专项账户，实行专款专用，将每一笔收入（执行款、赔偿款、修复费等）与支出（案件受理费、鉴定费、调查核实费等）对社会进行公示，在信息公开化和透明化的同时实现诉讼费用的专门化[①]。

第四节　环境行政公益诉讼制度的反思与完善

环境公益诉讼制度的立法旨在通过确立该诉讼形式的合法性，从而保护国家和社会的环境公益。此项立法的核心目的，不仅体现在对环境损害行为的制裁与预防上，更在于通过司法手段，强化环境保护的社会责任和意识。因此，在对环境公益诉讼制度进行评估时，无论是环境民事公益诉讼还是环境行政公益诉讼，其立法的合理性、有效性以及实施的成效，均需以是否符合维护国家和社会环境公益的根本目的为评价标准。环境公益诉讼制度的立法，体现了法律对环境保护重要性的认识和重视。通过赋予特定主体提起公益诉讼的权利，法律旨在为环境保护提供更为广泛和有效的救济途径。此外，环境公益诉讼制度的建立，也是对传统环境保护法律体系的重要补充，它通过司法途径，为环境保护提供了更为直接和迅速的解决机制。

公益诉讼分为民事公益诉讼与行政公益诉讼两大类别。从侵权主体的角度出发，侵害国家及社会环境公益的行为者主要可归纳为两种类型。首先，

---

① 王岩：《检察机关提起民事公益诉讼诉前程序研究》，硕士学位论文，湘潭大学法学院，2018年，第56页。

民事主体或私法主体，尤其是企业实体，包括个体工商户在内，构成了第一类侵权主体。这类主体通过其生产或经营活动导致的环境污染或生态破坏，对国家和社会的环境公益造成侵害。其次，地方政府机构也构成另一类侵权主体。这些机构通过其不恰当的行政行为对国家和社会环境公益造成侵害，具体表现为负责生态环境与资源保护、国有资产保护、国有土地使用权出让等领域的行政机关违法行使职权或不履行职责，从而损害国家和社会的公共利益。

在应对上述侵权行为时，环境行政公益诉讼成为一种有效的法律手段。它旨在克服和纠正侵犯国家及社会环境公益的行为，通过法律程序保护环境公益，确保国家和社会利益不受损害。因此，公益诉讼在维护环境公正与可持续发展方面发挥着至关重要的作用，体现了法律对环境保护的重视和承诺。

尽管都服务于维护国家和社会环境公益的最终目的，环境民事公益诉讼与环境行政公益诉讼的功能是不一样的。前者的功能是通过纠正民事主体的违法环境污染或者生态破坏行为来达到这个最终目的；而后者的功能是通过纠正行政机关或政府的引起环境污染或者生态破坏的不当行政来达到这个最终目的[1]。

检察行政公益诉讼自实行以来最大的成就在于检察公益诉讼作为一种特定的诉讼形式，在国家顶级制度设计层面得到了确立，最高人民法院和最高人民检察院发布的一系列司法解释及指导性案例便是明证。在检察公益诉讼作为一项涉及国家顶层制度设计的重大制度创新取得初步成功后，后续工作的重点是完善制度细节和加强理论基础，以确保该机制能够更为有效和持久地发挥作用。

一、环境行政公益诉讼存在的问题

中国环境行政公益诉讼制度的构建，本质上是在公众对环境保护日益

---

① 王曦：《论环境公益诉讼制度的立法顺序》，《清华法学》2016 年第 6 期。

增长的期待下形成的一种法律应对机制。然而，在该制度的实际运作过程中，其成效未能充分达到公众的预期水平。我们可以以被称为"公益诉讼试点后全国首例行政附带民事公益诉讼案"的"吉林省白山市人民检察院诉白山市江源区卫生和计划生育局及江源区中医院行政附带民事公益诉讼案"为例①。

2012 年，吉林省白山市江源区中医院建设综合楼时未建设污水处理设施，综合楼未经环保验收即投入使用，并将医疗污水经消毒粉处理后直接排入院内渗井及院外渗坑，污染了周边地下水及土壤。2014 年 1 月 8 日，江源区中医院在进行建筑设施改建时，未执行建设项目的防治污染措施应当与主体工程同时设计、同时施工、同时投产使用的"三同时"制度，江源区环保局对区中医院作出罚款行政处罚和责令改正、限期办理环保验收的行政处理。江源区中医院因污水处理系统建设资金未到位，继续通过渗井、渗坑排放医疗污水。2015 年 5 月 18 日，在江源区中医院未提供环评合格报告的情况下，江源区卫生和计划生育局对区中医院《医疗机构执业许可证》校验结果评定为合格。

2015 年 11 月 18 日，吉林省白山市江源区人民检察院向区卫生和计划生育局发出检察建议，建议该局依法履行监督管理职责，采取有效措施，制止江源区中医院违法排放医疗污水，但该局一直未能有效制止江源区中医院违法排放医疗污水，导致社会公共利益持续处于受侵害状态。经咨询吉林省环保厅，白山市环保局、民政局，吉林省内没有符合法律规定条件的可以提起公益诉讼的社会公益组织。

2016 年 2 月 29 日，白山市人民检察院以公益诉讼人身份向白山市中级人民法院提起行政附带民事公益诉讼，诉求判令江源区中医院立即停止违法排放医疗污水，确认江源区卫生和计划生育局校验监管行为违法，并要求江源区卫生和计划生育局立即履行法定监管职责，责令区中医院有效整改建设

---

① 最高检第八批指导性案例之吉林省白山市人民检察院诉白山市江源区卫生和计划生育局及江源区中医院行政附带民事公益诉讼案，具体案情见本章案例 2。

污水净化设施。

2016年7月15日，白山市中级人民法院作出行政判决和民事判决。行政判决确认江源区卫生和计划生育局于2015年5月18日对江源区中医院《医疗机构执业许可证》校验合格的行政行为违法；判令江源区卫生和计划生育局履行监督管理职责，监督江源区中医院在三个月内完成医疗污水处理设施的整改。民事判决判令江源区中医院立即停止违法排放医疗污水。

判决作出后，白山市委、市政府为积极推动整改，专门开展医疗废物、废水的专项治理活动，并要求江源区政府拨款90余万元，购买并安装医疗污水净化处理设备。江源区政府主动接受监督，积极整改，拨款90余万元推动完成整改工作。同时吉林省人民检察院就全省范围内存在的医疗垃圾和污水处理不规范等问题，向省卫计委、环保厅发出检察建议，与省卫计委、环保厅召开座谈会，联合发文开展专项执法检查，推动在全省范围内对医疗垃圾和污水处理问题的全面调研、全面检查、全面治理。

本案比较完整地体现了环境行政公益诉讼的全过程，效果也较好，具有示范性，但是同时也从实践过程能够看出存在的问题。

首先，检察机关作为公益诉讼人提起行政附带民事公益诉讼。这次诉讼是在检察机关"咨询吉林省环保厅，白山市环保局、民政局，吉林省内没有符合法律规定条件的可以提起公益诉讼的社会公益组织"后而提起的。既能够体现检察机关在公益诉讼中的重要作用，同时也说明在保护环境社会责任承担上主体过于单一。

根据《检察院实施办法》第56条和《法院实施办法》第4条、第14条、第23条的规定，人民检察院以公益诉讼人身份提起民事或行政公益诉讼，诉讼权利义务参照民事诉讼法、行政诉讼法关于原告诉讼权利义务的规定。根据《检察院实施办法》第1条和第28条规定，试点阶段人民检察院可以同时提起民事公益诉讼和行政公益诉讼的仅为污染环境领域。人民检察院能否直接提起行政附带民事公益诉讼，《检察院实施办法》和《法院实施办法》均没有明确规定。在检察机关提起的公益诉讼中，存在生态环境领域侵害社会公共利益的民事侵权行为，而负有监督管理职责的行政机关又存在违法行政行为，且违法行政行为是民事侵权行为的先决或前提行为，为督促行政机关依法正确履行职责，一并解决民事主体对国家利益和社会公共利益造成侵害的问题，检察机关可以参照《行政诉讼法》第 61 条第 1 款的规定，向人民法院提起行政附带民事公益诉讼，由法院一并审理。

其次，检察机关提起行政附带民事公益诉讼，应当同时履行行政公益诉讼和民事公益诉讼诉前程序。根据《检察院实施办法》的规定，人民检察院在提起民事公益诉讼或行政公益诉讼时，均需严格遵守诉前程序的要求。这一规定的核心意旨在于确保诉讼的正当性与有效性，通过法定程序的履行，促进法律的正确实施和社会公共利益的保护。行政附带民事公益诉讼作为一种特殊诉讼形式，涉及民事公益诉讼和行政公益诉讼两个方面，因此，在提起公益诉讼之前，人民检察院有责任发出检察建议，依法督促行政机关纠正其违法行为、履行法定职责。此外，人民检察院还应当督促和支持法律规定的机关及相关组织提起民事公益诉讼，以此来维护社会公共利益，保障公民权益不受侵害。检察机关提起行政公益诉讼在环境保护实践中起到了积极作用，也是未来发展方向。但当前此项工作面临一些问题，仍然需要在实践中加以探索并从立法层面予以规范。

（一）起诉主体较为单一

中国环境行政公益诉讼制度的构建，虽然受到公众广泛期待，但其实践效果并未完全满足这一期望。制度实施中存在的主要问题之一是起诉主体的单一性。根据 2017 年修订的《行政诉讼法》，仅将检察院设定为环境行政公益诉讼的唯一起诉主体。公益诉讼制度的核心价值在于维护公共利益、保护人权、推动社会变革及促进公众参与①。然而，将环境行政公益诉讼的主体限定为检察机关，虽然在制度设计上具有一定优势，但从长远角度看，这种

---

① 林莉红：《亚洲六国公益诉讼考察报告》，中国社会科学出版社 2010 年版，第 7 页。

做法可能与公众参与的根本理念存在偏离。鉴于环境问题直接关系到民众的日常生活，公众对于环境类案件具有极高的关注度，并且有强烈的意愿通过法律途径参与到环境保护的实践中。尽管公民、法人或其他组织可以通过向检察机关举报、投诉等方式参与环境行政公益诉讼，但这种参与形式与直接作为原告提起诉讼相比，在影响力和提高公众意识方面明显处于劣势。此外，公众对于检察院环境公益诉讼举报平台的了解程度不高，导致多数民众因缺乏直接参与的渠道而选择放弃参与公益诉讼，这种情况进一步限制了公益诉讼案件的来源，削弱了环境行政公益诉讼制度的社会效益。因此，为了增强环境行政公益诉讼制度的社会响应度和实际效果，有必要重新考虑起诉主体的构成，拓宽公众参与的渠道，从而更好地实现公益诉讼的基本目标和价值。

（二）检察机关身份不够清晰

根据宪法的规定，检察机关被明确定位为国家的法律监督机构。这一规定不仅赋予了检察机关以特殊的法律地位，同时也强调了其在法律监督领域内的专责性质。在此基础上，检察院行使法律监督职能是具有明确职能定位的监督体系的重要组成部分。检察院的法律监督具有"行政监督"和"诉讼监督"并立的二元监督体制[①]。检察院提起环境行政公益诉讼并非仅仅是诉讼行为本身，而是基于行政诉讼法赋予的法定监督职责依法执行的一种行为。在检察院处理的行政公益诉讼案件中，诉前程序扮演了主导角色，通过诉前程序的结案，体现了实现维护公益目标的最优司法状态以及检察院法律监督功能的重要性。然而，行政诉讼法对于检察公益诉讼的相关规定显得过于简略，未对检察机关的法律地位、举证责任等关键方面作出具体规定。《公益诉讼解释》将检察机关定义为"公益诉讼起诉人"，赋予其"依照行政诉讼法享有的相应诉讼权利及履行的相应诉讼义务"。此规定将检察机关与一

---

① 陈瑞华：《论检察机关的法律职能》，《政法论坛》2018 年第 1 期。

般行政诉讼原告等同，忽视了行政诉讼原告不具备审判监督权的事实。这种司法解释在一定程度上模糊了检察院在公益诉讼中所应具有的检察权。

检察机关作为公益诉讼起诉人，在参与公益诉讼活动中，应与其他公益诉讼主体保持平等的法律地位。检察机关在进行调查取证、提出证据以及寻求法律救济等关键诉讼环节中，不应享有超越其他公益诉讼主体的特殊权力。从法理学的角度来看，检察机关提起的行政公益诉讼，与其他主体提起的行政诉讼在本质上应当是一致的，其唯一的区别仅在于检察机关在正式提起诉讼前需履行诉前程序。这种安排旨在确保检察机关在履行公益保护职责时，能够在法律框架内平衡行使权力，避免权力的不当扩张，同时也保障公益诉讼制度的公正性和有效性。通过这种方式，可以更好地促进法律的公正实施和社会公共利益的保护。但是检察机关在调查取证方面的权力和手段都明显强于普通的行政诉讼原告，其在法律专业知识和经济保障能力及社会地位等方面与行政机关相当，在检察机关享有如此优越条件的情况下，将其视为普遍的原告，明显不符合诉讼公正原则[①]。

二、环境行政公益诉讼制度的完善建议

(一) 放宽起诉主体的范围

检察机关被赋予行政公益诉讼的独家提起权体现了我国司法制度的独特性。然而，随着社会经济的不断发展与公民综合素质的普遍提升，公众对于生态环境保护的要求与关注度日益增加，由此产生的法律需求亦日渐强烈。因此，逐步拓宽行政公益诉讼提起主体的范围，不仅是社会发展的必然趋势，也是完善我国司法制度的重要一环。扩大行政公益诉讼的提起主体，能够有效增强社会公众参与环境保护的积极性。当前，许多公民、法人及其他组织已经显示出强烈的环保意识和参与公益诉讼的意愿。他们的积极参与，不仅能够促进社会对环境保护问题的关注，还能够增强公共利益的维护力

---

① 徐淑琳、冷罗生：《反思环境公益诉讼中的举证责任倒置：以法定原告资格为视角》，《中国地质大学学报 (社会科学版)》2015 年第 1 期。

度。许多热心环保的公民、法人或其他组织在相关领域具有较高的科学知识和专业技能。这些专业优势的发挥，有利于弥补检察机关在特定科学领域可能存在的知识空缺，提高行政公益诉讼的专业性和有效性。此外，允许适格的公民、法人或其他组织提起行政公益诉讼，能够在一定程度上减轻检察机关在举证和案件处理上的负担，同时增加案件来源，有利于形成更加广泛的社会监督网络，促进公共利益的更好保护。

（二）重新定位检察机关的法律地位

检察行政公益诉讼的发展与完善，对于推进行政机关依法行政、保障公共利益具有重要意义。其中，"官告官"的现象，即检察机关对行政机关提起公益诉讼，成为规范行政机关行为、维护公共利益的有效手段。然而，对于检察机关在行政公益诉讼中的定位与其所承担的责任义务，亦需进行深入探讨与合理界定。首先，检察院作为国家法律监督机关，其在行政公益诉讼中的角色定位不能简单归纳为一般意义上的"诉讼起诉人"。鉴于检察院在宪法体系中的定位及其肩负的法律监督职责，将检察院在行政公益诉讼中定位为"公益诉讼公诉人"显得更为恰当。这一定位不仅准确反映了检察机关在法律监督体系中的地位，同时也强调了检察机关在行政监督和诉讼监督中的双重职能。其次，关于举证责任的分配，传统行政诉讼中的"举证责任倒置"原则，并不适用于检察行政公益诉讼。原因在于，传统的举证责任倒置原则是基于行政相对人与行政机关之间存在明显的权力不对等，旨在保护弱势方的诉讼权益。而在检察行政公益诉讼中，诉讼双方均为国家机关，不存在权力不对等的问题。因此，检察机关应当承担相应的举证责任，以确保诉讼的公正与效率。当前的司法实践中，虽然法律规定在行政诉讼中实行举证责任倒置，但检察机关在检察行政公益诉讼中承担的举证责任和证明标准已基本接近于刑事诉讼中承担的举证责任与证明标准，基本承担了全面举证责任[1]。行政公

---

① 樊华中：《检察公益诉讼的调查核实权研究：基于目的主义视角》，《中国政法大学学报》2019 年第 3 期。

益诉讼的提起前置条件之一是必须完成诉前程序，该程序旨在通过非诉讼途径解决争议，减少诉讼负担。在此框架下，检察机关发出检察建议书，是基于已获取的充足证据而作出的行为，此举不仅体现了检察机关在法律监督中的积极作用，也展现了其在搜集和提供证据方面的责任。

检察机关在行政公益诉讼中的角色定位为"公益诉讼公诉人"，充分体现了检察机关在维护公共利益、实现法律监督功能方面的特殊地位[①]。在此过程中，检察机关不仅需要向行政机关发出检察建议，促使其改正或停止违法行为，而且还需向法庭提交充分的证据，以支持其诉讼请求。由于检察机关已在诉前程序中完成了充分的证据搜集和证据提交工作，实际上已经承担了完全的举证责任。这一做法不仅符合其作为"公益诉讼公诉人"的身份定位，也体现了法律对于诉前程序和检察机关角色的明确要求，确保行政公益诉讼能够高效、公正地进行。

（三）加强检察机关的取证能力

检察机关作为公益诉讼公诉人的角色被赋予了重大的责任，尤其是在举证责任方面。在这一背景下，检察机关的取证能力的提升显得尤为重要。为了有效地履行公益诉讼公诉人的职责，不仅需要检察机关加强其内部的取证机制，更应考虑外部资源的整合与利用。首先，建议设立专门的"公益诉讼基金"。这一措施旨在为公益诉讼提供稳定的资金支持，确保检察机关在执行公益诉讼职能时，不因资金短缺而影响诉讼的正常进行。公益诉讼基金的设立，主要应当通过国家拨款完成，从而为公益诉讼提供充足的经费。其次，建立"科学咨询专家库"对于提升公益诉讼的专业性和有效性具有重要意义。公益诉讼往往涉及环保、消费者权益保护等多个领域，这些领域的专业性要求检察机关在进行诉讼时，能够准确理解和运用相关的科学技术知识。通过建立科学咨询专家库，检察机关可以在需要时邀请相关领域的专家

---

① 刘恩媛：《论环境行政公益诉讼制度的反思与重构》，《环境保护》2020 年第 16 期。

参与案件的调查、证据收集等环节，为公益诉讼提供技术支持和专业咨询，从而提高公益诉讼的质量和效率。

（四）进一步强化"回头看"制度

为提升检察建议的权威性，最高人民检察院发布了《全国检察机关公益诉讼"回头看"专项活动工作方案》，要求各级检察院对之前提出的检察建议执行情况进行复查。此举标志着最高检在强化检察建议执行监督方面采取了一种临时性、非常规的措施，并建议将此种"回头看"机制常态化。鉴于行政机关需在两个月的期限内回复，其在此期限内可能无法完全落实检察建议的整改要求，因此，检察机构进行长期连续的跟踪监督似乎并不现实。通过定期开展"回头看"活动，即可持续地监督检察建议的执行情况。将"回头看"制度化，不仅能够增强检察建议的约束力，还能有效避免因一案多发检察建议的情形，减少那些缺乏实际社会效益、随意发出的检察建议，从而提高检察工作的质量和效率。建议检察院应定期追踪并复查前一年度发出的公益诉讼检察建议，逐一向相关部门进行回访，以确保这些建议得到有效执行。此外，每五年应对过去五年内发出的检察建议进行抽样回访，评估其落实情况，从而真正促进解决损害公共环境和利益问题。

· 典 型 案 例 ·

案例1　徐州市人民检察院诉徐州市鸿顺造纸有限公司水污染民事公益诉讼案

【基本案情】 2013年4月27日，徐州市铜山区环保部门监察发现鸿顺公司高强瓦楞纸项目存在污水处理设施不能正常运转、私设暗管将废水直接排放等问题。后经调查发现，鸿顺公司于2014年4月5日至6日，将未经处理的生产废水排入连通京杭运河的苏北堤河，排放量为600吨；2015年2月24日至25日，再次将未经处理的生产废水排入苏北堤河，排放量为2000余吨。经检察机关委托，环保专家根据鸿顺公司2014年4月、2015年2月两次废水排放情况，分别出具了环境污染损害咨询意见，该意见确定鸿顺公司违法排放废水所造成的生态环境损害数额共计269100元。

2015年12月28日，徐州市人民检察院以徐检民公诉〔2015〕1号民事公益诉讼起诉书向徐州市中级人民法院提起环境民事公益诉讼。请求法院：1.判令被告鸿顺公司将污染的苏北堤河环境恢复原状，并赔偿生态环境受到损害至恢复原状期间的服务功能损失。如被告无法恢复原状，请求判令其以环境污染损害咨询意见所确定的26.91万元为基准的三倍至五倍承担赔偿责任。2.承担本案专家辅助人咨询费用3000元。被告所赔偿的环境损害费用应支付至徐州市环境保护公益基金专项资金账户，用于修复生态环境。

徐州市人民检察院认为：一、徐州市人民检察院具备环保民事公益诉讼主体资格。被告鸿顺公司排放废水污染环境，损害了社会公共利益，本案属于公益诉讼。徐州市人民检察院发现鸿顺公司违法行为后，向徐州市符合提起民事公益诉讼条件的三家社会组织发出了督促起诉意见书，建议其向人民法院提起诉讼。该三家社会组织复函，称目前尚不具备开展公益诉讼的能力。经过诉前程序，在其他适格主体没有提起诉讼、社会公共利益仍处于受侵害状态时，徐州市人民检察院有权作为环保民事公益诉讼人提起本案诉讼。二、鸿顺公司违法偷排废水污染环境，依法应当承担赔偿责任。第一，从2013—2015年连续三年违法偷排的事实来看，鸿顺公司未严格按照其年产6万吨高强瓦楞纸技改项目环保验收工作报告中所明确的,在污水排口安装污水流量计、COD在线监测仪从而实现对废水排放总量和COD的连续监测,存在持续逃避监管排放污染物的严重违法情况。第二,苏北堤河水质执行《地表水环境质量标准》(GB3838-2002)的灌溉功能要求的五类水质标准,该河流是沛县、铜山境内具有防洪排涝、农田灌溉等综合功能的一条重要河道。鸿顺公司污染环境、破坏生态的行为严重影响了该河道的功用,造成了社会公共利益的损害。因此,根据最高人民法院《关于审理环境民事公益诉讼案件适用法律若干问题的解释》第21条的规定,除应承担恢复原状的责任以外,鸿顺公司还应当赔偿生态环境受到损害至恢复原状期间服务功能的损失。第三,鸿顺公司连续三年违法排污受到环保部门查处,但每次被处理后,仍不思悔改,继续加大污水排放量,尤其是2014年、2015年将2600吨未经处理的废水排入苏北堤河,主观恶性较大,且其未能严格履行环保验收工作报告中所明确的在线监测措施,有理由推定在2013—2015年生产经营期间鸿顺公司的防治污染设备未能有效运行。根据《中华人民共和国侵权责任法》第65条的规定,鸿顺公司应当承担恢复原状责任并赔偿苏北堤河服务功能损失。三、综合多方因素及专家意见合理确定生态环境修复费用。鉴于苏北堤河的现状,其服务功能的损失难以精确计算。因此,根据最高人民法院《关于审理环境民事公益诉讼案件适用法律若干问题的解释》第21条、第22条、第23条的规定,如鸿顺公司无法修复因其污染而受损的环境,根据被告污染环境情节、主观过错程度、防治污染设备的运行成本、生态环境恢复的难易程度、生态环境的服务功能等因素和专家意见,合理确定带有一定惩罚性质的生态环境修复费用。综合考虑以上各方面因素及生态环境受到损害至恢复原状期间服务功能的损失，请求法院判令鸿顺公司以环境污染损害咨询意见所确定的人民币 269100 元为基准的三倍至五倍承担赔偿责任，同时判令其承担本案专家辅助人咨询费用 3000 元。

【诉讼及处理情况】徐州市中级人民法院审理认为，被告鸿顺公司违反《水污染防治法》等法律规定，排放废水污染环境，应当承担环境污染责任。2016 年 4 月 21 日，徐州市中级人民法院作出（2015）徐环公民初字第 6 号民事判决：1. 被告鸿顺公司于判决生效后三十日内赔偿生态环境修复费用及生态环境受到损害至恢复原状期间服务功能损失共计 105.82 万元，支付至徐州市环境保护公益基金专项资金账户。2. 被告鸿顺公司于判决生效十日内支付公益诉讼人为本案支付的合理费用 3000 元。宣判后，鸿顺公司提起上诉，江苏高级人民法院二审认为，一审判决得当，于 2016 年 12 月 23 日作出（2016）苏民终字第 1357 号民事判决：驳回上诉，维持原判。

【评析及思考】本案是全国人大常委会授权检察机关试点提起公益诉讼以来，人民检察院依法提起的首批环境民事公益诉讼案件，具有较强指导意义。

1. 检察机关在何种情况下能够成为公益诉讼主体。本案中，鸿顺造纸有限公司违法排污，造成苏北堤河河段严重污染。经过诉前程序，在其他适格主体没有提起诉讼、社会公共利益仍处于受侵害状态下，检察机关可以公益诉讼人的身份提起民事公益诉讼。

2. 生态环境修复费用及损失如何确定。本案尝试根据被告违法排污的主观过错程度、排污行为的隐蔽性以及环境损害后果等因素，并邀请专家辅助人就环境保护专业技术问题提出专家意见，合理确定带有一定惩罚性质的生态环境修复费用，较好地解决了环境资源案件科学性和公正性的衔接问题。

3. 作为第一起检察机关试点提起公益诉讼的二审案件，本案妥善地解决了二审中诸如检察机关二审称谓、检察机关是否需要提交答辩状、二审裁判方式等公益诉讼程序衔接问题，具有示范意义。

案例 2 吉林省白山市人民检察院诉白山市江源区卫生和计划生育局及江源区中医院行政附带民事公益诉讼案

【**基本案情**】2012 年，吉林省白山市江源区中医院建设综合楼时未建设污水处理设施，综合楼未经环保验收即投入使用，并将医疗污水经消毒粉处理后直接排入院内渗井及院外渗坑，污染了周边地下水及土壤。

2014 年 1 月 8 日，江源区中医院在进行建筑设施改建时，未执行建设项目的防治污染措施应当与主体工程同时设计、同时施工、同时投产使用的"三同时"制度，江源区环保局对区中医院作出罚款行政处罚和责令改正、限期办理环保验收的行政处理。江源区中医院因污水处理系统建设资金未到位，继续通过渗井、渗坑排放医疗污水。

2015 年 5 月 18 日，在江源区中医院未提供环评合格报告的情况下，江源区卫生和计划生育局对区中医院《医疗机构执业许可证》校验结果评定为合格。

2015 年 11 月 18 日，吉林省白山市江源区人民检察院向区卫生和计划生育局发出检察建议，建议该局依法履行监督管理职责，采取有效措施，制止江源区中医院违法排放医疗污水。江源区卫生和计划生育局于 2015 年 11 月 23 日向区中医院发出整改通知，并于 2015 年 12 月 10 日向江源区人民检察院作出回复，但一直未能有效制止江源区中医院违法排放医疗污水，导致社会公共利益持续处于受侵害状态。

经咨询吉林省环保厅，白山市环保局、民政局，吉林省内没有符合法律规定条件的可以提起公益诉讼的社会公益组织。

2016 年 2 月 29 日，白山市人民检察院以公益诉讼人身份向白山市中级人民法院提起行政附带民事公益诉讼，诉求判令江源区中医院立即停止违法排放医疗污水，确认江源区卫生和计划生育局校验监管行为违法，并要求江源区卫生和计划生育局立即履行法定监管职责责令区中医院有效整改建设污水净化设施。

白山市人民检察院认为：

一、江源区中医院排放医疗污水造成了环境污染及更大环境污染风险隐患

经取样检测，医疗污水及渗井周边土壤化学需氧量、五日生化需氧量、悬浮物、总余氯等均超出国家规定的标准限值，已造成周边地下水、土壤污染。鉴定意见认为，医疗污水的排放可引起医源性细菌对地下水、生活用水及周边土壤的污染，存在细菌传播的隐患。

二、江源区卫生和计划生育局怠于履行监管职责

江源区卫生和计划生育局对辖区内医疗机构具有监督管理的法定职责。江源区人民检察院发出检察建议后，江源区卫生和计划生育局虽然发出整改通知并回复，也通过向江源区人民政府申请资金的方式，促使区中医院污水处理工程投入建设，但江源区中医院仍通过渗井、渗坑违法排放医疗污水，导致社会公共利益持续处于受侵害状态。

三、江源区卫生和计划生育局的校验行为违法

卫生部《医疗机构管理条例实施细则》第 35 条、《吉林省医疗机构审批管理办法（试行)》第 44 条规定，医疗机构申请校验时应提交校验申请、执业登记项目变更情况、接受整改情况、环评合格报告等材料。在江源区中医院未提交环评合格报告的情况下，江源区卫生和计划生育局对区中医院的《医疗机构执业许可证》校验为合格，违反上述规章和规范性文件的规定，江源区卫生和计划生育局的校验行为违法。

【诉讼及处理情况】 2016 年 5 月 11 日，白山市中级人民法院公开开庭审理了本案。同年 7 月 15 日，白山市中级人民法院分别作出一审行政判决和民事判决。

行政判决确认江源区卫生和计划生育局于 2015 年 5 月 18 日对江源区中医院《医疗机构执业许可证》校验合格的行政行为违法；判令江源区卫生和计划生育局履行监督管理职责，监督江源区中医院在三个月内完成医疗污水处理设施的整改。民事判决判令江源区中医院立即停止违法排放医疗污水。

一审宣判后，江源区卫生和计划生育局、中医院均未上诉，判决已发生法律效力。

本案判决作出后，白山市委、市政府为积极推动整改，专门开展医疗废物、废水的专项治理活动，并要求江源区政府拨款 90 余万元，购买并安装医疗污水净化处理设备。江源区政府主动接受监督，积极整改，拨款 90 余万元推动完成整改工作。

吉林省人民检察院就全省范围内存在的医疗垃圾和污水处理不规范等问题，向省卫计委、环保厅发出检察建议，与省卫计委、环保厅召开座谈会，联合发文开展专项执法检查，推动在全省范围内

对医疗垃圾和污水处理问题的全面调研、全面检查、全面治理。

【评析及思考】 检察机关在履行职责中发现负有监督管理职责的行政机关存在违法行政行为，导致发生污染环境，侵害社会公共利益的行为，且违法行政行为是民事侵权行为的先决或者前提行为，在履行行政公益诉讼和民事公益诉讼诉前程序后，违法行政行为和民事侵权行为未得到纠正，在没有适格主体或者适格主体不提起诉讼的情况下，检察机关可以参照《行政诉讼法》第61条第1款的规定，向人民法院提起行政附带民事公益诉讼，由法院一并审理。

本案是公益诉讼试点后全国首例行政附带民事公益诉讼案。

1.检察机关作为公益诉讼人，可以提起行政附带民事公益诉讼。根据《检察院实施办法》第56条和《法院实施办法》第4条、第14条、第23条的规定，人民检察院以公益诉讼人身份提起民事或行政公益诉讼，诉讼权利义务参照民事诉讼法、行政诉讼法关于原告诉讼权利义务的规定。人民法院审理人民检察院提起的公益诉讼案件，《检察院实施办法》《法院实施办法》没有规定的，适用民事诉讼法、行政诉讼法及相关司法解释的规定。

根据《检察院实施办法》第1条和第28条规定，试点阶段人民检察院可以同时提起民事公益诉讼和行政公益诉讼的仅为污染环境领域。人民检察院能否直接提起行政附带民事公益诉讼，《检察院实施办法》和《法院实施办法》均没有明确规定。根据《检察院实施办法》第56条和《法院实施办法》第23条规定，没有规定的即适用民事诉讼法、行政诉讼法及相关司法解释的规定。其中《行政诉讼法》第61条第1款规定了行政附带民事诉讼制度，该制度的设立主要是源于程序效益原则，有利于节约诉讼成本，优化审判资源，统一司法判决和增强判决权威性。在试点的检察机关提起的公益诉讼中，存在生态环境领域侵害社会公共利益的民事侵权行为，而负有监督管理职责的行政机关又存在违法行政行为，且违法行政行为是民事侵权行为的先决或前提行为，为督促行政机关依法正确履行职责，一并解决民事主体对国家利益和社会公共利益造成侵害的问题，检察机关可以参照《行政诉讼法》第61条第1款的规定，向人民法院提起行政附带民事公益诉讼，由法院一并审理。

2. 检察机关提起行政附带民事公益诉讼，应当同时履行行政公益诉讼和民事公益诉讼诉前程序。《检察院实施办法》规定，人民检察院提起民事公益诉讼或行政公益诉讼，都必须严格履行诉前程序。行政附带民事公益诉讼涵盖民事公益诉讼和行政公益诉讼，提起公益诉讼前，人民检察院应当发出检察建议依法督促行政机关纠正违法行为、履行法定职责，并督促、支持法律规定的机关和有关组织提请民事公益诉讼。

3. 检察机关提起行政附带民事公益诉讼案件，原则上由市（分院、州院）以上人民检察院办理。《检察院实施办法》第2条第1款、第29条第1款与第4款分别规定："人民检察院提起民事公益诉讼的案件，一般由侵权行为地、损害结果地或者被告住所地的市（分院、州院）人民检察院管辖"；"人民检察院提起行政公益诉讼的案件，一般由违法行使职权或者不作为的行政机关所在地的基层人民检察院管辖"；"上级人民检察院认为确有必要，可以办理下级人民检察院管辖的案件"。由于检察机关提起的行政公益诉讼和民事公益诉讼管辖级别不同，民事公益诉讼一般不由基层人民检察院管辖，而上级人民检察院可以办理下级人民检察院的行政公益诉讼案件，故行政附带民事公益诉讼原则上应由市（分院、州院）以上人民检察院向中级人民法院提起。有管辖权的市（分院、州院）人民检察院根据《检察院实施办法》第2条第4款规定将案件交办的，基层人民检察院也可以提起行政附带民事公益诉讼。

第二章 "绿色原则"的司法适用

第一节 绿色原则适用于司法裁判的必要性

一、绿色原则的概述

（一）绿色原则的概念

自 2017 年颁布《民法总则》确立"绿色原则"以来，该原则已经成为对生态环境深入保护的主要法律原则，也是全社会对生态环境持续好转的希望所在。民法总则草案说明指出："绿色原则既传承了天地人和、人与自然和谐共生的我国优秀传统文化理念，又体现了党的十八大以来的新发展理念，与我国是人口大国、需要长期处理好人与资源生态的矛盾这样一个国情相适应。"① 可见，绿色原则的确立符合时代需求，是民事立法的必然选择。"绿色原则"具有司法可适用性，能够扮演裁判依据角色对案件判决结果起到实质性作用。根据检索裁判文书的结果，"绿色原则"目前已经在我国司法实践中得到了广泛的运用，以物权、合同、侵权等领域尤为突出，为落实司法助力生态文明建设发挥重要的作用。然而，实务界热情援引的同时，相

---

① 李建国：《关于〈中华人民共和国民法总则（草案）〉的说明》，人民网，http://lianghui. people.com.cn/2017/GB/n1/2017/0309/c410899-29132660.html。

关问题也随之而来①。对司法实务中"绿色原则"的适用进行研究分析极有必要。

1.绿色原则的含义及内涵

"绿色原则"的内在含义为"节约资源、保护生态环境"。依照一般法理，法律原则应当向下延伸出具体的法律规范，从而使法律原则得到具体化，便于作价值判断，同时也可以使得法律的体系化更加稳固。依民法方法论，"法律原则在足够具体化前并没有直接的适用性"②。从《民法典》全文可以看出，其基本延续"资源"与"生态环境"两条线索展开具体法律规范的规定。绿色原则的内涵体现在以下两个方面。

（1）有效率地利用资源

关于"资源"，在民法语境中其主要为具有经济价值的、可作为民事法律关系客体的事物。因此，在《民法典》物权编中使用了更加具体的描述，将荒地、森林、滩涂与山林等表述纳入了所有权分编中。这实质上是展开了概述资源的具体情形，可以视为对绿色原则的具体化，确定民法意义上资源在物权法中的范围。节约资源不可仅仅局限理解为不浪费、减少资源的使用及完全不去使用资源。生产总量与人类对于资源需求之间存在临界点，在临界点范围以内都属于生态环境资源可以承载能力，节约资源达到资源优化配置的程度，就不会突破环境承载力的限度，因而应当将"节约资源"的理解扩大到优化资源配置的范围，这样就不失在绿色原则的本意内有效利用资源，减轻生态环境的压力，也遵守了民法基本原则的指向。

在资源存量的有限性与人类增长的需求和不断发展的市场形成尖锐的矛盾的背景下，法律如何尽可能地将这种矛盾进行化解是重要问题。《民法典》中的绿色原则明确规定"节约资源"，意味着以民法方式对资源的开发利用

①　王灿发、王雨彤：《"绿色原则"司法适用的法理、风险与规制》，《学术月刊》2023年第3期。

②　吕忠梅：《民法典绿色条款的类型化构造及与环境法典的衔接》，《行政法学研究》2022年第2期。

进行规制，这集中体现在物权编中。从民法的功能定位出发，其"定分止争""物尽其用"的总体调节思维本身就包含了对"物"的特定开发利用秩序，但传统民法的调整逻辑却并不必然意味着对"物"的开发利用符合节约的要求。我国《民法典》中的绿色原则在价值理念层面确立资源的重要性地位的同时，也在具体的民法规范中规定节约资源，体现了《民法典》更加注重高效地利用资源。

（2）保护生态环境

关于"生态环境"，《民法典》中大多数情形均是搭配使用，在不同的规范语境中发挥的功能有所不同，既可作为抽象的公共利益，又可作为民法规范调整的具体客体。如果说"资源"作为环境公共利益的重要物质载体，那么"生态环境"同时也作为环境公共利益的表现形式，其在《民法典》中出现的频率高于"资源"。大多数情况下将"生态环境"表述为环境公共利益，这主要是因为，相较于"资源"，"生态环境"更加具有抽象性，更能适应不同规范语境中的具体环境公共利益表达的需要。依据词义的演进，在我国，"生态环境"已经成为一个专用词汇，《汉语词典》中有专门对"生态环境"定义，即"生物和影响生物生存与发展的一切外界条件的总和"。此外，《环境科学大辞典（2008年修订版）》也有"生态环境"的专门词条。该辞典将"生态环境"定义为"生物有机体周围的生存空间和生态条件的总和"。概括来讲，"生态环境"在法律意义上指对人类生存和发展有特定功能的自然要素，这种自然要素可以被法律所界定并进行保护。立法中由于该词具有较高的抽象性而在规范体系中存在调整的难度，因此，近现代各国民法中对这个概念的使用较为谨慎。目前，我国对生态环境的保护不断加强，各类涉及生态环境开发利用的纠纷与矛盾时有出现，既需要站在人类利益层面来考虑保护生态环境公共利益，又需要调节私人开发利用上的利益纠纷。在民事行为产生生态环境损害以及在民事主体之间存在生态环境开发利用纠纷的情形下，《民法典》不能也不应该袖手旁观，固守其传统的调整逻辑和范围。绿色原则不仅是保护生态环境的客观需要，也是民法体系自身发展的内在需求。

2. 绿色原则在我国立法中的体现

2017 年通过的《民法总则》中规定了绿色原则，且"资源"与"生态环境"并未在其他条文中出现，这是由民法总则自身的体系性功能决定的。2020年通过的《民法典》中第一编总则部分沿袭了该规定模式，同时在分编中较充分地体现了绿色原则，其中分为两类。

第一类是为特定主体设定生态环境保护义务，共五条：一是业主的生态环境保护义务；二是用益物权人的生态保护义务；三是建设用地使用权人的生态保护义务；四是合同双方当事人在履行合同中的生态保护义务；五是出卖人按照约定的包装方式交付标的物的生态保护义务。这五条规定均在具体制度方面为行为主体设定一定的义务，但该类条款在义务的表述上均使用"应当"，而非"不得"。

第二类是为特定权益划定保护范围，体现在侵权责任编。相较于《侵权责任法》，《民法典》的侵权责任编更加全面地规定了环境权益的范围，增加"生态"，使其与"环境"并列作为利益保护的对象。这两类规定既在环境公益层面为民事行为提供了必要的指引，体现出民法的价值取向，避免民事行为在行使"经济人"理性的时候损害环境公益，更重要的是在"生态"和"环境"方面更加全面地顾及私主体的利益，这可以理解为绿色原则在具体法律规范中的体现。

（二）绿色原则的功能

1. 绿色原则的立法指导功能

《民法典》为了进一步贯彻落实总则编中所确立的绿色原则，在其他各分编（即物权编、合同编、侵权责任编）中均设置有体现绿色原则的条款，保持了体系的一贯性。

《民法典》总则编绿色原则的确立，对各分编中与生态保护、资源节约相关的民事权利与民事行为以原则内涵加以限制、鼓励和认定，充分显示出法律原则对立法活动的指导、引导功能。当然，法不理琐事，民事立法在技术上不可能也没有必要涵盖全部的民事活动，在资源权属交易等领域还需要出台相关司法解释或通过其他立法方式进一步规范。笔者认为，基本原则实质上系法律规则的证成规范，《民法典》总则编重申的绿色原则肩负着对相关司法解释及其他相关民事立法活动的指导作用，即在起草司法解释及民事立法时必须将绿色原则纳入考量因素，违反绿色原则的司法解释或民事立法将面临被人大常委会宣布无效的风险。倘若未来要进一步实现保护生态文明的价值目标，那么应当使其成为民法的基本原则或核心原则，具有与诚实信用原则同等地位，以便积极宣扬《民法典》宣示的生态文明理念，将绿色原则打造成连接民事基本法（《民法典》）与民事特别法的纽带①。

绿色原则确定后，一方面可以在一定程度上限制意思自治的范围，另一方面可以下拉出必要的私法制度以规定特定法律行为的自由度。在抽象的宏观意义上讲，如果说公序良俗原则体现了民法对社会中精神层面的价值确认，那么，绿色原则是民法对社会中物质基础层面的价值确认。前者构筑起社会的基本道德底线，后者则为社会赖以生存和发展的前提性物质基础作出了界定。因此，可以说绿色原则是中国《民法典》所承载的重要时代性标志。

2. 绿色原则作为司法裁判准则的功能

虽然立法者为了倡导民事主体实施民事活动时秉持环保理念，避免不必要之浪费，在《民法典》中重申了绿色原则，但由于绿色原则本身的特殊性，其能否发挥立法者所预期的功能，尚需进一步检验。从基本原则的层面看，在谈及绿色原则适用时就不可避免提及民法基本原则的适用。民法基本原则因其模糊性，无法为私法主体提供明确指引，且对法官的司法裁量权无法形成有力的约束，因而不能直接将其适用于具体案件事实。但有原则即有例外，在案件事实无具体的法律规则可供适用或者适用某一具体规则将产生极其不公正之判决时，为了防止法官以法无明文规定而拒绝裁判逃避裁判义

---

① 巩固：《〈民法典〉"绿色原则"司法适用的类型与功能——基于相关判决的分析》，《南京工业大学学报（社会科学版）》2021年第6期。

务，例外地允许法官将法律原则作为裁判依据。绿色原则作为法律原则在满足上述适用条件时，仍然可以为民事裁判提供裁判准据，只不过法官在适用时负有更高级别的释法说理义务。基于法律原则与法律规则之间在法律适用上的解释规则的差异，有学者将民法基本原则划分为概括条款与一般法律思想或法律理念两类，属于前者的包括《民法典》第 7 条规定的诚实信用原则、《民法典》第 8 条规定的公序良俗原则等，这些原则可以直接作为法官的裁判规范；属于后者的包括《民法典》第 5 条规定的自愿原则、《民法典》第 6 条规定的公平原则、《民法典》第 4 条规定的平等原则，这些法律原则作为法律背后的正当性依据，是"法律的理由"，不具有独立的裁判功能。这种分类对解释绿色原则极具启发意义，如果将绿色原则解释为概括条款，就需要寻找其与诚信原则、公序良俗原则的共同特点，以在司法适用中得到同等的对待。从民法的核心价值出发，绿色原则和其他法律原则一样，都是满足了民法社会化的客观趋势，在多方民事主体之间寻求利益的均衡点，但区别在于，各个法律原则的视角和作用的领域有所差异[1]，因此，可以认为，绿色原则属于概括性条款，应当作为司法裁判的依据适用[2]。实际上，不论是公平原则抑或是平等原则、自愿原则，都只是法律规则的证成性规范，其不能直接作为裁判规则予以援引。即使采纳李永军对法律原则的分类，诚实信用原则与公序良俗原则也不能径直作为裁判规则适用于案件事实，毋宁认为诚实信用原则能够直接适用的依据在于《民法典》第 500 条，公序良俗原则能够直接适用的依据在于《民法典》第 153 条。简言之，绿色原则、诚实信用原则、公序良俗原则本身并无直接适用性，真正能适用系包含相关原则的一般概括条款。在满足适用条件的前提下，绿色原则、公序良俗原则、诚实信用原则均具有司法裁判准则的功能。

---

① 李永军：《中华人民共和国民法总则精释与适用》，中国民主法制出版社 2017 年版，第 23 页。

② 陈甦主编：《民法总则评注》，法律出版社 2017 年版，第 68 页。

3. 绿色原则对民事行为的功能

从功能上讲，绿色原则反映的是《民法典》对调整对象的定位出现了变化。近代民法由传统的定分止争、物尽其用的基本思维到社会本位的转变的重要意义已经被民法学者所充分认识，而我国《民法典》在此基础上又向前迈进一步，将民法调节的范围延伸到更为宽泛和抽象的环境公益范畴。因此，绿色原则不同于民法中其他法律原则，相对于其他基本原则的追求个人之间的人身、财产法律关系，其更倾向于个人利益与自然生态环境之间的和谐发展的法律关系。这是它之所以不是民法本身所产生的、固有的内涵的原因，源于民法之外的特点，体现出民法对于时代变化的需求能够给予及时的回应，满足可持续发展带来的要求。绿色原则的主要实现机制是依靠禁止性行为模式的规则对民事主体以义务的约束，减少民事主体从事民事活动的负外部性[①]。因此，绿色原则的本质属性即环境保护的公共属性，决定了其不能承载个体环境权的任务，主要体现为民事主体行使民事权利存在的环境公益义务，与私法的自治权无法融为一体。在可诉性环境权尚不能进入《民法典》的情况下，民事立法依旧可以通过既有的原理对生态环境保护作出合理安排。《民法典》体现绿色原则的较为合理的做法是在适当的行为范围内通过规定公民环境义务的方式设定新的可能否定法律行为效力的规定，避免一些有可能损害生态环境的行为，产生限制其他公民权利的效果，从而有效调节公民之间生态环境利益需求的冲突问题。在权利类型上，是赋予公民确认之诉请求权，而非给付之诉请求权，这是民法以符合自身调整逻辑的方式预防环境污染和生态破坏的重要体现。在这方面，我国《民法典》第509条以及第619条已经作出了回应，虽然以"应当"而非"不得"界定公民环境保护义务的方式不一定直接导致违反该义务的法律行为无效，但在司法裁判中法官可以在一定程度内灵活认定，从而在特定限度内对法律行为的效力认定提供法律依据。

---

① 吕忠梅、竺效、巩固、刘长兴、刘超：《"绿色原则"在民法典中的贯彻论纲》，《中国法学》2018年第1期。

（三）绿色原则的价值

1. 绿色原则体现倡导人和自然和谐共生的价值理念

在我国大力推进生态文明体制改革的背景下，《民法典》重申绿色原则为我国生态环境保护提供了坚实的法律支持。法律规范应当设置与此相应的救济制度以及适当的法律责任体系，以使生态环境免受民法领域调节的民事行为的肆意破坏，而且在法律原则部分倡导生态环境保护在实质上是将其从道德层面转化为法律层面，体现了立法理念的实质性革新。在生态环境保护领域，法律和道德调整的范围实现了一定程度的并轨。这同时也使得生态环境保护在社会治理中的系统化得到进一步加强。在民法领域中，民事主体在从事民事行为过程中遵守的社会性义务已延伸到生态环境保护领域，这实质上就是确立了人与自然和谐共生的价值理念，拓宽了全新的法律责任路径，使之成为现代化社会环境治理的法律工具①。

在《民法典》当中确立的绿色原则及其他绿色条款所发挥的功能除了以法律效力作为基本手段之外，还对民事主体起到鼓励、教育、引导的积极作用，促进了民事主体对生态环境保护的认知程度，促使生态环境保护的价值理念植入民事主体的行为动机层面。党的十九大报告指出，人与自然是生命共同体，人类必须尊重自然、顺应自然、保护自然。坚持人与自然和谐共生。只有以符合社会发展规律和时代发展要求的价值观为基础，才能为法律的价值提供重要的依据，为社会经济的发展提供坚实的保障。绿色原则正是顺应了这一客观趋势，确立了绿色发展的民法理念。而这样的发展以遵循自然规律为前提，资源是人们赖以生存的物质基础，为了保护环境便妄图停止对资源的开发利用的主张既不具备现实可能性也无必要，毕竟人才是主体，环境只是人类认识和开发的对象。但为缓和二者之间的尖锐矛盾，在司法实践中深入贯彻《民法典》的绿色原则，至少可以让人们少走先污染后治理的歪路邪路。

---

① 姜春华：《〈民法典〉绿色原则的现实意义与理论价值》，《法制博览》2021 年第 33 期。

2.绿色原则展现了生态伦理法制化价值追求

自 20 世纪环境保护思想启蒙伊始，生态伦理上升为重要的文明进步的标志，也成为环境保护思想发展的不竭动力。我国在改革开放之后经济发展全面展开，资源消耗和环境污染问题随之严重。20 世纪八九十年代，我国也在环境立法方面进行不断的努力并初步建立起一套环境法律体系，环境治理的法治化也在逐步加强。但是经济发展的不断进步还是将资源和环境问题推向了新的阶段，成为当下亟待解决的严峻问题之一。环境治理的法治化进程不仅需要环境立法，更需要与其他部门立法协同，各自发挥作用。尤其是在民事立法中，作为调节社会生活领域的"根本大法"，其应当在传统的民法调节范畴的基础上进一步融入对环境问题的关注，不断以绿色发展审视和矫正社会经济的发展方式，将生态环境伦理的要求转化为法治化路径。绿色原则在《民法典》中得到规定之后，势必对我国环境保护思想的法制化进程起到关键的定型和塑造功能，并将该价值追求在司法实践中进行一定的演化和发展。在绿色原则中，以生态环境保护作为人类生存和发展的重要物质基础得到了立法确认，并且试图以体系化的方式融入民事立法体系中，这在成文法国家的民事立法中较为罕见，这也说明了生态伦理法制化在我国有了实质性的推进。当然，绿色原则在立法体系中的法解释学展开以及司法实践中的解释规则等一系列问题均需要我国法律工作者进行不懈的探索。

3.绿色原则体现出促进经济社会与生态环境协调发展的价值要求

在粗放式发展模式下，为了获取经济利益而牺牲生态环境效益的理念已经引发了诸多深层次的矛盾，在生态环境承载力有限的客观现实下必将难以支撑这种高耗能的发展方式。生物多样性减少，能源资源消耗量过于严重，同时引发了一系列其他问题，诸如雾霾、全球变暖、冰川融化等引发全民关注的事件。环境治理的法治化由于法律本身的滞后性，使得在这种极其严峻的环境问题面前功能十分有限，加之我国环境法治过于依赖公法管制为基础的制度，尚未融入现有的法治体系中等客观因素的影响，环境治理的法治化面临着急迫的现实需求。因此，我国在环境问题集中出现的阶段，环境治理的法治化的实质就是促进社会经济与生态环境的协调发展。环境问题的背后是多种利益冲突的结果，是不同性质的利益均有实现的需求，但同时又出现了互相克制的关系。法律体系中如何识别这些不同性质的利益类型，如何定位和调节这些利益便成为立法者和法律研究者面临的重要课题。在民法中，需要一系列的制度以避免传统的公法管制性思维所带来的弊端，传统的民法体系中当然存在着对生态环境公共利益关注不充分、制度缺位的现象。因此，民法中如何基于其固有的调整逻辑与生态环境保护立法衔接具有相当的现实意义，《民法典》中的绿色原则彰显了这一意义，强调民事主体在民事活动中不仅要遵守传统民法理论所沿袭下来的基本原则，还应当有利于节约资源、保护环境。这不得不说为我国生态环境的保护打开了窗口。这一规定为法官判案提供了生态环境保护的价值考量依据，也意味着市场资源应当进行合理的配置，实现经济利益和生态环境利益的协调①。

二、绿色原则在司法裁判中适用的必要性

（一）绿色原则的适用能够有效弥补司法实践中准据法的不足

依据法律适用解释的一般原理，民法的基本原则不能直接适用，而需要在具体法律规则缺位时适用，以发挥填补漏洞、补充说理等功能。绿色原则虽然从形式上看更多的是倡导性原则，代表的是一种新的价值理念，但是仍然能够在司法裁判中发挥重要的功能，对于探索绿色原则的司法裁判功能具有重要的意义。上海静安区法院受理的安装新能源电动汽车充电桩案件具有典型的代表性②。该案的重要意义首先在于其他类型的利益与环境利益发生冲突的时候承认了民事主体实施有利于生态环境保护行为的法律效力。从立法角度来讲，在环境利益表现形式十分复杂的情形下，调整民事行为的具体法律规范也很难全面顾及环境利益的方方面面，但此时贯穿保护生态环境的

---

① 吕忠梅：《〈民法典〉"绿色规则"的环境法透视》，《法学杂志》2020 年第 10 期。

② 上海市静安区人民法院（2018）沪 0106 民初 3616 号民事判决书。具体案情见本章案例 1。

价值理念的法律原则却可以给法官提供承认环境利益的直接依据。该案正是通过法官对绿色原则所承载的价值理念进行解释作出裁判。其次，该案也体现了绿色原则虽然不像公序良俗原则一样能够直接否定民事法律行为，但可以在法律解释规则的框架内承认相关民事行为的法律效力，以对抗其他有损于环境利益的行为效力，这是《民法典》绿色原则能够在司法实践中发挥其应有功能的重要方式。最后，从环境公益角度讲，环境公益的实现在多数情形下意味着对私有财产权的限制，这种限制本身就构成了目前环境保护制度的重要内容，各国也普遍采纳该方式①。这是学界的普遍共识，但《民法典》绿色原则的确立标志着这种对个人财产权的限制进入到了私法领域，这既符合民法调节的基本原理，又能够增加环境公益的适用。在出现由于法律规范的缺位使环境公益无法充分保障的情况时，法官可以援引绿色原则进行不同利益之间的衡量，为环境公益的保护开辟了更大的空间。

（二）绿色原则的适用能够更好地体现司法的实质正义

现代民法的重要特征是从个人本位向社会本位的转变，侧重于追求实质意义的正义，更加强调个人利益背后的权利边界和行使的限度问题，强调通过社会公共利益的实现以"映射"到个体利益。因此，实质上还是追求个体利益的实现，只是其视角和方法发生了巨大的转变，在法律调整的具体方法上，更加注重私益和社会利益之间的平衡问题②。在生态文明建设作为重要国家战略的时代，在"五位一体"写进宪法的背景下，民法的发展必须顺应平衡生态环境公共利益与个人利益的趋势。绿色原则是站在可持续发展的角度理解和定位社会利益的生态环境公益，这也反映出社会发展的客观需求，是实质正义的体现。在可持续发展理念下，环境资源在民法意义上的特征被

---

① 陈海嵩：《〈民法总则〉"生态环境保护原则"的理解及适用——基于宪法的解释》，《法学》2017 年第 10 期。

② 魏宏斌：《绿色原则的裁判功能、适用要求及法律效果》，《河南财经政法大学学报》2020 年第 5 期。

充分发掘出来，比如更加注重环境资源的财产属性、更加强调生态环境利益保护需求对个体利益的影响和限制及更强调合理配置资源，这实质上就是在彰显人与自然之间的和谐关系①。这种实质正义的价值追求在司法中赋予了法官在面对诸多利益纷争时以生态环境利益的保护作为基本依据、限制个体利益的正当性基础。在民法的体系性视角下，这种利益衡量必将对传统的私权形成新的限制依据，是一种在可持续发展价值观下的实质正义的体现。在黄某辉、陈某等 8 人非法捕捞水产品案中②，犯罪嫌疑人黄某辉、陈某等8 人行为已构成非法捕捞水产品罪，但是在被当地公安机关抓获后能够自主地对环境资源修复，认罪、悔罪态度较好，因此从轻处罚。在该案中，黄某辉、陈某等 8 人在禁渔期使用非法器械对渔业资源及渔业生态环境造成了严重破坏，本应追究其刑事责任，但鉴于被告人对已被破坏的生态环境采用"替代性"方式进行修复，被告具有认罪认罚、主动修复受损生态环境等情节，可以依法从轻处罚。这种方法体现了绿色原则对刑罚措施的修正，是司法实质正义的具体表现。

（三）绿色原则的适用有助于推动民法价值体系的完善

依据传统理论，意思自治、过错责任与所有权绝对自由系传统民法之三大支柱，特别是所有权绝对自由原则为早期资本主义发展奠定了雄厚的基础。但随着经济的发展，逐渐要求对私人所有权进行必要的限制即私人所有权的行使并非无拘无束、毫无底线的，私人在行使所有权时应考虑社会效益、公共利益及相关主体的私益，这种观念的转变被学者们称为"所有权社会化"。绿色原则与"所有权社会化"殊途同归，二者都在一定程度上对私权的扩张形成克制，在这一点上，绿色原则背后的价值理念与传统的社会化

---

① 黄锡生：《民法典时代环境权的解释路径——兼论绿色原则的民法功能》，《社会科学文摘》2020 年第 12 期。

② 最高人民法院 2023 年指导性案例 213 号黄某辉、陈某等 8 人非法捕捞水产品刑事附带民事公益诉讼案。具体案情见本章案例 2。

需求是一致的，这就是绿色原则在《民法典》中的正当性基础。因此，绿色原则意味着对私权行使产生限制功能，这对传统民法中的所有权产生一定的撼动。民法的主要价值是在尊重意思自治的前提下保障民事主体的人身权利和财产权利，即以权利为中心。而绿色原则将一种新的价值理念植入民法价值体系中，既是对社会化利益的具体化表达，同时也体现了民事主体私权保护的客观需求。如果不存在生态环境效益对个体私益的满足，就不会在民法体系中将生态环境效益纳入社会化价值的考量。绿色原则正是在这一意义上填充了民法的价值基础，完善了民法机制体系，具有重要的时代意义。

第二节　绿色原则在司法裁判中的适用现状

一、司法裁判适用绿色原则情况

（一）司法裁判援引绿色原则的案件数量分析

我国《民法典》的绿色特征最为重要的体现就是绿色原则，因此"绿色原则"的表述直接出现在大量的裁判文书中，作为法官说理依据或裁判依据。经过笔者在中国裁判文书网以"绿色原则"为关键词进行搜索，从案件数量上看，除《民法总则》刚实施的第一年大幅上升之外，其他年份是稳定上升状态（见图 2-1），这说明司法裁判的确在逐步扩大绿色原则的适用范围和解释标准，这对于绿色原则的实施无疑是十分有利的。但同时不免使人怀疑，这些裁判是否存在误用甚至滥用该原则的可能。有学者经过大量的案例统计研究提出，在对绿色原则的援用方面，很难说法官存在滥用行为，因为相关的纠纷的确涉及了生态环境或资源保护的议题[①]。这种现状表明，法官并非无理由援引绿色原则，而是在案件审理过程中依据绿色理念适时援引绿色条款。从这一角度上讲，绿色原则的司法适用是达到立法者所预期的效果的。

---

　①　郑少、王慧：《绿色原则在物权限制中的司法适用》，《清华法学》2020 年第 4 期。

（单位：件）

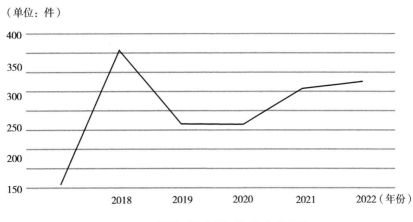

图 2-1　援引"绿色原则"的案件数量

从案件总量上看，共有 912 件民事裁判文书。通过审判级别看，基层法院和中级法院、高级法院依次有 436 件、466 件、10 件。可见高级法院文书数量明显少，裁判文书集中于一审程序和二审程序，相较于一审法院，二审法院在援引绿色原则条款的态度方面相对保守，在处理争议焦点问题上，通常不倾向于直接适用绿色原则进行裁判。

再以"《民法总则》第九条"为关键词在中国裁判文书网搜索，截至 2022 年民事案件适用该法条数量达到 1727 件，广泛分散在各个省份地区，其中高级法院引用的案件 6 件、中级法院 933 件、基层法院 838 件，从总体数量看出中级法院和基层法院对于《民法总则》第 9 条援引频率之高。从时间分布来看，2019 年援引数量达到最高 788 件，2020 年 310 件，2021 年 120 件，呈现了下降的趋势（见图 2-2）。这源于 2020 年出台了《民法典》的原因，《民法典》第 9 条被援引的数量上升，总则与民法典第 9 条条款一致，在此不再讨论。总体来看，绿色原则在司法适用中作为裁判依据的数量还是递增的趋势，可以看出随着对生态环境的重视，因环境而引发的民事案件不断增多，没有明确的法律规范可以直接适用时，法官通常会转而选择援引绿色原则作为裁判依据，在较为保守的意义上进行利益的衡量。

（单位：件）

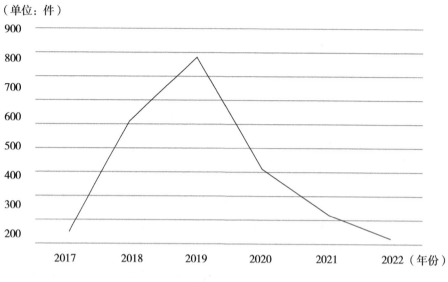

图 2-2　援引"《民法总则》第九条"的案例数量

（二）司法裁判援引绿色原则案件的地域分析

在地域分布上，绿色原则分布十分广泛，几乎涵盖了全国的所有地域（见图 2-3）。全国共 29 个省份的法院援引绿色原则进行裁判。

（单位：件）

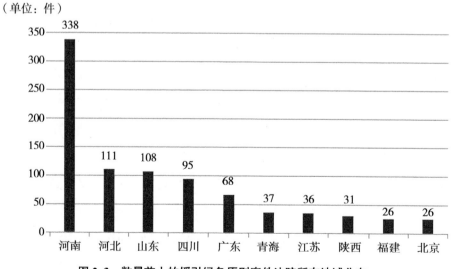

图 2-3　数量前十的援引绿色原则案件法院所在地域分布

截至 2023 年 11 月关于绿色原则的民事判决书 2017 年为 3 件，2018 年为 334 件，2019 年为 98 件，2020 年为 147 件，2021 年为 272 件，2022 年为 215 件，2023 年为 41 件。其中河南省最多总计 338 件，河北省 111 件，山东省 108 件，分布的地区没有规律。援引绿色原则的案例在地域分布上差异很大，一方面是由于各地出台的指导性案例以及其他文件的差异，本书无意做该方面的梳理；另一方面则是由于地域的生态环境状况以及资源的紧缺程度，这一点不容忽视。比如案件数量较多的四川、河南、河北、山东四省，这些省份由于人口众多，资源相对较为紧缺，尤其是土地资源。在援引绿色原则的案例中，大量案件均是以土地资源的纠纷为主要的标的。这也从侧面表明，公民对生态环境方面的利益诉求问题客观存在，在民法体系中进行识别和调节十分有必要。当与社会公民有关的私法基本原则已经建立起来的时候，民法不应对日益严峻的个体生存环境遭到的威胁坐视不理，但由于其固有的调整范围所限，民法又不宜建立起维护环境公共利益的私法制度，而应当将民事法律行为的自由限制在不损害生态环境的限度内。

二、绿色原则运用领域类型化分析

在司法实务中，绿色原则极少单独作为法官的裁判依据，而是与《民法典》其他生态环境保护条款搭配，或用于增强说理论证，或用于实体内容的裁判。总体而言，在不同的领域，绿色原则的运用不尽相同。

（一）用绿色原则来宣示我国现阶段的环保理念

此种适用方式是指法院在适用绿色原则时，宣扬绿色环保的理念。环保理念首先产生于环境问题日益严重的大背景下，我国在环境治理中推出一系列的措施，主要体现为以生态文明体制改革为核心的一系列配套措施，这使得环保理念逐渐成为从国家治理到社会运作方方面面的重要共识。这些制度的实施也取得了相当明显的实效，由此环保理念正式成为国家治理和社会发展中不可缺少的重要内容。在法律中，环保理念不仅意味着立法本身对环境保护的理念革新，立法中需要将该理念进行体系化展开，更意味着在司法裁判中可以为法官提供利益衡量的依据。法官在面对复杂的利益纠纷时首先需要对事实进行认定，然后就认定的事实选择适用的法律。在一般的案件中，法官选择适用法律的过程是比较明确的，选择适用的条款非此即彼，但是在一些特定的情形中就会出现价值判断问题，这在很大程度上依靠法官的"内心确信"，此时，立法理念便起到至关重要的作用。前文已述，立法理念需要法律的基本原则承载，法官可以依据该特定基本原则以体现"内心确信"。绿色原则以肯定的用词来评价民事主体的法律行为，实现劝导或教育的目的，这可以视为立法者采取的一种相对缓和的方式，以体现《民法典》的绿色环保理念。它并不会直接用否定的方式影响民事行为的效力，而是对一些存在价值判断空间的民事行为进行肯定性评价。

以张某某与临湘市鸿鹤驾驶员培训学校排除妨害纠纷一案为例①，该案的争议点在于驾驶培训学校是否清除垃圾排除妨害。一审法院直接引用《民法总则》第9条认定驾驶学校有义务排除妨害，二审法院也直接用这一条款支持原审法院的裁判结果。该案中，法官可以透过绿色原则背后所承载的环保理念进行利益的平衡，将生态环境要素作为判定民事主体权利义务归宿的直接依据。人民法院强调了被告应当遵从绿色发展理念排除妨害，这是直接运用绿色原则来体现出宣示绿色原则理念的典型代表性案件。在缺少绿色条款的情形下，该类案件极有可能出现法官判断依据不充分的问题，进而导致"同案不同判"的问题。这也从侧面说明，在成文法体系中，由于法律无法穷尽社会生活中复杂的行为类型，因此需要法官依据价值判断进行裁判，价值理念对类案判决的依据提供重要的立法支撑。随着《民法典》适用的不断推进，司法解释的不断完善以及指导案例、典型案例等制度的不断推进，环保理念对司法裁判的功能日益彰显且更加规范化。

---

① 参见张某某与临湘市鸿鹤驾驶员培训学校排除妨害纠纷案。具体案情见本章案例3。

（二）援引绿色原则作为合同解除的论理依据

司法裁判中对《民法典》绿色条款的援引频次不尽相同，其中在合同纠纷中援引次数占绝大多数，以"绿色原则"条文内容为关键词在中国裁判文书网上进行检索，并筛选出民事判决，可以发现合同类纠纷占据绝大多数，大约为74%[1]。在功能上，绿色原则主要被法官援引作为判定是否解除合同的情形，除了依据传统的法定解除和意定解除的法条，如依据《民法典》第526条等，法官通常还会援引绿色原则进行辅助性的说理。在相关合同解除的案例中，绿色原则主要出现在三种情形中：第一，当事人在诉讼请求的理由阐述中主动提及绿色原则；第二，在合同被解除后，处理后续的事宜时，通常援引绿色原则确定处理方式；第三，法院在最终判决合同是否予以解除时，援用绿色原则进行说理[2]。第三种情形虽然可以决定是否解除合同，但法官也采取相对谨慎的态度，仅仅援引绿色原则进行说理，并未超越既有的民法体系中合同解除的基本理论框架。

在司法裁判中，合同的效力认定已经增加了绿色原则的影响因素，但法官在判决时对绿色原则的援引却还是相当谨慎的，这是由民事行为的私法属性所决定的。不论是立法者还是法官，均倾向于以传统的民事法律规则判决。在绿色原则入法之后，立法者为法官提供了更加多元的价值判断依据，此时，法官必然十分谨慎地援引绿色原则。实际上，在多数情形下，法官并非完全依据绿色原则进行裁判，而是与其他法律规则甚至是其他法律原则共同作为裁判依据。在具体案件中如何解释绿色原则，如何具体化"生态环境"与"资源"的规范性意涵，的确需要在司法实务中不断进行探索。

---

[1]　肖峰、周孟蓉：《论〈民法典〉绿色原则的合同适用及其制度启示》，《大连理工大学学报（社会科学版）》2023年第1期。

[2]　马密、黄荣、常国慧：《〈民法典〉绿色原则的司法适用：实践样态与优化路径——以〈民法总则〉第9条的司法适用为基点》，《法律适用》2020年第23期。

（三）将绿色原则作为违约责任的考量因素

在司法实务中，出现一些合同违约的情形，法官援引绿色原则作为重要考量因素，甚至可以决定违约赔偿责任的大小。依据一般原理，影响违约责任大小的因素较多，既有客观原因也有主观原因，绿色原则通常被用于论证当事人是否有过错方面[①]。某某房地产开发有限责任公司与曾某房屋买卖合同纠纷案[②]中，双方当事人之间订立了合法有效的商品房买卖合同，且双方对于违约事项作了约定。本案争论的焦点为某公司逾期交房的行为是否具有免责事由。一审法院援引了绿色原则并在说理中提及保护环境的基本国策，认为某公司在开发房地产时应当注意开发区域的客观条件，尽可能妥善安排施工时间和进度，确保如期交付，如发生不可抗力或其他免责事项则可以减少违约风险或减少损失，一审法院因此判决某公司承担全部违约责任。但该案上诉后，二审法院却认为某公司施工过程中出现的污染天气等行为的确影响了施工的进度，对履行合同产生了不利影响，这并非公司的过错造成，因此适当减轻公司的违约赔偿责任。该案例十分具有代表性，属于在合同效力和违约责任之间作出选择的情况，而绿色原则的出现可以认为是对该类案件提供了十分重要的选择和衡量依据。竺效认为这属于"绿色原则的规范性选择"的司法技术。但同时应当注意到，绿色原则在确定违约责任是否成立时，对当事人利益的影响较小，但法官在援引绿色原则时仍应十分谨慎。如在王某与某房地产开发有限公司房屋买卖合同纠纷案[③]中，同样存在类似问题，但法院的判决却完全不同。可见，绿色原则在民事主体履行合同的过程中应当得到遵守，甚至在特定条件下能够成为合同当事人权利义务内容的决定性因素。不过该问题在司法实践中法官所持的观点不尽相同，需要在后续司法过程中不断进行探索。本书认为，法院对该类案件违约责任是否成立的观点不同并不影响绿色原则的司法适用，而恰恰是绿色原则发挥利益调节功

---

① 郑少华、王慧：《绿色原则在物权限制中的司法适用》，《清华法学》2020 年第 4 期。

② 参见河南省郑州市中级人民法院（2018）豫 01 民终 8709 号民事判决书。

③ 参见河北省廊坊市中级人民法院（2019）冀 10 民终 903 号民事判决书。

能的体现，这是由绿色原则本身的规范性效力特征决定的。该效力虽然并未在《民法典》中直接体现出来，但是基于一般的民法原理以及环境公益维护的需要，法官应当在具体个案中进行灵活处理，绿色原则的司法裁判绝非意味着完全以生态环境保护的需要去影响和干涉民事行为，而是需要法官在诸多利益类型面前进行取舍。

（四）绿色原则影响侵权责任的承担

1. 绿色原则对侵权责任承担方式的影响

绿色原则的法律适用不同于合同效力认定和违约责任承担的适用，重要方面在于其并非直接影响法官对实体性问题的判定，而是通过对判决执行的可行性预判而间接地影响到判决结果，这可以视为法官在具体案件中作出的灵活处理，在极大地保障案件执行可行性的同时，也体现了对实体正义的追求，这或许是立法者所未预料到的部分。恢复原状是承担民事责任的特定方式，旨在保护权利的原始态势，但对其进行适用的基本条件是存在恢复的可行性与重要性，否则该责任的实施并不利于当事人之间利益的平衡需要。在恢复原状的可行性论证方面，绿色原则提供了一个新视角。绿色原则可以认为是与恢复原状的理念相一致，对恢复原状责任的认定提供了新的立法依据。

例如王某与雷某、郑某恢复原状纠纷案[①]中，原审法院的主审法官并未支持王某恢复原状的诉讼请求。王某在起诉状中表示因雷某的房屋距离自己的房屋太近导致自身房屋排水出现困难，请求将雷某的住房搬离距离原告房屋2米以外的范围，以维护自身房屋的使用价值。但原审判决根据雷某的房屋已竣工经过验收且其权利处于正当的行使状态，搬离或拆迁不具备可能，这对既有的权利造成实质性的影响，并不是最佳的纠纷解决方案，且除了搬离雷某房屋之外尚有其他更为经济更为便利的途径来解决邻里之间的排水问题。私法主体从事、参与民事活动应当秉持环保理念，有更环保的方案可供执行时应

---

① 参见四川省沐川县人民法院（2019）川 1129 民初 759 号民事判决书。

采纳有利于节约资源的解决方案，如若原告恢复原状的诉讼请求被支持，则意味着大量的人力和物力资源浪费，这与绿色原则相违背，因此判决不予支持。

同样是恢复原状的诉讼请求，在某军分区与某商贸公司恢复原状纠纷案中，出现相反情况，法院在裁判中谨慎地适用绿色原则。二审法院认为，一审判决中援引《民法总则》第9条进行裁判不当，恢复原状请求不具有履行的可能性，因此驳回了某军分区的诉讼请求。一审法院直接援引绿色原则进行裁判而并未考虑履行的现实可能性直接适用绿色原则，驳回了原告的诉讼请求，但二审法院判决某军分区依法律规定向对方主张损害赔偿。由此可以发现，绿色原则并非适用于所有的生态环境或资源保护的情形。在不同的案件中，法官可以综合考虑多重利益类型进而进行取舍。绿色原则在一定程度上意味着，在没有比生态环境和资源的保护更加重要和急迫的利益面前，才可以被援引以支持相关的诉讼请求。

这两个案例均体现了法官援引绿色原则从确保案件执行可行性的角度实现了实体正义的最终目的，这类案件具有十分重要的意义，在后续司法适用中可以考虑作为指导案例或典型案例推广适用。

2. 绿色原则对侵权责任内容的影响

绿色原则对侵权责任内容的影响主要体现为《民法典》第1234条、第1235条关于违反国家规定造成生态环境损害后国家向侵权人的索赔权以及侵权人赔偿费用的规定，该规定是将环境公益损害索赔的实体法依据直接引入民法体系中。但请求权主体均为"国家规定的机关或者法律规定的组织"，该规定是相关主体赋予提起环境公益诉讼主体资格的实体性规定，但并未赋予公民以诉讼主体资格。这两条规定可以理解为是对环境权进入《民法典》失败的一种弥补措施，即《民法典》立法者认为，公民因生态破坏和环境污染提起诉讼的范围仅限于私权损害的范围，不存在有学者提出的以"环境公益维护为保护目标的环境权[①]"，环境公益损害的修复与赔偿的请求权属于

---

① 王小钢：《以环境公共利益为保护目标的环境权利理论——从"环境损害"到"对环境本身的损害"》，《法制与社会发展》2011年第2期。

特定主体。因此可以认为，环境公益损害的修复与赔偿是绿色原则的直接体现。在司法裁判中，法官经常援引《民法典》第 1234 条、第 1235 条与绿色原则共同作为裁判的依据，法院判决被告承担生态环境修复治理和赔偿生态修复费用。这可以认为是绿色原则与生态环境损害方面侵权条款所组成独立的侵权责任，该条在理论界的争议较大，主要原因为生态环境损害本身属于公法调节的范畴，需要行政权参与，其中需要法律规制行政权，而非行政权借用民法原理进行适用索赔。该类侵权责任的裁判还需要在司法实践中不断进行探索和完善。

第三节　我国司法裁判中绿色原则适用存在的问题

一、对绿色原则司法适用对象的分歧

绿色原则在司法适用中的价值在实践中不断被总结并日益彰显，这是民法体系化解释和适用的必要过程。但必须意识到，绿色原则并非环境法思维和知识入侵到民法体系，而应理解为民法功能的一次重要扩张，同时也是民法对环境法的援助。在生态环境保护方面，民法的功能是有限的，其仅能保证特定范围的民事行为不会造成严重的生态环境问题与资源浪费，因此仅仅具有桥梁性功能。目前对绿色原则的司法适用中，存在着最为基础的解释性分歧，其中，基础概念解释规则是十分重要的体现，直接影响到对绿色原则的适用对象的界定[①]，可能导致司法裁判的不统一。

在对绿色原则司法适用的相关研究中，学者和法官提出最多的就是对绿色原则文义解释的问题，即"生态环境"和"资源"的解释，大量的研究均指向该方面[②]。有法官认为，在援引绿色原则的裁判中，说理运用存在说理欠缺、说理简单、说理有误等不足，产生原因主要在于扩大化地理解"资

[①]　竺效：《论绿色原则的规范解释司法适用》，《中国法学》2021 年第 4 期。

[②]　陈洪磊：《民法典视野下绿色原则的司法适用》，《法律适用》2020 年第 23 期。

源"、单一化地理解"生态环境"。

(一)理论层面上对"生态环境"的理解存在偏差

司法适用中"生态环境"的文义解释方面存在着分歧,"生态"与"环境"的搭配使用究竟是偏正结构还是并列结构,理论界并未进行系统的解释。如果是偏正结构,则意味着"生态"是对"环境"的限定,但目前似乎该解释并未占据主流认识,大多数学者还是倾向于认为"生态"与"环境"属于并列结构,"生态环境"属于专门概念[①],即生态系统与环境,相较于偏正结构下的解释显得更加全面[②]。大量学者将"环境污染"和"生态破坏"并列为环境法律所调节的两大客体,并将该分类延伸到环境侵权认定等领域中[③]。但该观点毕竟尚未形成学界通说,最为关键的是该解释无法为法官提供裁判的教义学基础,或许这种解释方式并不符合法律规范性的思维。很多民法学者根据"绿色原则"的条文表述,基于偏正结构的模式对"生态环境"进行解释,这十分值得探讨。民法学者的解释基础来自《民法典》中体现绿色原则的条款,而绿色条款中的"生态""环境"的文义似乎与环境立法中二词的语境不一致,这就使得不同学科的学者对同一词组产生不同的理解。例如,有民法学者认为绿色原则并非全面的环境保护原则,而是被"生态"所严格限定,绿色原则应当被限制在生态环境领域[④]。依既有的判例来看,目前尚未发现法院因为案件只关乎生活环境而无关生态环境选择不适用绿色原则。依照民法学者的偏正结构的解释,对于侵害生活环境但尚未损害生态环境的行为,不应援引绿色原则,这种解释比较符合民法调节的基本范畴和原

---

① 李树训:《论"生态环境法典"之"生态环境"的阐释》,《中国环境管理》2022 年第 5 期。
② 申艺:《〈民法总则〉绿色原则在民事审判中的适用》,硕士学位论文,上海师范大学哲学与法政学院,2020 年,第 15 页。
③ 吕忠梅:《环境司法理性不能止于"天价"赔偿:泰州环境公益诉讼案评析》,《中国法学》2016 年第 3 期。
④ 龙卫球、刘保玉:《中华人民共和国民法总则释义与适用指导》,中国法制出版社 2017 年版,第 33 页。

理，更加强调"生态环境"对民事主体权利义务的影响；但环境法学者提出的并列结构则更加关注生态环境公共利益。这两个部门法的视角和出发点不同，因此，对于绿色原则中的"生态环境"始终没有形成统一的体系化解释方案。但毕竟环境立法和《民法典》中的"生态环境"文字表述是一致的，这种现状使得环境法和民法中的调整对象之间的衔接问题始终未得到解决。

理论层面解释的不一致问题不利于明确司法认定标准，这两种学科的解释分歧为今后绿色原则的有效落实埋下隐患①。本书认为，该问题的根源在于环境法理论中对基础概念的解释不充分，在《民法典》对绿色原则进行较为全面的展开后，需要解释环境法的调整对象，尤其是基础概念，诸如对"生态环境"和"资源"等关键表述的规范性意涵进行解释，明确其各自的规范性意涵和基本范畴，方可便于衔接《民法典》。

（二）实践层面上扩大"资源"的法律内涵

资源的类型丰富，分布广泛，但语境十分难以把握，"绿色原则"的表述中并未使用"自然资源"概念，而直接使用"资源"。由于社会生产方式的复杂性和资源开发利用方式的多样性，对绿色原则中的"节约资源"的法律内涵解释尚未形成通说，这对司法实践产生了直接的困扰。在特定情形中，提高资源的利用率可能会产生"能源回弹效应"，这无疑增大了法律层面对"资源"的解释难度②。

在民法的概念体系中，"土地""树木"等当然可以被解释为自然资源，可以适用绿色原则，但具体实践中大部分案件适用于人工改造过的资源。法官的这种解释无可厚非将资源的范围进行了扩大，更加全面地保护了客观上有经济价值的客体。在司法适用的过程中，有的案件法官将特定的"社会资

---

① 赵惊涛、赵缔：《民法典物权编"绿色化"困境与实现思路》，《学习与探索》2020 年第 6 期。

② 蒲晓磊、吕忠梅：《民法典注入了"绿色基因"》，《法人》2020 年第 6 期。

源"也归类为"资源"①。笔者认为,这是属于对"资源"范围的解释错误。在适用中,法院基于节约资源和保护生态环境的价值考量,在很多情形中限制权利人依法行使恢复原状请求权。但在司法认定中,存在对"资源"认识的明显偏差、任意扩大其适用范围的情况②。如前文提出的将"社会资源"解释为绿色原则中的"资源"即为典型。这就表明与"生态环境"相类似,"资源"的解释同样存在内涵不确定的问题。但总体上来说,大部分案件重在强调"保护环境"的价值,较少将"节约资源"作为说理或裁判依据,多在狭义层面援引"节约资源",但司法实务中存在片面理解"节约资源"内涵的现象③。这对环境立法中明确"资源"的规范性意义和适用范围提出了急迫的要求,需要学界进行专门的研究。

二、绿色原则的配套性规则不完善

目前我国《民法典》中虽通过立法方式纳入绿色原则这一基本原则,但是直接体现绿色条款的民事法律规范较少,法律规则的完善体系有待健全,因此对于在实践中适用绿色原则裁判造成了困难。相对于同作为概括性条款的发挥司法裁判准则功能的公序良俗、诚实信用等原则而言,绿色原则在调解生态环境与个人之间的关系时没有法律强制力作为支撑,导致司法实践中适用绿色原则的局限性。因而,有学者在《民法总则》规定第 9 条后认为,从司法判例出发,对绿色原则予以具体化的方案并非明智之选,绿色原则的具体化路径就落在民法典分编的肩上④。因此为了避免绿色原则在司法适用中缺乏对应的配套性规则,导致无法可用、勉强适用其他法律的情况出现,

---

① 李波、宁清同:《论绿色原则在合同纠纷中的司法适用》,《广西政法管理干部学院学报》2020 年第 3 期。

② 钟瑞栋、杨静:《民法典合同编的绿色化》,《河北工程大学学报(社会科学版)》2019 年第 4 期。

③ 马密、黄荣、常国慧:《〈民法典〉绿色原则的司法适用:实践样态与优化路径——以〈民法总则〉第 9 条的司法适用为基点》,《法律适用》2020 年第 23 期。

④ 侯国跃、刘玖林:《民法典绿色原则:何以可能以及如何展开》,《求是学刊》2019 年第 1 期。

在分编中增加配套性规则完善体系是必然趋势，也是保障裁判公正性、准确性、客观性的根本所在。在分则编中如物权取得与行使的原则、合同解释规则都被《民法典》中的禁止权利滥用原则和意思表示规则等吸收，导致绿色原则运行时缺乏弹性空间。因此应在立法中通过增设相关所有权行使的限制性规定、在相邻关系中加入相关保护生态环境的内容等对绿色原则进行重申①。同时，我国现有法律缺乏建立绿色原则具体的制度类型或规范的构成要件、法律后果等，可以在《民法典》各分编中予以明确。

同时，除了建立分则编的配套性具体规则之外，还可以通过颁布指导案例的方式，使绿色原则形成类型化的案例指导。因为任何法律规范在司法中得到相对统一的解释和适用，除了立法的体系化规定之外，司法实践中形成一套合理的裁判规则和解释方法也是极其重要的。《最高人民法院关于案例指导工作的规定》第 2 条规定了颁布指导性案例的范围：(1) 社会广泛关注的案例；(2) 法律规定比较原则的案例；(3) 具有典型性的案例；(4) 疑难复杂及新类型的案例。很显然，绿色原则属于较为笼统的法律规定，可以通过指导案例的方式对司法裁判产生指导作用，以避免对文义的误读或者对适用范围的不当解释等问题的出现。但目前的指导案例并未出现专门援引绿色原则的情况，司法裁判现状也并不利于形成对绿色原则相对一致的适用规则。当然这与《民法典》实施时间尚短，司法实践中尚未总结出具有指导意义的典型性案例或解释规则有关，但指导案例本身也属于司法裁判中对特定专门领域和专门问题的探索。依据目前最高人民法院颁布的指导性案例来看，其对绿色原则的司法适用依旧较为模糊，基层法院依旧处于探索阶段。根据案例的检索，最高人民法院审理的案件中也没有出现直接适用绿色原则的裁判文书的情况，绿色原则方面的指导案例缺乏也直接影响了该原则的适用效果。中国地大物博、幅员辽阔，各地域之间自然因素、人文因素以及社会经济发展程度差异巨大，在立法已经对绿色原则进行确认的情形下，指导

---

① 郑少华、王慧：《绿色原则在物权限制中的司法适用》，《清华法学》2020 年第 4 期。

案例可以在很大程度上凝聚裁判的共识，总结裁判的经验，因此指导性案例的重要性不言而喻。

只有在绿色原则的指导下，在立法层面进行完善，制定出一系列详细完善的配套具体法律规则来作为支撑，才不至于被架空理论。应总结一系列典型的指导性案例予以颁布实施，同时在将绿色原则应用到个案中时应当对案件基本事实进行分析，协调好原则不确定性以及裁判的确定性之间的关系，充分发挥其在保护生态环境方面的重要作用。

三、绿色原则司法适用说理不足

2018 年最高人民法院颁布了《关于加强和规范裁判文书释法说理的指导意见》（以下简称《指导意见》）。该意见明确指出，为了提高法院裁判的可接受性，促进法院裁判实现社会效果及法律效果的统一，法官在裁判案件时必须加强对案件事实及法律适用层面的论理。在案件事实部分，法官在撰写相关裁判文书时应详细释明裁判所认定的案件事实及其根据和理由，做到以事实为依据充分展示案件事实认定的客观性、公正性和准确性；在法律适用部分，法官应着重释明法理，详细说明裁判所依据的法律规范以及适用此法律规范的理由。必要时，人民法院还应在裁判主文中向当事人详细释明裁判依据背后的深刻法理，从而实现个案裁判对社会第三人的指引和教育功能。

需要强调的是，法官依据《指导意见》在裁判文书中所负担的释法说理义务的程度因裁判依据的性质而不同。当裁判依据法律规则时，因法律规则的适用具有严格的构成要件，法官所负担的说理义务较轻。当裁判依据法律原则时，法官负担较重的释法说理义务，原因在于法律规则具有较强的明确性，能够给民事主体提供具体的行为指引，其在法律适用上具有优先性；而法律原则具有模糊性，适用上存在滞后性特征，这种特征便决定了法官在适用法律原则裁判案件时必须持审慎态度，并强化其论证说理，直至提取出相应的法律规则。

绿色原则系法律原则，法官在适用该原则裁判时负有更高的说理义务，但是根据搜集的案例来看，作为适用绿色原则裁判案件主力军的基层法院和中级法院大多没有履行其说理义务，有的法院仅仅援引绿色原则条款却未作任何说理，有的法院虽进行了说理但是说理部分内容较少，影响到绿色原则在实践中的适用，无法为同类型的案件提供参照的范本，长此以往必然会阻碍绿色原则的理论发展，破坏司法公信力。

四、绿色原则司法适用方式不当

绿色原则作为民法中的基本原则，发挥着指导民事主体行为的功能，具有作为其他法律规则参照适用的纲领性地位，因此应限制在适用中的条件，明确适用方式，防止绿色原则在司法适用中向"一般性条款逃逸"，产生错误适用绿色原则的情况导致错误的价值向导，因此对其适用方式进行严苛限制就显得尤为重要①。绿色原则作为新兴的基本原则，在司法适用过程中肯定不可避免会产生传统基本原则的错误适用情况，这是由于基本原则本身不是法律规则，不能直接依据基本原则作为裁判依据，它自身的广泛性、模糊性、导向性等属性决定了适用中存在问题，适用方式不当造成适用不当及适用不准确等情况，产生错误裁判的后果。绿色原则在司法裁判中适用不当的情况，分为两种类型：第一，案件不需要适用绿色原则而适用的情况；第二，错误适用绿色原则不能支撑裁判结果的情况。

第一种情况是在司法实践中案件事实清楚、证据确实充分、适用法律规则清晰的情况下，法官武断直接援引绿色原则作为裁判依据，忽视法律规则对案件作出裁判，或者援引的法律规则已经足以论证裁判结果，无须再适用绿色原则而多余适用作出裁判。例如纪某与刘某、穆某、某某市超越食品有限公司民间借贷纠纷案②中，原告纪某与被告刘某、穆某、食品有限公司之间存在借贷法律关系，法院经过审理对于原告纪某借款给刘某、穆某、食品

---

① 韩炜芃：《简析民法中的绿色原则》，《法制与经济》2020年第6期。
② 参见山东省莒南县人民法院（2017）鲁1327民初4753号民事判决书。

有限公司 300000 元及利息的事实已经明确，因此案件达到了事实清楚、证据充分的标准，法院可以直接按照《民法总则》第 113 条、第 118 条的规定对原告诉请被告返还借款及利息的诉讼请求予以支持，没有再适用《民法总则》第 9 条的必要，但原审判决中依据了第 9 条这一条款，在裁判说理中又并未提及"绿色原则"及理念以说理论证裁判结果。这一案件中对第 9 条的援引属于无须适用而适用的情况，与绿色原则无任何联系，同时还显现出法官自由裁量权过度适用的弊端，不利于司法权威的树立。

第二种情况是在适用中援引了绿色原则，但援引属于错误适用，不能起到论证裁判结果的作用。例如某财产保险股份有限公司支公司与关某机动车交通事故责任纠纷案① 中，原告关某与第三人之间发生交通事故纠纷，由于关某在被告某财产保险股份有限公司支公司购买了保险，因此诉请被告某财产保险股份有限公司支公司承担损害赔偿责任，被告基于正当的理由请求原告鉴定伤情以作出合理的赔偿。原审法院认为伤情鉴定没有必要加上浪费社会资源，因此依据《民法典》第 9 条作出驳回被告这一诉求的裁判，这就属于法官对绿色原则的错误适用，误解"资源"包含了社会资源。同样错误援引的案件还有浙江省某沙石加工厂生态环境损害赔偿诉讼案② 等，也出现错误适用的情况。这无疑是对绿色原则适用的不利情况，长此以往会影响到绿色原则在司法适用中的效力和地位。

对于以上案件分析，可知应当重视司法方式的正确适用，否则会导致在司法裁判中绿色原则适用的错误及不当。绿色原则的适用方式取决于其属性，因而在实务案例中，第一顺位应穷尽法律规则，适用相应的法律条款；第二顺位在无具体法律条款时，才补充适用绿色原则。相反，若不遵循此规则，类似案例的裁判结果会存在差异，这既会带来民事主体内心对裁判既判力的不确信，还会对司法的统一标准造成破坏，产生消极的社会舆论。

---

① 参见河北省保定市中级人民法院（2020）冀 08 民初 440 号民事判决书。
② 参见浙江省温州市中级人民法院（2021）浙 03 民初 917 号民事判决书。

第四节　我国司法裁判中绿色原则适用的完善路径

一、健全绿色原则的配套性规则

绿色原则作为新的基本原则，难免会面临规则难以适用的情况，直接适用绿色原则进行裁判可能导致说理不当、适用不充分、适用勉强等情况，因此在适用过程中明确相关的配套规则以进一步规范绿色原则的司法适用，辅助绿色原则在司法适用中更加贴合、满足司法机关及各方当事人的需求，避免绿色原则在司法实践中产生违背立法目的的后果。

首先，应重视调解机制。绿色原则的适用背后还是利益的纠纷问题。实际上，大多数的利益之间不存在非此即彼的对抗关系，也不存在合法与非法的明确界限，不同利益之间可能是此消彼长的博弈过程，一种利益的实现可能会减损其他类型的利益。因此，调解机制在我国民事纠纷中始终发挥着相当重要且不可替代的功能。在绿色原则的司法适用中，如果一方民事主体面临着较重的民事责任，但存在着符合绿色原则的其他责任承担方式，法官可以主动组织双方当事人进行调解，分析其中的利害关系，阐明法律责任的承担与符合绿色原则的责任方式之间的对比效果。在充分保障当事人意思自治的情形下，既可以实现绿色原则所追求的价值理念，又可以解决双方当事人之间的利益冲突，还能节约司法资源，减少上诉率和法院的诉累。

其次，加强责任承担方式的灵活化处理。绿色原则在司法裁判中几乎都会涉及具体的责任承担问题，而对责任承担方式的灵活处理可以避免绿色原则司法适用中的多种问题，也为法官适用绿色原则消除一些不必要的顾虑。比如在涉及恢复原状纠纷的民事案件中，如果严格按照恢复原状进行判决，可能会违背绿色原则，前文提到的某军分区与某商贸公司恢复原状纠纷案就有该情形。但是民法体系对这一问题并未作出规定，因此，可以考虑在不实行恢复原状的情形下依旧解决利益纠纷问题，提出采取替代性赔偿等方式，保护私权不受侵害，以实现绿色原则的价值追求①。

最后，加强绿色原则相关指导性案例的颁布。要准确适用原则，需要对其进行"规则化"处理，法律解释是主要方式。对绿色原则实现规则化的转换，就是对绿色原则所调整的对象进行类型化，其中重要的方式就是在司法实践中不断总结经验，对既有的案件类型进行梳理。由于绿色原则的内容具有较高的抽象性，内涵存在较大的不确定性，其法律属性相较于其他基本原则而言又十分突出，在司法裁判中不可避免地会出现适用上的不一致性和模糊性。现有的民法体系对该原则的规范后果强制力和民法救济渠道等的规定尚不明晰，因此，指导案例可以有效解决该问题。通过发布指导案例，梳理不同适用情形，总结成功的适用范例，可以使绿色原则的适用更加规范，解释更加具有一致性。在司法体系中，目前我国在很多领域实施的指导案例制度是行之有效的途径，因此可以考虑通过指导案例相对直观地体现出法官的判断标准并将其进行总结和推广。除此之外，指导案例可以对法官的自由裁量权产生有效的规范功能，与司法解释共同发挥作用，提升案件审判的效率和正确率，规范裁判的尺度和说理，以更好地实现绿色原则的价值理念。

我国目前在多种司法专门裁判类型中推行的指导案例已经积累了大量的经验，但《民法典》实施时间尚短，对相关条款的解释和评注也尚未全面化、深入化，导致司法机关对经典案例发布可能存在时间上的滞后性，在案例的总结和评选方面可能存在一定的不完善性。但本书认为，此时尤其要重视指导案例的作用，首先是由于绿色原则的司法适用的确存在较大的解释空间，且绿色条款和其他条款的衔接尚不完善，这些均需要法官在具体的案件中进行探索，指导案例的发布则可以将这种探索的经验进行推广。指导案例需要做好两方面，一是要注重在体系化视角下解释绿色原则的司法适用规则，尤其是如何做好和环境法原理的衔接，将公共利益和私人利益之间的权衡问题作为重点衔接的内容。二是要注重裁判中对绿色原则适用的解析。从现有的

---

① 齐伟、袁帅、刘丝丝：《民法绿色原则的困境与出路》，《沈阳工业大学学报（社会科学版）》2020年第5期。

民法规范来看，民法体系缺乏对绿色原则规范后果的规定，绿色原则欠缺民法的强制力和民法救济渠道。通过案例指导的方式，对适用绿色原则进行裁判的典型案例予以公布，通过对不同适用情形的梳理，可以使绿色原则的司法适用更加具体和规范。

二、强化司法裁判的释法说理

鉴于绿色原则适用时法官存在未充分履行释法说理义务的司法现状，笔者建议从以下几个方面强化法官在裁判文书中的释法说理。

首先，应建立绿色原则释法说理义务分级制度。根据适用绿色原则的目的不同，可将释法说理义务分为三级。当适用绿色原则以填补法律漏洞，甚至援引绿色原则以改变某项具体法律规则的适用或排除某项法律规则时，法官即负有最高程度的释法说理义务，法官的说理必须符合基本的法律解释方法。当适用绿色原则旨在宣示《民法典》的时代性价值或体现对当事人的教育意义时，法官的说理要求相对弱一些。因为这种情形下绿色原则的适用不会对当事人的权利义务产生实质性影响，而是增加一些正面的效果，这种情形下法官可以在符合基本法律解释规则的前提下援引绿色原则。当适用绿色原则旨在加强对法律规则的说理，法官同样可以相对自由地进行解释，这种情况下适用对说理的要求不高。

其次，在法院系统内部应加强对办案法官适用绿色原则条款的理论培训。《民法典》实施后在绿色原则的适用问题上，由于并无实施的判例可供参考，且在理论界争议较大，法官的理解程度和认识深度均参差不齐，前文提到的将"社会资源"解释为"资源"的案例即为典型。因此，在既有的司法管理体制内，对绿色原则的理论解释和司法适用的基本解释规则进行培训是十分必要的，这样可以深化办案法官对绿色原则条款的理解。

最后，应当依托既有的司法体系内部机制进一步约束和规范法官对绿色原则的适用。主要通过既有的内部奖惩机制，重点解决两方面的问题：一是法官的说理不清问题，二是适用绿色原则的方式和限度问题，以保障绿色原则在裁判中得到规范化援引。

三、明确绿色原则适用方式

在司法裁判中，绿色原则作为一般性条款进行适用的情况屡见不鲜，导致了适用中的混乱①。应当始终明确将绿色原则作为法律原则进行解释和适用，而不能将其视为法律规则，这一点十分重要。作为法律原则，司法适用应当包括两个步骤。

首先，必须穷尽法律规则。如果有明确的法律规则，则优先适用法律规则而不是法律原则。此时法律原则可以起到补充说理和加强论证的作用，这种适用方式是绿色原则发挥弥补法律漏洞的功能。绿色原则作为弥补法律漏洞的条款，是司法实践中对绿色原则适用的最直接解释方式，其适用可以保证在民法价值理念的指导下对无法直接援引法律规范的案件进行裁判，维护法律的体系性和融贯性。但鉴于《民法典》中绿色原则条款与其他民法规范之间的衔接不畅问题客观存在，绿色原则这一功能将极大地受到影响。当绿色原则作为弥补法律漏洞的条款时，应当遵守前提性要件，即在当下的法律体系解释中确定没有可直接适用的法律规范的条件。可见，核心问题为加强绿色条款和其他条款之间的衔接，以《民法典》第619条绿色包装的规定为例，在合同编中可以加强包装与法律效力之间的关联。如果过度强调绿色包装对法律效力的影响，可能导致对私权限制过大，应可退一步将衔接的重点转向违约责任的成立以及其他方面。总之，当法律规范之间达成体系化较高的效果时，法官可以直接适用法律规范，而避免直接适用法律原则可能对当事人利益衡量过于粗糙的问题。

其次，法官在明确没有具体法律规则只能选择适用绿色原则时，必须充分论证，并且体现出论证的正当性和合理性。绿色原则的适用应当避免低效利用资源或裁判执行不经济等负面情形的出现。法官在具体案件中应当进行

---

① 马密、黄荣、常国慧：《〈民法典〉绿色原则的司法适用：实践样态与优化路径——以〈民法总则〉第9条的司法适用为基点》，《法律适用》2020年第23期。

充分的利益衡量，明确多种利益之间的轻重缓急，明确紧缺利益优先的原则等具体的利益衡量规则。

·典型案例·

案例1　刘某诉上海市静安区某小区业主委员会等业主撤销权纠纷案

【基本案情】上海市静安区某涉案小区于 2002 年竣工。原告刘某系该小区地下一层车库 19 号车位业主，两被告系该小区的业主大会和业主委员会。原告于 2017 年 12 月 8 日订购了特斯拉牌 Model X 75D 小汽车一辆，该汽车依靠电池提供动力。上海市电力公司市区供电公司根据原告的申请，经勘查后表示原告车位具备安装充电桩的申请条件。原告向两被告提出安装充电桩的申请，2017 年 12 月 14 日，被告上海市静安区某涉案小区业主委员会向原告作出暂不同意原告安装充电桩的回复。2018 年 3 月 7 日，原告接受了订购的小汽车。2018 年 3 月 14 日，涉案被告上海市静安区某小区业主大会以投票的方式对原告的申请进行了表决。占业主人数以及建筑面积一半以上的表决票的意见为"不同意"或"改造后同意"，原告的申请未能获得通过。被告上海市静安区某小区业主大会明确表示该决议为不同意原告安装充电桩。理由是，两被告认为该小区于 2002 年建成竣工，当时并未考虑到安装充电桩的需要，因此车库没有针对此事进行专门的设计，没有安装充电桩的专用位置以及管线接口。原告拥有的 19 号车位位于地下车库，靠近车库墙面，墙体曾有过严重渗水，如需在墙上敷设电线会存在安全隐患。况且原告的车位毗邻排水沟，排水不畅，每逢暴雨会发生雨水溢出的现象，若雨水漫延至原告的充电桩，会带来安全隐患。同时原告只是为其个人的车位单独安装充电桩，并未经过统一规划，走线必定凌乱不堪，会给管理带来困难。

原告向法院提出诉讼请求：判令撤销上海市静安区某涉案小区业主大会作出的不允许原告在其地下车库 19 号车位上安装特斯拉汽车充电桩的决议。

【诉讼及处理情况】上海市静安区人民法院于 2018 年 4 月 25 日作出（2018）沪 0106 民初 3616 号民事判决，判决：撤销被告上海市静安区某小区业主大会 2018 年 3 月 14 日作出的不允许原告刘某在其地下一层车库 19 号车位上安装汽车充电桩的决议。一审宣判后，原、被告双方均未提出上诉，判决现已发生法律效力。

【评析及思考】该案的重要意义首先在于其他类型的利益与环境利益发生冲突的时候承认了民事主体实施有利于生态环境保护行为的法律效力。从立法角度来讲，在环境利益表现形式十分复杂的情形下，调整民事行为的具体法律规范也很难全面顾及环境利益的方方面面，但此时贯穿保护生态环境的价值理念的法律原则却可以给法官提供承认环境利益的直接依据。该案正是通过法官对绿色原则所承载的价值理念进行解释作出裁判。其次，该案也体现了绿色原则虽然不像公序良俗原则一样能够直接否定民事法律行为，但可以在法律解释规则的框架内承认相关民事行为的法律效力以对抗其他有损于环境利益的行为效力，这是《民法典》绿色原则能够在司法实践中发挥其应有功能的重要方式。最后，从环境公益角度讲，环境公益的实现在多数情形下意味着对私有财产权的限制，这种限制本身就构成了目前环境保护制度的重要内容，各国也普遍采纳该方式。

案例2 黄某辉、陈某等8人非法捕捞水产品刑事附带民事公益诉讼案

【基本案情】2020年9月，被告人黄某辉、陈某共谋后决定在长江流域重点水域禁捕区湖南省岳阳市东洞庭湖江豚自然保护区实验区和东洞庭湖鲤、鲫、黄颡国家级水产种质资源保护区捕鱼。两人先后邀请被告人李某忠、唐某崇、艾某云、丁某德、吴某峰（另案处理）、谢某兵以及丁某勇，在湖南省岳阳县东洞庭湖壕坝水域使用丝网、自制电网等工具捕鱼。其中黄某辉负责在岸上安排人员运送捕获的渔获物并予以销售，陈某、李某忠、唐某崇、艾某云、丁某德负责驾船下湖捕鱼，吴某峰、谢某兵、丁某勇负责使用三轮车运送捕获的渔获物。自2020年10月底至2021年4月13日，八被告人先后参与非法捕捞三四十次，捕获渔获物一万余斤，非法获利十万元。

2021年8月20日，岳阳县人民检察院委托鉴定机构对八被告人非法捕捞水产品行为造成渔业生态资源、渔业资源造成的损害进行评估。鉴定机构于2021年10月21日作出《关于黄某辉等人在禁渔期非法捕捞导致的生态损失评估报告》，评估意见为：涉案非法捕捞行为中2000公斤为电捕渔获，3000公斤为网捕渔获。电捕造成鱼类损失约8000公斤，结合网捕共计11000公斤，间接减少5000000尾鱼种的补充；建议通过以补偿性鱼类放流的方式对破坏的鱼类资源进行生态修复。岳阳县价格认证中心认定，本案渔类资

源损失价值为 211000 元，建议向东洞庭湖水域放流草、鲤鱼等鱼苗的方式对渔业资源和水域生态环境进行修复。

岳阳县人民检察院于 2021 年 7 月 30 日依法履行公告程序，公告期内无法律规定的机关和有关组织反馈情况或提起诉讼，该院遂以被告人黄某辉、陈某、唐某崇、艾某云、丁某德、李某忠、谢某兵、丁某勇八人涉嫌犯非法捕捞水产品罪向岳阳县人民法院提起公诉，并以其行为破坏长江流域渔业生态资源、影响自然保护区内各类水生动物的种群繁衍、损害社会公共利益为由，向岳阳县人民法院提起刑事附带民事公益诉讼，请求判令上述八被告在市级新闻媒体上赔礼道歉；判令上述八被告按照生态损失评估报告提出的生态修复建议确定的放流种类、规格和数量以及物价鉴定意见，在各自参与非法捕捞渔获物范围内共同购置相应价值的成鱼和苗种，在洞庭湖水域进行放流，修复渔业资源与环境。被告逾期不履行生态修复义务时，应按照放流种类和数量对应的鱼类市场价格连带承担相应渔业资源和生态修复费用 211000 元；判令上述被告连带承担本案的生态评估费用 3000 元。

被告人黄某辉、陈某、唐某崇、艾某云、丁某德、李某忠、谢某兵、丁某勇对公诉机关指控的罪名及犯罪事实均无异议，自愿认罪；同时对刑事附带民事公益诉讼起诉人提出的诉讼请求和事实理由予以认可，并对向东洞庭湖投放规定品种内价值 211000 元成鱼或鱼苗的方式对渔业资源和水域生态环境进行修复的建议亦无异议，表示愿意承担修复生态环境的责任。

【诉讼及处理情况】在案件审理过程中，岳阳县人民法院组织附带民事公益诉讼起诉人和附带民事公益诉讼被告人黄某辉、陈某、唐某崇、艾某云、丁某德、李某忠、谢某兵、丁某勇调解，双方自愿达成了如下协议：1. 由被告人黄某辉、陈某、唐某崇、艾某云、丁某德、李某忠、谢某兵、丁某勇按照生态损失评估报告提出的生态修复建议确定的放流种类、规格和数量以及物价鉴定意见，在各自参与非法捕捞渔获物范围内共同购置符合增殖放流规定的成鱼或鱼苗（具体鱼种以渔政管理部门要求的标准为准），在洞庭湖水域进行放流，修复渔业资源与环境；2. 由八被告人共同承担本案的生态评估费用3000元，直接缴纳给湖南省岳阳县人民检察院；3. 八被告人在市级新闻媒体上赔礼道歉。

调解达成后，湖南省岳阳县人民法院将调解协议内容依法公告，社会公众未提出异议，30日公告期满后，湖南省岳阳县人民法院经审查认为调解协议的内容不违反社会公共利益，出具了（2021）湘0621刑初244号刑事附带民事调解书，将调解书送达八被告人及岳阳县人民检察院，并向社会公开。2021年12月21日，在岳阳县东洞庭湖渔政监察执法局监督执行下，根据专业评估意见，被告人李某忠、谢某兵、丁某勇及其他被告人家属在东洞庭湖鹿角码头投放3—5厘米鱼苗446万尾，其中鲢鱼150万尾、鳙鱼150万尾、草鱼100万尾、青鱼46万尾，符合增殖放流的规定。

刑事附带民事调解书执行完毕后，岳阳县人民法院于2022年1月13日以（2021）湘0621刑初244号刑事附带民事判决，认定被告人黄某辉犯非法捕捞水产品罪，判处有期徒刑一年一个月；被告人陈某犯非法捕捞水产品罪，判处有期徒刑一年一个月；被告人唐某崇犯非法捕捞水产品罪，判处有期徒刑一年；被告人艾某云犯非法捕捞水产品罪，判处有期徒刑十一个月；被告人丁某德犯非法捕捞水产品罪，判处有期徒刑九个月；被告人李某忠犯非法捕捞水产品罪，判处拘役三个月，缓刑四个月；被告人谢某兵犯非法捕捞水产品罪，判处拘役三个月，缓刑四个月；被告人丁某勇犯非法捕捞水产品罪，判处拘役三个月，缓刑四个月；对被告人黄某辉、陈某、唐某崇、艾某云、丁某德、李某忠、谢某兵、丁某勇的非法获利十万元予以追缴，上缴国库。

【评析及思考】八被告人的非法捕捞行为破坏生态环境，损害社会公共利益，应当承担相应的民事责任。刑事附带民事公益诉讼起诉人的诉讼请求，符合法律规定，人民法院依法予以支持，对在诉讼过程中就刑事附带民事达成调解已依法予以确认。黄某辉、陈某等八人在禁渔期使用非法器械对渔业资源及渔业生态环境造成了严重破坏，本应追究其刑事责任，但鉴于被告人对已被破坏的生态环境采用"替代性"方式进行修复，被告具有认罪认罚、主动修复受损生态环境等情节，可以依法从轻处罚。这种方法体现了绿色原则对刑罚措施的修正，对于恢复生态、实现公平正义具有重要的意义。

案例3 张某某与临湘市鸿鹤驾驶员培训学校排除妨害纠纷案

【基本案情】鸿鹤驾校成立于2013年7月，位于临湘市长安街道办事处五里村谭家组的鸿鹤林场。鸿鹤驾校为处置生活垃圾，在林场内空地处设置了临时堆放点。张某某是位专业的养蜂人，从2017年5月5日开始在临湘市鸿鹤林场养蜂，养蜂场地与鸿鹤驾校的一处垃圾堆放点相距10米左右。不久，张某某的蜜蜂有死亡现象发生，其认为系鸿鹤驾校倾倒垃圾所致。张某某在与鸿鹤驾校协商无果后，于2017年10月26日到临湘市派出所报案。民警到张某某的养蜂场地内查看了现场，并进行了登记。本案在审理过程中，鸿鹤驾校在垃圾堆放点原处修建了一个垃圾堆放池，张某某称其蜜蜂从2018年3月左右就没有继续非正常死亡。

【诉讼及处理情况】一审法院认为，《中华人民共和国民法总则》第9条规定："民事主体从事民事活动，应当有利于节约资源、保护生态环境。"保护环境是我国的基本国策，一切单位和个人都有保护环境的义务。被告是人员集中的公共场所，应当确保周边环境干净卫生，适宜学员和周边居民的生活，故对张某某请求排除妨碍的诉求予以支持。鸿鹤驾校虽在诉讼中对校内的垃圾堆放点进行了修整，情况有所改善，但在今后的经营中仍需保持周边环境卫生，鸿鹤驾校应当安排专人及时清运生活垃圾。根据张某某提供的垃圾堆放现场照片来看，应至少三天清运一次为宜。关于张某某要求赔偿损失16000元，根据《最高人民法院关于审理环境侵权责任纠纷案件适用法律若干问题的解释》第6条规定，被侵权人请求赔偿的，须举证证明污染者排放的污染物或者其次生污染物与损害之间具有关联性。本案中，张某某没有证据证明蜜蜂非正常死亡与鸿鹤驾校堆放垃圾之间存在关联性，更无证据证明自己所主张的损失数额。蜜蜂的死亡原因有多种可能，鸿鹤驾校倾倒垃圾的行为不是必然导致这一危险状态的出现，因张某某未能完成初步因果关系的举证责任，对其赔偿请求不予支持。但鸿鹤驾校同意出于人道主义，在3000元以内补偿张某某，该承诺系鸿鹤驾校对自身权利的处分，有利于缓解双方矛盾，予以支持。综上所述，依照《中华人民共和国民法总则》第9条、《中华人民共和国侵权责任法》第65条、《最高人民法院关于审理环境侵权责任纠纷案件适用法律若干问题的解释》第6条、《最高人民法院〈关于适用中华人民共和国民事诉讼法〉

的解释》第 90 条之规定，判决：一、限鸿鹤驾校在本判决生效后五日之内补偿张某某 3000 元；二、限鸿鹤驾校从本判决生效之日起，至少每三天对校内的垃圾清运一次；三、驳回张某某的其他诉讼请求。如未按指定的期间履行给付金钱义务，应当依照《中华人民共和国民事诉讼法》第 253 条的规定，加倍支付迟延履行期间的债务利息。

二审法院查明的事实与一审法院查明的事实一致，予以确认。判决结果驳回上诉，维持原判。

【评析及思考】 在现代法学研究中，绿色原则的应用与推广日益受到重视，尤其是在环境法领域。该原则强调将生态环保理念融入法律判决过程中，以实现人与自然和谐共生的目标。在实践中通过绿色原则，对民事案件中的权利义务归属进行审慎评估，并在缺乏具体绿色法条的背景下，强化法官在裁判中的价值判断作用。

本案中原告主张，被告在其经营活动中应当秉承绿色发展的理念，采取措施消除对环境的不利影响。此案例体现了绿色原则在实际司法判决中的应用，法官需在缺少明确绿色法律条款的情况下，依据环保价值理念平衡双方权益，以生态环境保护为判决的直接考量因素。然而，该过程中存在的挑战不容忽视。由于绿色原则在立法层面的具体化尚不完善，法官在判决时可能面临法律依据不足的困境，进而可能引发"同案不同判"的现象。这一现象不仅影响司法公正，也凸显了在成文法体系中对于社会生活中多样化行为的规制存在困难。

因此，本案例强调了在法律实践中对价值理念的依赖，特别是在环保领域。法官在进行裁判时，不仅需要依据现有法律规定，更应结合社会主流价值观，特别是绿色环保理念，进行权衡与判断。这种价值导向的裁判方式，为复杂社会行为的规制提供了重要的立法支撑，也体现了法律适用过程中对人类福祉和生态平衡的深层关注。绿色原则在环境法领域的应用展现了法律对于环境保护的高度重视。通过强化法官在缺乏具体法律条款时的价值判断，可以更好地实现环保目标，促进社会的可持续发展。未来，随着绿色法律条款的不断完善与发展，相信绿色原则将在法律实践中发挥更加积极有效的作用。

第三章 生态环境损害赔偿磋商制度研究

第一节 生态环境损害赔偿磋商制度概述

生态环境损害赔偿磋商制度，作为体现环境治理现代化的一种顶层设计，不仅是对环境保护法律体系的重要补充，也是推进生态文明建设的关键举措。该制度的建立与完善，对于促进生态环境损害责任的明确、加快环境恢复进程、实现环境资源的合理利用与保护具有深远的意义。党的十八大以来，我国对环境污染、生态破坏的问题愈加重视，以建设美丽中国为目标，大力推进生态文明建设。党的十八届三中全会提出实行生态环境损害赔偿制度。党的十九大指出实行最严格的生态环境保护制度，形成绿色发展方式和生活方式。党的二十大提出深入推进环境污染防治，健全现代环境治理体系的要求。在推动绿色发展、促进人与自然和谐共生的大背景下，我国围绕环境损害防治进行了一系列立法与实践的探索。为救济环境损害，维护环境健康稳定，2015 年，我国建立生态环境损害赔偿制度并选取部分地区试点，通过《生态环境损害赔偿制度改革试点方案》((已废止)，以下简称《试点方案》)、《生态环境损害赔偿制度改革方案》(以下简称《改革方案》) 确立该制度。在法律规制层面，2020 年《民法典》对生态环境损害赔偿范围进行了具体规定。

《改革方案》中明确了"磋商前置"，即如不开展磋商、不得提起诉讼。检视我国磋商制度现状，部分省份以制定磋商办法的形式细化《改革方案》，多省份在《改革方案》指导下已具备赔偿磋商的具体经验。生态环境损害赔偿磋商制度在实践过程中，部分制度问题亟需得到回应。各地结合本地生态环境保护实际出台相关规范，但规范仍有不足之处。总体来看，各地规范存在一定的差异性，磋商协议的法律性质仍未有定论，磋商程序不完善，磋商成果执行保障机制不健全，磋商与司法程序的衔接不畅。

一、磋商的概念辨析

（一）磋商的概念

在一般语境下，磋商是指当事双方或多方为达到某一目的，遵循既定程序，围绕一定的目标，在过程中可能以舍弃部分利益为代价试图达成协议的过程。磋商这种纠纷解决方式应用范围较广，在解决商事纠纷以及处理政府间争议时发挥了不可替代的作用。具体到环境法领域，生态环境损害赔偿磋商的概念在磋商规范、相关文件中并未有明确规定。《改革方案》中以"主动磋商、司法保障"的表述，对磋商内容、范围进行了规定[①]。

在发布了生态环境损害赔偿实施方案的省份中，部分省份如安徽省对于磋商的定义几乎是对磋商主要事项、程序等内容的堆叠，部分省份如宁夏回族自治区、广东省对于磋商的概念规定则稍显简略。

学者们对磋商的概念解释不尽相同，如裴丽萍、李森等认为生态环境损害赔偿磋商是索赔主体与环境损害行为人，对损害事实、修复方案等问题进行商讨，最终达成一致的民事法律行为[②]。熊超、谭慧娟认为磋商属于单务法律关系，磋商双方主体在商讨损害事实、修复期限等问题的过程中，作为

---

① 汪明训：《论我国生态环境损害赔偿磋商制度的完善》，硕士学位论文，西南大学，2020年，第3页。

② 裴丽萍、李森、杨永海：《我国生态环境损害赔偿磋商制度的现实困境与逻辑进路——基于多案例分析》，《河南工业大学学报（社会科学版）》2020年第5期。

索赔权利人的政府以放弃部分生态环境利益为代价，与赔偿义务人达成协议①。由此可知，学者界定生态环境损害赔偿磋商概念时，包含了对其法律性质的概括。

笔者认为磋商的定义应为：赔偿权利义务人双方在第三人参与的情形下平等协商，借助专业机构出具的报告，就损害事实、修复方式、赔偿金额等问题达成协议，以修复环境、维护公益的行为。

（二）磋商与行政和解

行政和解概念，从广义上来看，包括执法过程中的和解与救济过程中的和解。与生态环境损害赔偿磋商概念进行辨析的是行政执法过程中的和解。行政执法过程中的和解是指在行政管理过程中，在事实或状态不明的情形下不采用行政处理决定的方式，换之以与相对人达成行政和解协议，高效地实现行政管理目标②。

综上，前述二者的相同点有三：一是两者都是为高效地实现行政目的，磋商相对于诉讼而言更能节约时间成本，而和解在特定情形下，相较于行政处理决定也更易实现行政目的；二是两者都是一方为行政主体，一方为行政相对人，在生态环境损害赔偿磋商中一方为省、市地级政府或指定的部门，一方为环境损害者；三是两者都是通过最终缔结协议来解决相关纠纷。

不同点有二：一是按照通常理解，磋商双方地位应是平等的；而行政和解中，双方地位是不平等的。二是适用情形不同，行政和解的适用情形是事实或状态不明；而磋商则是在赔偿权利人调查并确定损害事实的基础上进行的，相比于行政和解，其适用的事实或状态在一般情况下是较为确定、清晰的。

---

① 熊超、谭惠娟：《生态损害赔偿磋商程序公众参与的困境及其破解路径》，《经济与社会发展》2021年第2期。

② 王静、曾娜：《论生态环境损害赔偿磋商制度的重构——基于行政和解理念》，《商丘师范学院学报》2022年第7期。

（三）磋商与公益诉讼中调解、和解的辨析

环境公益诉讼中的调解是指在适格原告提起公益诉讼、双方当事人均有调解意愿的情况下由法院组织调解，达成调解协议的活动①。磋商与前述民事公益诉讼中的调解、和解程序存在共同特征，即二者皆有助于提高纠纷解决实效性，减轻诉累。

两者的区别主要存在于参与主体、适用阶段、启动原因、适用范围、内容、协议效力等方面。具体如表 3-1 所示。

表 3-1　生态环境损害赔偿磋商与公益诉讼中调解、和解的辨析

	生态环境损害赔偿磋商	调解	和解
参与主体	赔偿权利人与赔偿义务人（部分省市规定检察机关作为监督主体）	原被告双方当事人，人民法院	双方当事人，受邀参与人
适用阶段	诉讼前	诉讼中	
启动原因	赔偿权利人在环境损害事实发生后主动与赔偿义务人开展磋商	基于双方当事人意愿，主动申请或法院依职权启动	双方当事人申请
适用范围	既有的生态环境损害	既有的损害以及将来可能存在的环境风险	
内容	责任承担方式、修复方案、期限	参与调解、和解的主体，就停止侵害、消除影响等环境损害责任承担方式进行协商	
协议效力	部分省份规定直接赋予协议强制执行效力，《改革方案》中规定协议可以适用司法确认制度	经法院审查后，出具调解书、和解书，具有强制执行效力	

---

① 汪明训：《论我国生态环境损害赔偿磋商制度的完善》，硕士学位论文，西南大学，2020 年，第 3 页。

二、磋商制度的特征

（一）程序前置性

磋商程序具有前置性，诉讼程序相较于磋商耗时长且复杂，从效率角度考量磋商应优先于诉讼，开展磋商是启动诉讼的前置条件。在《试点方案》中，赔偿权利人既可开展磋商也可提起诉讼，磋商与诉讼的顺位相同。《改革方案》颁布后，磋商与诉讼的顺位发生了变化，赔偿权利人获得环境损害线索，确定存在损害事实后，应当先主动提出磋商。在生态环境损害案件发生后，赔偿权利人不得直接提起诉讼，而是必须先开展磋商，通过磋商化解环境损害索赔纠纷，诉讼要作为环境救济最后一道防线[①]。

（二）过程协商性

磋商具有过程协商性。磋商与控制型行政命令不同，其过程中双方地位看似平等，围绕着磋商目的开展理性对话。不同于往常行政管理过程中所展现的垂直法律关系构造，行政机关直接对相对人作出行政决定或命令，磋商过程明显重视参与主体的意愿表达，更类似于民法平等主体之间的横向法律关系构造，双方协商促成协议的达成。从另一方面来看，赔偿义务人参与了磋商过程，在修复方案的制定中表达了自己的意见，过程的协商性一定程度上也能提高赔偿义务人执行修复方案或缴纳赔偿金的积极性。

（三）纠纷解决的经济性

生态环境损害赔偿磋商作为一种替代性纠纷解决机制，具有纠纷解决的经济性。诉讼是法律救济的最后一道防线，生态环境损害赔偿案件相较于其他案件，专业性、技术性较强，取证、举证难度大，诉讼成本也相对较高。磋商的实施在一定程度上实现了环境损害案件的分流，能在诉讼环节前消解

---

① 张锋：《风险规制视域下生态环境损害赔偿磋商制度研究》，《兰州学刊》2022 年第 7 期。

赔偿争议。通过磋商，纠纷在磋商阶段得到妥善解决，减少诉累，提高救济效率，及时修复环境，把对环境的不利影响降到最低。

（四）目的公益性

赔偿权利人开展磋商具有双重目的，其直接目的是以磋商方式达成协议，修复生态环境。赔偿权利人更深层次的目的即其根本目的是维护环境公共利益[①]。生态环境损害的发生意味着公众享有的环境权益遭受了侵害，而作为赔偿权利人的省、市地级政府或其指定的部门（通常具体负责生态环境监管的部门如生态环境局、自然资源局、海洋局等）担负环境监管职责，其开展磋商看似是利用了私法手段使受损环境得到救济，但手段与目的之间，更重要的是目的——为维护环境公益，因此，其目的具有公益性。

三、磋商制度的内容

（一）磋商的主体

依据《改革方案》，磋商启动主体是赔偿权利人，即国务院授权的省、市地级政府，另一方赔偿义务人，即违反法律法规，实施破坏资源、污染环境行为，应当承担损害赔偿责任的单位或个人。

在部分省市制定的磋商办法中，其他主体也可作为第三方参与磋商，如武汉《生态环境损害赔偿制度改革方案》，其中规定可以邀请检察机关和社会力量作为监督者角色参与磋商等过程；湘潭市制定的《生态环境损害赔偿制度改革实施细则》规定，邀请专家、利益相关者和其他组织参与生态环境损害赔偿磋商工作。这些参与主体在磋商中大多扮演着第三人的角色，为磋商工作提供必要的协助，监督磋商双方的行为，维护环境公共利益。

---

① 汪明训：《论我国生态环境损害赔偿磋商制度的完善》，硕士学位论文，西南大学，2020年，第3页。

（二）磋商的客体

在法律关系中，权利义务关系指向的对象即所谓的客体，磋商客体是指双方权利义务关系所指向的内容，即遭受损害或破坏的环境本身①。根据前述分析，开展磋商的目的正是修复受损环境本身，即对客体进行保护与修复。

与一般的环境侵权关系中的客体不同，磋商是参与主体就环境损害进行平等、理性的对话。这种损害不同于一般的依靠侵权法救济的环境侵权，排除私主体人身或财产遭受的损害，只针对环境本身。

（三）磋商的程序

对于磋商程序，《改革方案》并未进行具体规定，部分区域在具体实践过程中，以发布工作办法的形式为磋商提供具体指导。以磋商进展作为划分依据，磋商程序可以分为三个阶段，即磋商启动、进行、完成。

首先，赔偿权利人经过调查，确认损害事实，明确赔偿责任承担者，启动相关鉴定、评估工作，依据专业机构出具的具有专业性、科学性、权威性的结论开展磋商。然后，赔偿权利义务人就修复期限、方式、费用等进行平等协商。最后，若磋商成功，达成了磋商协议，按照磋商确定的修复或赔偿方案对生态环境进行修复或赔偿；若磋商失败，则转入诉讼程序。

第二节　生态环境损害赔偿磋商制度性质问题

任何改革都要于法有据，符合法治逻辑。磋商制度是引入私法中的协商理念，对环境治理方式的创新，落地时间较短。即使磋商具有相应的政策规范来规制，并且是中央和地方两种层级、双重规范，但生态环境损害赔偿磋商，因其将私法领域中的平等协商手段引入其中，其过程的协商性使得它与其他的行政管理方式不同，这引发了学界对生态环境损害赔偿磋商法律性质

---

① 郭海蓝、陈德敏：《生态环境损害赔偿磋商的法律性质思辨及展开》，《重庆大学学报（社会科学版）》2018年第4期。

的争议。一项新制度的实施必然会在实践中遭遇各种问题，而解决这些问题的前提是厘清制度的理论基础与法律性质。

一、磋商的法律性质争议

磋商机制既蕴含了私法平等协商的特征，又具有行政主导的公法色彩，磋商的性质尚存争议，目前学界未有定论。主要有"民事行为说""行政行为说"和"双阶构造混合行为说"三种观点，这三种观点分别从不同的角度对生态环境损害赔偿磋商的法律性质进行了诠释[①]。

"民事行为说"认为生态环境损害赔偿磋商中，赔偿权利人以自然资源国家所有权为索赔基础，与赔偿义务人就环境修复事项进行非对抗性商议。赔偿权利人似乎脱离了其行政主体的身份，以民事主体的身份与赔偿义务人就生态环境损害赔偿事项展开平等对话，这种观点更关注过程的协商性。"行政行为说"以制度目的为解释进路，认为磋商是将私法手段引入生态环境损害治理这一公权行为中，磋商是一种协商性、弱权性的行政行为，具有强烈的行政主导色彩，目的是维护环境公益。其实质是政府引入私法平等协商理念，履行环境监管职能的一种制度设计[②]。"双阶构造混合行为说"跳出"公私对立"视角将磋商划分为前、中、后阶，总结磋商不同阶段的特点为磋商定性，其认为磋商前期，赔偿权利人开展查清生态环境损害事实，对生态环境损害进行鉴定、评估等工作，实则是政府作为具有生态环境监管职责的主体行使公权力，履行环境行政监管职能的表现，具有强烈的公权行使色彩。磋商过程以及磋商协议的达成阶段，则主要以平等自愿为原则，双方建构起平等的民事法律关系，以非对抗的方式促成磋商协议，凸显私法属性[③]。

[①]　汪明训：《论我国生态环境损害赔偿磋商制度的完善》，硕士学位论文，西南大学，2020年，第3页。

[②]　别涛、刘倩、季林云：《生态环境损害赔偿磋商与司法衔接关键问题探析》，《法律适用》2020年第7期。

[③]　刘莉、胡攀：《生态环境损害赔偿磋商制度的双阶构造解释论》，《甘肃政法学院学报》2019年第1期。

二、磋商的法律性质分析

生态环境损害赔偿磋商法律性质存在的争议致使规范与实践出现双重适用困境，有必要廓清磋商的法律性质争议，为规范构建提供坚实的理论基础。

(一)"民事行为说"与"双阶构造混合行为说"的分析

"民事行为说"依托自然资源国家所有权理论，赔偿权利人扮演所有权代表角色，与赔偿义务人进行协商。从索赔权的角度分析，将自然资源所有权理论解释为生态环境损害赔偿磋商的索赔权基础，其逻辑并不周严。首先，自然资源并不能包括所有的资源类型，阳光、空气等资源不宜也不能设置国家所有权，若这类资源发生被损害的事实，政府作为索赔权利人的理论基础必然受到质疑。其次，生态环境不仅具有经济价值，还具有生态价值，自然资源更多强调的是对生态环境经济价值的救济，其内涵并不能包含生态环境的其他价值，当其去解释生态系统功能退化等生态环境损害时，未免稍显无力①。从磋商过程的协商性来看，"民事行为说"认为磋商双方就环境修复方案、修复启动时间等事项进行平等协商，双方之间是平等的民事法律关系。然而，生态环境具有公共产品的属性，赔偿权利义务人进行磋商，目的为维护环境公共利益，这种公共利益不能被赔偿权利义务人自由处分，这与民事法律关系中平等主体间契约自由精神不符。因此"民事行为说"作为生态环境损害赔偿磋商的法律性质并不周严。

"双阶构造混合行为说"以一种"整体—部分"的新视角来考量磋商法律性质，从不同视角分析磋商的多重法律关系，其将磋商分为体现行政权力主导的前阶与凸显平等主体协商促成合意的后阶，认为磋商兼顾公私属

---

① 范赫冉:《论生态环境损害赔偿磋商的本质及其实现》,《河南科技学院学报》2020 年第 1 期。

性①。"双阶构造混合行为说"虽然突破了"公私对立"藩篱，但是其逻辑进路仍然存在问题。首先，"双阶构造混合行为说"将磋商分为前阶与后阶，前阶的行政主导对于后阶的民事契约的形成有何影响？两种法律关系在磋商中并非单纯的物理拼接，而是彼此交融、互相影响的，"双阶"的界限并不一定如此清晰，两种法律关系中的联系还有待进一步阐释。其次，对于磋商阶段的划分只是一种方便法学研究的拟制工具，并不代表这种划分就是具有合理性的。最后，"双阶"构造解释有造成实践困境的可能性。针对同一法律行为，用两种不同的法律关系来规制，即便两种法律关系边界清晰，可以进行精准的拆分，但是若其中一种法律关系遭到破坏，可能导致法律救济途径转化为并列的双轨制。因此，"双阶构造混合行为说"也存在一定的解释困境。

（二）协商性行政行为解释论的正当性分析

磋商法律性质应当被解释为协商性行政行为，即行政机关在行权过程中，不再使用诸如命令、决定等具有强制、单方色彩的行权方式，而是与相对人进行理性沟通，使得行政行为融入相对人的意思，化解行政管制过程中的分歧与对抗，达成行政治理目标。

首先，从磋商索赔权的角度来看，其索赔权基础应当是国家环境监管权能的延伸，我国宪法以及环境保护基本法《环境保护法》都明确政府需承担环境监管职责，政府作为索赔权主体以磋商方式修复环境损害，实际是其环境监管职能的延伸。赔偿权利义务人进行的理性、平等商谈，目的是维护环境公益，因而其性质应属于行政行为。正如德国法学家冯·巴尔所言："生态环境损害本质上是一个公法问题，只不过在这类公法中保留了一些私法概念。"②

---

① 潘佳：《生态环境损害赔偿磋商制度解构》，《法律适用》2019年第6期。
② ［德］冯·巴尔：《欧洲比较侵权行为法（下卷）》，张新宝等译，法律出版社2010年版，第483页。

其次，将磋商置于现代行政体制改革的大背景中考察其性质，可以将其理解为政府运用柔性、非对抗的协商方式与相对人进行合作，促成行政管理目的的达成。现代行政执法正从单方性、强制性的理念转向协商、民主的理念，行政机关改变以往的"命令—控制"的对抗型执法方式，转为与相对人平等对话，实质是为缓解双方之间对抗情绪、提高行政管制效率的策略。

最后，从目的与手段的角度来看，赔偿权利义务人开展磋商，目的是为维护环境公益，协商只作为一种手段或方法，二者之间的关系应是目的决定手段、决定事物的性质，而非手段决定目的。因过程中体现出的协商性特征而将磋商定性为民事行为，实则有本末倒置的嫌疑。磋商的目的是为达到行政治理目标，具有公权性，这决定了其性质应为引入私法手段实现公法目标的协商性行政行为。

三、磋商协议的法律性质分析

《改革方案》中"主动磋商、司法保障"以及实践中部分省市依据民诉法向法院申请司法确认的做法，似乎将磋商协议认定为民事协议。但依据前述分析，磋商应为协商性行政行为，故《改革方案》对于磋商协议执行保障的笼统表述，实际在一定程度上曲解了磋商协议的法律性质。在对磋商制度提出完善建议前，必不可少的是分析并廓清磋商协议的法律性质。

（一）磋商协议的性质争议

磋商协议是赔偿权利人为达到环境修复目的，与赔偿义务人以非诉协商方式就受损环境修复等有关事项达成的合意。对磋商协议法律属性，"民事属性论"主张磋商是以自然资源所有权理论为基础，由赔偿权利人与赔偿义务人双方平等协商达成的合意，赔偿权利人虽然是行政机关，但在磋商过程中其不再扮演行政主体的角色，而是作为民事法律关系主体存在，因此，双方达成的协议应当受民事法律调整，为民事契约。行政契约论认为赔偿权利人具有环境保护职责，虽然磋商过程中其与赔偿义务人平等协商，但是这种私法手段并不能改变磋商协议的行政属性。

(二) 磋商协议行政契约性质正当性分析

我们应将磋商协议定性为行政契约。磋商协议民事属性论逻辑不周延。首先，磋商的索赔权基础上文已经论述过，自然资源所有权理论有逻辑不周严的嫌疑，索赔权基础应为国家环境监管权。其次，磋商协议并不同于民事合同，赔偿权利人具有主动开展磋商的义务，磋商的启动带有一定的公法色彩。磋商协议不同于传统行政行为是因其同时具有行政性和契约性①。

生态环境损害赔偿磋商协议的法律性质应为行政契约。行政契约是指行政主体为达到维护公共利益、实现行政治理目的，遵循法定程序，与相对人协商一致，达成并签订的符合行政法律关系构造的协议②。识别行政契约有三个要素：主体要素、目的要素和内容要素。根据映射原理，代入磋商协议与行政契约之间，分析两者的耦合性。首先，获得国务院授权的省、市地级政府作为签订磋商协议的主体之一，符合行政契约一方为行政机关的主体标准③。磋商协议是为修复环境损害、维护环境公益，这与行政契约的目的要素相契合。磋商协议的内容指向行政法上的权利义务关系，磋商协议形成过程中具有行政法元素。磋商启动阶段，赔偿权利人开展调查等一系列工作，显示出行政权主导倾向；磋商进行时，赔偿权利人并不能任意让渡和处分环境利益，其自由裁量权必须在行政法的框架内行使，遵循依法行政原则。据此，生态环境损害赔偿磋商协议与行政契约具有高度的耦合性，磋商协议应当被定性为行政契约。

明确磋商以及磋商协议的法律性质，不仅使其理论更加完善，更因为对两者的定性直接影响到规范以及实践的发展，消解了性质之争，才能为规范

---

① 余凌云：《论行政协议无效》，《政治与法律》2020 年第 11 期。

② 刘倩：《生态环境损害赔偿磋商法律属性探析》，《环境保护》2018 年第 7 期。

③ 吴真、李雪：《生态环境损害赔偿磋商协议的行政契约属性》，《吉林大学社会科学学报》2021 年第 5 期。

以及实践中的问题提供符合逻辑的解决方案。现有的学说在一定程度上都有其可取之处，但统筹考虑磋商以及磋商协议的最终目的，磋商的法律性质应为协商性行政行为，磋商协议应被定性为行政契约。

第三节　生态环境损害赔偿磋商现状

一、磋商的规范梳理

为保护生态环境，我国于 2015 年开始在 7 个省市试点生态环境损害赔偿制度，赔偿磋商作为一种新的非诉讼的生态环境损害救济制度开始在我国确立。各地以试点地方为参照发布磋商制度方案，广泛应用磋商制度救济环境损害，这些磋商实践以及建立的相应规范促进了磋商制度在我国的发展与完善。在对磋商制度的完善提出建议前，有必要对磋商规范进行梳理。

（一）生态环境损害赔偿磋商国家层面规范梳理

生态环境损害赔偿磋商制度从 2015 年在我国实践以来，中央与地方都陆续出台相应规范，最早是 2015 年中办、国办颁布的《试点方案》。《试点方案》颁布后时隔一年，2017 年中办、国办发布《改革方案》。由于《改革方案》更多的是纲领性、原则性的规定，实际操作性不强，2020 年由生态环境部牵头，联合其他 10 个部门共同发布《关于推进生态环境损害赔偿制度改革若干具体问题的意见》（以下简称《若干意见》）。

对比中办、国办发布的两个方案，《若干意见》增加了磋商前置的内容，扩大了赔偿权利人的范围，对于磋商的适用范围以列举加排除的方式进行了规定，明确磋商协议可以向法院申请司法确认。《改革方案》作为一种指引性、纲领性的文件，其规定较为概括，在文本中常出现各省市根据具体情况明确具体情形、细化相关规定的字样，允许各地将规范具体化，便于实施。

《若干意见》相较于《改革方案》，其内容较为详细，操作性更强。在参与主体与程序规则上，明确了具体开展磋商工作的部门，细化了这些部门磋商过程中须遵循的程序规则。具体而言，《若干意见》对损害调查、评估、司法确认等程序作了详细的规定。

各省市在磋商实践过程中，总结经验，参考国家层面规范，结合本地实际，制定了生态环境损害赔偿实施方案，部分省市就磋商制定了专门的工作办法。如表3-2和表3-3所示。

表3-2　国家层面磋商规范

国家层面	生态环境损害赔偿制度改革试点方案
	生态环境损害赔偿制度改革方案
	关于推进生态环境损害赔偿制度改革若干具体问题的意见

表3-3　地方层面磋商规范

地方层面	浙江省生态环境损害赔偿磋商管理办法（试行）
	贵州省生态环境损害赔偿磋商办法（试行）
	荆门市生态环境损害赔偿磋商管理办法（试行）
	济南市生态环境损害赔偿磋商办法（试行）
	绍兴市生态环境损害赔偿磋商办法（试行）
	上海市生态环境损害赔偿磋商管理办法（试行）
	陕西省生态环境损害赔偿磋商办法（试行）
	杭州市生态环境损害赔偿磋商管理办法（试行）
	湖南省生态环境损害赔偿磋商管理办法（试行）
	宁夏回族自治区生态环境损害赔偿磋商办法（试行）
	广西壮族自治区生态环境损害赔偿磋商办法（试行）
	江苏省生态环境损害赔偿磋商办法（试行）

(二) 生态环境损害赔偿地方层面规范梳理及分析

继中办、国办发布了《改革方案》后，各省市根据自身实际，陆续颁布适用于本省市的生态环境损害赔偿制度改革实施方案。大部分省市就磋商制定了专门办法，部分省市还就生态环境损害赔偿调查启动、生态环境损害赔偿金的管理、信息公开制定了专门办法。

各地的赔偿制度改革实施方案中，磋商有关内容与《改革方案》中的规定相差不大，大多是直接借鉴《改革方案》的内容。部分省市制定的磋商办法则更加细化，其中有些内容不同于《改革方案》。磋商办法的主要内容包括磋商原则、适用范围、参与主体、磋商程序、磋商执行保障机制、信息公开。

从部分省市磋商办法中的磋商原则来看，多数都规定了磋商应当遵循合法、自愿、平等、公平、公开的原则。贵州省的磋商办法中还强调磋商应注重效率和风险防控；广西壮族自治区、宁夏回族自治区和上海市、江苏省的磋商办法规定了磋商应利于节约资源、保护环境。从前述分析中可知，合法、自愿、公平、公开是各省市磋商办法中共用的原则，保护生态环境原则反映了磋商救济环境损害、维护环境公共利益的目的。

从磋商办法中的适用范围来看，部分省区市如贵州省、广西壮族自治区、江苏省的磋商办法中虽未规定适用范围，但其制定的生态环境损害赔偿实施方案对适用范围给出了明确指引。浙江杭州市、陕西省沿用《改革方案》列举加排除式的规定，对磋商的适用情形进行了细化，将生态保护红线范围内的生态环境损害事件、构成环境犯罪的案件纳入了磋商的适用范围。陕西省还将需要进行生态修复的一般突发事件纳入磋商范围。部分市级磋商办法中磋商的适用范围较之省级磋商办法中更为详细。如绍兴市规定排放或倾倒3吨以上危险废物或因破坏生态环境行为导致造成直接财产损失达30万元以上，即可由赔偿权利人开展磋商。不难发现，地方行政级别越低，磋商办法中的规范越详细，磋商规范呈现类型化的由上往下的完善态势。

从磋商办法中的参与主体来看，各地对磋商参与主体的规定并不一致，可以分为两种模式。一种模式如宁夏回族自治区在磋商办法中只规定了磋商由赔偿权利义务人双方进行，参与主体较为单一。另一种模式为磋商引入更多元化的参与主体，主要是为磋商效率与公正考虑，引入不同组织作为第三人，如贵州省磋商办法规定磋商除赔偿权利义务人双方以外，律协、调解组织、生态环境损害第三人等还可以作为受邀主体参与磋商；陕西省、杭州市都明确磋商可以邀请专家、社会组织、公众、专业技术人员或鉴定、评估机构参与。值得特别关注的是广西壮族自治区规定检察院、对案件具有管辖权的法院可以受邀参加磋商，这是其在磋商参与主体上的特点。

从磋商程序来看，各地方规定大致相同，不同的是对如磋商频次、申请司法确认的期限等细节的规定。各省市对磋商次数的规定，原则上以两次为限，部分省市在此基础上增加如遇复杂、疑难案件可再进行一次磋商的规定，上海市直接规定三次为限。磋商协议签订以后，如申请司法确认，各地磋商规范中申请司法确认的期限不一，贵州省规定协议签订后 7 日内，广西壮族自治区规定申请司法确认的期限是 30 日内。申请司法确认的法院级别规定也不同，有如陕西省向中级人民法院申请确认的，有如湖南省向基层人民法院申请确认的。值得关注的是，部分省市规定了告知制度，磋商启动或结束，告知与赔偿权利人同级的人民法院和检察院。

从磋商的执行保障机制和信息公开方面来看，各省市对于磋商协议的履行主要依靠法院司法确认赋予强制执行效力。磋商失败即转入诉讼程序，以司法审判实现对环境损害的救济。各地对磋商信息公开的规范，有两种不同的模式：一种是在磋商办法中未规定信息公开，而是单独制定了生态环境损害赔偿信息公开办法；另一种是在磋商办法中提及及时公开有关磋商的信息，但是规定不够详尽。

从以上对磋商地方规范的梳理来看，各地就磋商都有明确的规范性文件可依循，对磋商有关的具体事项也进行了较为详细的规定，有一些不同于《改革方案》的创新之处。但是，我们也可以看出，各地对磋商的规定不一，磋商规范还不够成熟，有必要完善磋商立法。

二、磋商的实践考察

生态环境损害赔偿磋商在我国实践已近九年,考察磋商在我国的实践现状,有必要从案例入手从磋商成功的案例中总结成功经验,分析失败案例失败的原因。

笔者从生态环境部发布的两批典型案例和各省市发布的磋商案例中,选取一部分成功以及失败案例,通过对具体案例的分析,清晰全面地反映磋商制度在我国的实践发展状况。

表3-4 生态环境损害赔偿磋商典型案例

序号	案件名称	磋商结果
案例1	贵州省遵义市人民检察院与怀仁市某净水公司生态环境损害赔偿纠纷案	经磋商达成磋商协议,磋商协议由法院审查,裁定确认
案例2	贵州省政府与息烽劳务公司等环境损害赔偿纠纷案	经磋商达成一致,磋商协议由法院审查,裁定确认
案例3	青岛市黄岛区人民政府与高某某石子厂生态环境损害赔偿纠纷案	经磋商达成磋商协议,磋商协议由法院审查,裁定确认
案例4	北京市丰台区生态环境局与北京市动车段生态环境损害赔偿纠纷案	磋商双方已签订协议,替代修复工程已完工并投入使用
案例5	重庆市王家坝河生态环境损害赔偿纠纷案	达成磋商协议,协议由法院审查,裁定确认
案例6	荆州江陵生态环境损害赔偿纠纷案	经磋商达成磋商协议,磋商协议由法院审查,裁定确认,项目修复工作已完成
案例7	河北省三河市某公司超标排放污水生态环境损害赔偿纠纷案	经磋商达成磋商协议,磋商协议由法院审查,裁定确认,正在进行修复工作
案例8	新泰市环保局与李某某、崔某某、徐某某等5人生态环境损害赔偿纠纷案	失败,由新泰市人民检察院提起环境民事公益诉讼

续表

序号	案件名称	磋商结果
案例 9	天津市东丽区生态环境局与张某某生态环境损害赔偿纠纷案	失败，由东丽区生态环境局提起生态环境损害索赔诉讼

（一）磋商成功案例

表 3-4 中的案例是笔者在北大法宝官网、政府官方网站以及中国裁判文书网中检索，从生态环境部发布的两批年度生态环境损害赔偿案例以及部分省市发布的有关磋商的案例中选择的，以下是对这些案例的简要介绍和分析。

案例 1：怀仁市某净水公司因设备故障，污水积压外溢至茅台河导致河水污染，经遵义市生态环境局调查，确定污染程度后，遵义市人民检察院与净水公司进行磋商并达成磋商协议，经法院司法确认，协议生效。本案较为特别的是检察机关在适格主体未提起诉讼的情况下，与净水公司进行磋商，法院将磋商协议告知相关部门，并对其进行公告，这对拓宽诉前解决生态环境损害赔偿纠纷路径具有重要意义。

案例 2：开磷化肥公司委托息烽劳务公司处理污泥渣，息烽劳务公司直接将污泥渣倾倒在大鹰田地块，导致土壤污染。贵州省环保厅受省政府的指定，作为赔偿权利人与两公司进行磋商。磋商双方达成一致，经法院司法确认，协议有效。这是全国第一例由省级政府提起的磋商案件，其对第三方主体参与磋商、司法确认等规则进行了有益探索，为全国其他地方的磋商实践发展提供了可借鉴的经验。

案例 3：青岛市黄岛区某镇高某某石子厂抢占山体，造成山体生态破坏。黄岛区人民政府与高某某就生态环境损害展开磋商，签订赔偿协议，并申请司法确认，经法院审查，协议有效。这是山东省第一例以司法确认形式保障磋商协议执行的案件，是对磋商保障措施的有益探索。

案例 4：北京市动车段内部废水未经过有效处理流入丰台区灌渠，对水生态环境造成污染。丰台区生态环境局在调查后与北京市动车段开展了赔偿磋商，检察院支持磋商，最终双方签订磋商协议。替代修复工程已经完成，解决了污水排放难题。值得注意的是，这是北京首例检察院支持并促进磋商的案件，为检察院如何参与到磋商中并发挥有效作用这一问题提供了有益参考。

案例5：重庆市酉阳县的姚某在王家坝河中以禁止使用的捕鱼工具非法捕捞水产品，被当场抓获。当地农业农村委员会受省级人民政府授权，与姚某开展磋商达成了磋商协议，经法院确认协议有效。赔偿义务人姚某以增殖放流方式对生态环境损害进行修复，积极履行了磋商协议。在姚某被追究刑事责任时，其前期积极主动参与磋商、修复环境损害的表现，被作为量刑时酌定减轻的情节考虑。这是磋商与刑事程序衔接并对刑事审判结果产生影响的案例，对是否将赔偿义务人的磋商态度以及协议履行状况作为刑事量刑激励具有借鉴意义。

案例6：荆州市某油脂生产公司，为节约污水处理成本，将其企业污水运至其他企业的工厂，经由这些企业的工厂下水管道排放至当地的两湖渠，造成严重的水污染，并涉嫌刑事犯罪。荆州市生态环境局与6家污染企业开展磋商，达成并签订了磋商协议。本案中荆州市生态环境局与荆州市公安局部门联动，协作完成立案查处、锁定证据等工作。磋商双方对鉴定评估报告有争议时，共同委托专家，就争议问题进行探讨达成一致意见，人民调解委员会被纳入了磋商参与主体中，增强了磋商的规范性。部门协作、纳入人民调解委员会是磋商成功的宝贵经验。

案例7：河北省三河市某污水处理公司排放污染物浓度超标的污水，导致生态环境损害。三河市生态环境局在进行处罚后，就生态环境遭受的损害与污水处理公司进行磋商，达成了磋商协议。本案特别的一点在于，由于地表水污染无法再进行精准检测，为获知环境损害数额，使用了虚拟治理成本量化损害，这是损害无法确定时解决这一问题的有益尝试。

（二）磋商失败案例

案例 8：李某某明知其生产的润滑油渣是危险废物，仍将其交由不具备危险废物处置资质的崔某某处理。崔某某租赁徐某某的闲置土地并雇佣徐某某等三人倾倒润滑油渣，严重污染生态环境。新泰市环保局就损害事实进行了调查，并与这 5 人展开赔偿磋商，但是赔偿义务人因费用过高且鉴定评估机构无相应资质、鉴定评估费用缺乏法律依据、赔偿能力不足等原因，导致磋商未果。新泰市人民检察院遂提起环境民事公益诉讼，案件转入公益诉讼程序，最终由法院作出判决，解决了环境损害纠纷。这对磋商与环境民事公益诉讼的衔接提供了宝贵借鉴，同时磋商义务人因评估鉴定机构无相应资质而未能与赔偿权利人达成合意，这提醒我们为使磋商成功进行，有必要让磋商双方共同委托鉴定评估机构。

案例 9：张某某在废品收购站水洗、粉碎废机油桶及其相关制品，污水直接排入渗坑或沟渠中，导致土壤与地下水环境遭受严重损害。由天津市环保技术开发中心承担损害的鉴定、评估工作，并出具相关报告。天津市东丽区检察院对张某某提起刑事诉讼，东丽区生态环境局与张某某展开磋商，但磋商未果。最终，由东丽区生态环境局担任索赔主体提起赔偿诉讼。本案中，磋商失败是因为赔偿义务人认为赔偿权利人在形式上貌似开展了磋商，但却只履行了告知义务，未能为赔偿义务人行使合法权利保留足够的时间；委托鉴定机构是赔偿权利人单方委托的，结果可能有失公允；评估费用与损害恢复所需费用数额相差过大。在这一磋商失败的案例中可以看出，未能双方共同委托鉴定、评估机构，导致赔偿义务人不认可鉴定、评估结果是磋商失败的一大原因。磋商程序也存在一些问题，如何以更加合理的程序设计，保障赔偿义务人的权利，促进磋商达成一致是必须考虑的问题。

（三）磋商成败案例的分析

通过前述生态环境损害赔偿磋商案例的梳理，可以借鉴磋商成功案例的经验，分析磋商失败案例导致失败的关键因素，从而总结磋商发展规律，指导磋商具体实践。

上述磋商成功案例呈现出以下特点：（1）注重部门联动、协作。以协作促进生态环境损害赔偿磋商，如案例6多部门协作完成对环境损害事实的调查、证据的收集，为磋商顺利进行打下坚实基础。（2）重视磋商中第三人参与。虽然不同案例中第三人具体由谁担任有所不同（案例2是律师协会，案例4是检察院），但不可否认的是第三人在磋商中发挥了重要的作用，是磋商成功的重要因素。磋商成功案例对磋商实践的启示：（1）磋商与刑事诉讼程序衔接应建立"先赔后罚"机制，以赔偿义务人在磋商中的表现以及磋商协议的履行情况作为刑事诉讼中量刑的酌定因素，这样有助于提高赔偿义务人积极性，充分发挥磋商实效性。（2）在具体损害无法精确确定时，以虚拟成本法量化损害，对于赔偿金额的确定具有积极意义。

上述磋商失败案例中主要导致磋商失败的原因是磋商中是否由双方共同委托鉴定、评估机构，如案例8和案例9皆因赔偿权利人单方委托鉴定、评估机构导致赔偿义务人不认可鉴定、评估报告，最终磋商失败。

第四节　生态环境损害赔偿磋商制度存在的问题及分析

生态环境损害赔偿磋商制度在我国实践的时间尚短，从最初摸着石头过河，一步一步进行摸索，到磋商制度逐步确立，磋商规范与实践发展取得一定进展。依据对规范以及案例等资料的分析，可以看出磋商制度还存在一定的不完善之处和适用上的问题。

一、磋商法律规制尚不完善

我国生态环境损害赔偿磋商制度规范散见于政策性规范、司法解释以及地方规范性文件中，且国家层面的规范在部分问题上只做了原则性规定，磋商规范的具体化程度较低。从法律层面看，同为我国环境救济制度，环境公益诉讼制度在《环境保护法》《民法典》中皆有体现，而生态环境损害赔偿磋商制度在《环境保护法》并未有明确规定。

从上文对磋商国家与地方层面规范的梳理来看，国家层面规范更倾向于原则性、纲领性的规定，如《改革方案》。虽然各地通过颁布生态环境损害赔偿制度实施方案和磋商办法，细化了《改革方案》，但是仍然存在规范不一的问题，这导致磋商制度在实际应用中存在矛盾，影响了磋商制度实际效能的发挥。磋商制度设计虽然可以依据实践总结的经验，但无论是理论还是实践，若想达到制度目的，充分发挥磋商制度对环境救济的作用，必须进一步完善磋商规范。

二、磋商制度实体内容存在的问题

（一）生态环境损害赔偿磋商主体存在的问题

生态环境损害赔偿磋商制度在实践过程中，磋商的参与主体有待完善，包括磋商参与主体界限不明、赔偿义务人范围狭窄、第三人参与机制失灵等问题。

1.磋商参与主体界限不明

从《改革方案》和地方各级出台的实施方案和磋商办法来看，磋商主体主要包括赔偿权利义务双方，赔偿权利人是指省市级政府或其指定的部门。但是从案例1怀仁市净水公司生态环境损害赔偿案中可以看出，在地方的磋商实践中，磋商主体有界限不明的问题，在无适格主体开展磋商的情况下，遵义市检察院与赔偿义务人进行了磋商，这与《改革方案》以及地方的磋商办法中的规定并不一致。检察院依据《环境保护法》作为公益诉讼的适格原告，在无适格主体的情况下，作为赔偿权赔偿义务人开展磋商不符合部门法理论基础，有模糊赔偿权利人界限的嫌疑。

从前述对磋商规范的分析中可知，部分省级行政区域在磋商办法中规定同级法院可受邀作为磋商小组成员或第三方进行磋商。司法救济作为法律救济的最后一道防线，法院应当是中立的、被动的，况且目前的规范已经确定磋商失败可转入生态环境损害赔偿诉讼程序，法院的职责是在索赔诉讼中行使审判权，而不应在磋商阶段即介入。从义务人角度考虑，赔偿权利人、检察机关、法院在磋商阶段就全面介入，若磋商失败，进入索赔诉讼阶段，不难想象义务人对于法院判决的信赖程度有多少。

2. 赔偿义务人范围狭窄

生态环境损害赔偿磋商的另一重要主体是赔偿义务人，《改革方案》规定了赔偿义务人是违法造成环境损害的组织或个人。实际上，生态环境损害有可能是多个行为共同作用，存在多因一果的情形。实践中大多数都只将直接责任人纳入赔偿义务人范围，而环境损害修复所需费用较高，赔偿义务人承担责任的能力有限，只将直接责任人纳入磋商赔偿义务人范围不利于磋商协议的达成。虽然《改革方案》同时也规定了可以适当扩大赔偿义务人的范围，但并未对其进行细化，导致地方在制定实施方案和磋商办法时，对扩大赔偿义务人范围这一事项持过于谨慎的态度①。

3. 第三人参与机制失灵

磋商是以协商方式达成磋商协议，修复生态环境的环境治理方式，磋商中加入第三人既是公众参与的表现，又能体现协商民主的特性。《改革方案》等文件都规定了第三人参与磋商，但是对于第三人参与磋商的具体规定并不清晰。

《改革方案》明确将专家、利益相关的公民、法人和其他组织作为参与磋商的第三人。地方制定的实施方案和磋商办法进行了创新，如贵州引入赔偿权利人以外的行政机关作为第三人，湖南、内蒙古、江苏将司法机关（法院、检察院）列为可以参与磋商的第三人，陕西、河南、山东将律师作为可以参与磋商的第三人，可以看出各地对于作为第三人的主体规定不一。以上主体作为第三人是否合理有待考量，如果合理，其角色定位如何需要进一步明确。

《改革方案》以及各地的磋商办法，对于邀请第三人参与磋商所用的表

① 陈晨、吴伟、王小祥等：《赔偿磋商与诉讼衔接的关键问题研究——以生态环境损害为例》，《法制博览》2021年第3期。

述都是"可以"，第三人要加入到磋商程序中，或是通过赔偿权利人委托，或是赔偿权利义务人共同委托或邀请。由此可见，第三人并不是必然能够加入到磋商中的，其能否参与磋商，具体到哪些人能够参与磋商，很大程度上取决于赔偿权利人，第三人参与磋商受限。《改革方案》中，第三人并不必然参与磋商，第三人的意见对磋商结果约束力有限，其参与效力并不高，这会使得第三人参与流于表面，与公众参与、协商民主的初衷相悖。

（二）适用范围限制磋商制度的应用

生态环境损害赔偿磋商规范中对于磋商适用范围的规定呈现出对环境损害的事后性救济以及对严重性损害救济的特点，这在一定程度上限制了磋商制度在实践中制度效能的发挥。

1."事后性"对磋商适用范围的限制

《改革方案》以及各省市的磋商办法都规定磋商适用于较大及以上的突发事件、构成环境犯罪的事件、重要功能区内发生的环境污染、生态破坏事件以及其他严重情形。磋商适用范围具有共同的特点，即都是对损害发生后的救济，侧重事后补救以及损害严重程度较高的案件，只有符合"事后性""严重性"的生态破坏、环境污染事件才能被生态环境损害赔偿磋商制度纳入救济范围。

《环境保护法》作为我国的环境保护基本法律，预防为主、防治结合是其原则之一。生态环境损害赔偿磋商制度作为重要的环境救济制度，应当也贯彻这一原则，但其适用范围仅限于救济事后损害，对于可能存在的环境风险有救济不周延之嫌。

2."严重性"对磋商范围的限制

生态环境损害赔偿磋商适用于严重性损害，这限制其发挥救济环境损害的制度效能，较大及以上的突发环境事件发生，一般会导致人员伤亡、较大的财产损失。这些突发环境事件损害时而也会发生，但是其发生概率并不高，数量稳定在一定的区间内。以重点功能区作为是否能适用磋商制度的区域划定标准，若其他非重点功能区域发生环境损害，是否能适用磋商制度有待考量。《改革方案》中，磋商适用范围的最后一种兜底情形，即其他严重情形，各省市根据其地方环境保护需要，对其进行了细化，但存在一个共同点即多数省市都依据刑法司法解释将构成环境犯罪的污染事件作为其他严重情形。不能否认刑法司法解释在缺少衡量标准时具有一定的借鉴意义，但是刑法具有谦抑性，对于环境犯罪入罪条件必然比一般的环境污染行为要高，若以此为标准，磋商制度将有可能无法适用那些不够环境犯罪入罪条件，但是又造成一定生态环境损害后果的事件。

三、磋商程序规则不完备

生态环境损害赔偿磋商制度的运行必须遵循一定的程序，保证磋商的有序进行，其中磋商启动的时间、磋商终止情形以及磋商与其他司法程序的衔接是生态环境损害能否得到及时救济的关键因素。但目前的磋商规范以及实践中反映出磋商的程序规则不完备，有待进行完善。

（一）磋商程序设计不合理

磋商程序分为三个阶段，即启动、进行和结束。磋商的启动时间、磋商次数、终止期限都是规范赔偿权利人、赔偿义务人磋商的重要因素，磋商程序的设计直接关系到磋商的效果。

1.磋商启动时机不当

磋商作为修复环境损害的重要制度，何时开始磋商即磋商的启动时间尤为重要。依据《改革方案》以及各地出台的磋商办法，综合生态环境部和各地发布的磋商典型案例，可知赔偿义务人一般是在获得生态环境损害线索后，对损害事实和程度进行调查，同时委托鉴定、评估机构对损害事实与程度进行鉴定、评估。磋商的开始往往是鉴定、评估报告确定以后，甚至在部分案例中，赔偿权利人起草了损害赔偿协议后，才通知赔偿义务人进行磋商。很明显，磋商的启动时机过晚，生态环境损害救济有不及时之虞。

另外，赔偿权利人在磋商开展前就委托鉴定评估机构对损害事实、程度、修复费用等进行鉴定、评估，此时，获得的鉴定、评估结果由于是赔偿权利人单方委托鉴定、评估机构所得，赔偿义务人极有可能因鉴定、评估机构的委托未体现自己的意愿，对鉴定、评估结果不满或认为鉴定、评估结果对自己不公平，导致磋商失败。

2. 磋商程序次数、期限、终止情形设置不合理

磋商制度通过非诉讼的方式解决环境纠纷，避免冗长的诉讼程序不能及时救济环境损害，同时减轻诉累，节约司法成本。因此，基于生态环境损害救济效率的考量，对于磋商的次数和期限必须有所限制。

《改革方案》作为一种纲领性文件，其规定具有原则性、概括性的特点，并未对磋商次数和期限进行细节的规定，但是各地出台的实施方案和磋商办法中，几乎都对磋商次数和期限做了规定。有的省市规定以两次为限，有的省市规定以三次为限，同时规定若遇到疑难、复杂案件可再多进行一次磋商，甚至有地方的磋商办法中出现了可以采取多轮磋商的规定，各地方对于磋商次数与期限的规定较为杂乱。对磋商次数与期限的规定不能符合磋商实际，会导致磋商实效性发挥有限、诉讼不能及时启动、案件久拖不决等问题。

磋商终止情形关系到磋商在何种情形下结束。《改革方案》仅规定"双方无法达成合意"的情形；地方磋商办法虽细化了相关规定，但磋商终止基本遵循双方自愿原则，即磋商是否终止取决于一方的意愿表达，只要一方不愿进行磋商或认为磋商无法达成合意，就可以使磋商归于终结①。以一方或双方主观意愿作为磋商是否终结的关键要素，若一方故意拖延磋商进程，后又因磋商无法达成合意而放弃磋商，实际是违背尽快修复环境这一磋商的制度目标的，磋商的终止情形应当有所扩张。

---

① 丁宁：《我国生态环境损害赔偿磋商制度的规范考察：困境与出路》，《党政干部学刊》2021年第6期。

（二）磋商与其他司法程序衔接不畅

磋商与其他司法程序的衔接，主要涉及三种情形：磋商与赔偿诉讼的衔接、磋商与环境民事公益诉讼的衔接、磋商与环境刑事诉讼的衔接。这里主要讨论磋商与环境民事公益诉讼以及环境刑事诉讼的衔接。

1. 磋商与环境民事公益诉讼的衔接

生态环境损害赔偿诉讼与环境民事公益诉讼是两种不同的救济环境损害的方式。不可否认，两者在制度目标、适用范围、保护法益等方面具有一定的重合性。为化解两种诉讼在实践中的冲突，最高人民法院出台了相应的司法解释，对两种诉讼的顺位进行了规定。磋商与环境民事公益诉讼的顺位如何，目前的规范并未给出答案。

实践中可能出现两种情形：第一种情形中，赔偿权利人先开展磋商，之后环境公益诉讼适格主体提起诉讼，磋商与诉讼如何处理？第二种情形中，法院受理环境公益诉讼以后，赔偿权利人才开展磋商，两者如何处理？由于缺乏相关规定，磋商与环境民事公益诉讼之间衔接不畅。

2. 磋商与环境刑事诉讼的衔接

生态环境损害案件的特征之一就是赔偿义务人可能同时侵犯多种法律利益，赔偿义务人可能因一个违法行为受到多种法律制裁。其中，刑法制裁最为严厉，法院将赔偿义务人磋商态度、磋商协议执行情况作为刑事诉讼中量刑的酌定因素，这会激励赔偿义务人积极参与磋商、执行磋商协议。然而，实践中，部分案件刑事程序结束后，赔偿权利人才启动磋商，这使得赔偿权利人接受了最为严厉的刑事惩戒后，又被要求承担赔偿责任，赔偿义务人参与磋商的积极性难免受挫。因此，磋商与刑事程序的衔接顺次也至关重要。

四、磋商保障机制不健全

如何保障协议的执行是个关键的问题，目前部分地方适用司法确认制度保障协议的执行，但适用司法确认制度不一定合理，实践中司法确认制度实际发挥作用也有限。对磋商的监督是保证磋商目的实现的重要途径，但目前对磋商的监督还存在一定问题，需要对磋商的监督进行完善。

（一）司法确认制度适用存在的问题

对于磋商达成一致所形成的磋商协议的保障，目前，各地在实践中依据《改革方案》和磋商办法，采用司法确认、公证、仲裁等方式保障磋商协议的执行。从生态环境部和各地发布的典型案例来看，向法院申请司法确认是保障协议执行的主要方式，但是磋商协议适用司法确认制度是否符合制度目标和法理，有待考量。

1. 磋商协议适用司法确认制度合理性存疑

在探讨磋商协议在行政法领域内的适用性及其与司法确认制度之间的关联性时，首先需明确磋商协议的法律定位。磋商协议作为一种行政行为的表现形式，其核心在于借鉴私法机制以实现公法目标的创新性做法。该过程涉及的不仅是行政机关与公民或法人之间的协商，更重要的是如何在不违背公共利益的前提下，通过双方的协商达成一致。因此，磋商协议并非纯粹的民事法律行为，而是一种融合了行政法特性的特殊法律行为。从法理学的角度出发，行政契约作为一种特殊类型的法律契约，其法律性质与民事契约存在本质的区别。行政契约的签订和执行，必须严格遵守法律规定，尤其是在处理公共资源和服务时，需要更加注重公共利益的保护。因此，将磋商协议视为一种行政契约，并试图将其纳入司法确认制度的适用范围，显然不符合法律的基本原则和精神。

司法确认制度源于人民调解制度，是在长期的司法实践中逐渐形成的一种法律制度。该制度主要针对具有民事法律性质的协议，旨在通过法院的确认，赋予这些协议以法律效力。然而，鉴于磋商协议所具有的行政法特性，尤其是在实现过程中对公共利益的特别考量，使其不宜简单地等同于民事法律行为，从而直接适用司法确认制度。

磋商协议作为一种特殊的行政行为，其在法律性质上与民事契约存在明显差异。因此，在考虑其是否适用司法确认制度时，应充分考虑到这种法律性质的特殊性，避免将其简单归类，以确保法律制度的适用性和合理性。在处理磋商协议相关事宜时，应更多地依据行政法的原则和规定，注重公共利益的保护，而不是无差别地适用于民事法律制度。根据我国《民事诉讼法》第 205 条和《人民调解法》第 33 条，司法确认只适用于依据《人民调解法》达成的民事调解协议。因此磋商协议适用司法确认制度不合理。

其次，从另一种角度看待司法确认制度在磋商协议保障中的适用，磋商是赔偿权利人通过协商合意方式并签订协议救济环境损害的制度，而司法是国家司法机关依据法定程序、行使法定职权处理法律案件的活动。司法权、行政权各有其运行方式和功能，以司法确认制度为赔偿权利人履行环境行政监管职权保驾护航，与司法权在国家权力结构中的功能设定相悖。

2. 磋商协议适用司法确认制度效用发挥有限

依据《人民调解法》的规定，司法确认作为一种民事特别程序，实行一审终审，裁判后效力相对其他程序较为严苛。当事人的利益若被损害，获得有效的救济具有一定难度[①]。磋商协议是赔偿权利义务人通过协商达成的，赔偿权利人作为具有环境监管权的行政机关相比于法官，在修复方面更具专业优势，因此让法院通过司法确认来保障协议执行，司法确认能发挥多大作用，有待进一步考虑。从另一角度来看，磋商协议的司法确认制度目前也并无明确规则，具体到审查主体是独任制还是合议制、审查期限是参考民事调解协议还是考虑环境案件特殊性另有规定、审查形式是形式审查还是实质审查，目前没有统一、具有操作性的规定。因此，磋商协议适用司法确认制度有待考量。

综上所述，司法确认制度作为磋商协议的保障方式在我国的法律体系和法理中存在适用上的问题，难以证成其制度合理性，应当进一步思索如何保障磋商协议的执行。

---

① 郝振江：《论人民调解协议司法确认裁判的效力》，《法律科学（西北政法大学学报）》2013 年第 2 期。

（二）磋商监督机制不完善

完善的磋商监督机制有助于磋商目的，即修复生态环境、维护环境公共利益的实现，目前的磋商监督机制主要存在对赔偿权利人监管不足、磋商的全过程监督不完善的问题。

1. 缺乏对赔偿权利人的监管

磋商程序中，政府或其指定的部门获得赔偿权利人的身份是因为其具有环境监管职能，磋商的过程呈现出行政主导的特点。虽然《改革方案》规定了赔偿权利人与赔偿义务人平等协商，但是赔偿权利人作为公权力主体，其在与赔偿义务人协商的过程中能否保证磋商程序平等自愿、公平公正，是容易引发疑问的。现行的磋商规范中，只有贵州省对赔偿权利人的权利行使进行了限制，即明确禁止赔偿权利人让渡磋商过程中的合理费用，其他磋商规范中未见到对赔偿权利人权利行使的明确限制，赔偿权利人在磋商过程中权利的行使缺乏监督[①]。

2. 对磋商过程的监督不足

完善的监督机制应当是对磋商全程的监督，而目前的规范对磋商的监督更多侧重于对磋商末端机制的监督，即修复效果和赔偿款使用。这样虽然可以提高监督效率，但公众即使对磋商结果或修复效果等有异议，也无法获得有效的救济，缺乏对磋商启动以及磋商过程的监督。

地方规范性文件对于监督的规定不够详细，对于如何监督，以及提出异议后如何处理等问题都没有作出明确的回应。考察地方的磋商实践，多数地方对于本地"首例""生态环境损害赔偿磋商第一案"关注度较高，对这些案例会进行报道，但是对于磋商协议执行程度、修复效果等很少在网络上进行公开。磋商协议等与磋商有关的重要信息公开不到位，影响了公众对磋商的监督效果。

---

① 王玉子：《生态环境损害赔偿磋商程序监督机制构建研究》，《山东青年政治学院学报》2022 年第 2 期。

第五节　生态环境损害赔偿磋商制度完善对策

生态环境损害赔偿磋商在推进环境治理现代化的过程中扮演了至关重要的角色。为确保其有效性和正当性，必须建立在明确的法律依据之上。这不仅有助于明确磋商的权威性，还能够为磋商各方提供法律指引和保障。因此，推进磋商制度的法治化，成为一个不容忽视的重要步骤。

一、推进磋商制度的法律化

从上文对生态环境损害赔偿磋商的法律规范分析来看，我国对生态环境损害赔偿磋商的立法表现出的特点是：规定不一、不够明确清晰、法律位阶较低。《改革方案》对磋商规定过于概括和原则化，部分内容不够清晰。各地在具体细化《改革方案》时，对于磋商的程序和具体细节也规定不一。《改革方案》只是临时性的政策规范性文件，不是法律，既不具体，也没有普适性，不能作为司法裁判的依据[①]。目前，没有法律级别的规范对磋商进行规制。作为生态环境损害赔偿制度的重要环节，为了更好地保证制度的稳定性和权威性，有必要推进磋商法律的制定，结合地方的实践经验，吸取其中好的做法，逐步推进磋商制度的法律化，从法律层面对磋商进行更加全面的规范[②]。

磋商制度与环境民事公益诉讼制度同为我国环境损害救济制度，磋商制度也应当在环境保护基本法律《环境保护法》中有所体现。部分学者提议借鉴国外生态环境救济模式，制定专门的生态环境救济法。鉴于我国目前的环境保护需要，我国在未来编撰环境法典的过程中，可以考虑将磋商制度写入

[①] 贾爱玲：《环境问题法律救济研究——以侵权责任法为视角》，法律出版社 2020 年版，第 101 页。

[②] 孙昭宇：《生态环境损害赔偿制度的问题检视与体系重塑》，《江苏大学学报（社会科学版）》2021 年第 5 期。

生态环境救济法中。鉴于立法甚至是环境法典的编纂必然需要一定的时间，可考虑以行政法规的形式明确磋商制度。在立法中首先要明确磋商的定义，赋予磋商完整清晰的内涵，明确磋商的法律性质为协商性行政行为，综合确定磋商的原则，优化并明确磋商的程序设计，在逻辑自洽的基础上健全磋商的保障机制，让磋商的理论更加完善，磋商实践有明确的法律依据。

二、完善磋商实体内容的构建

磋商实体内容构建是完善磋商制度的重中之重，前述分析中磋商制度实体内容中需要完善的就是磋商的参与主体以及适用范围，明确了磋商参与主体、扩大磋商适用范围，才能使磋商制度更全面地救济环境损害。

(一) 明确磋商参与主体

赔偿权利人的识别是磋商能否发挥其制度功能的重点。检察院既是环境公益诉讼的适格主体，又是法律监督的主体，在政府及其指定的部门不开展磋商的情况下，应当以检察建议的方式督促政府及时开展磋商。若政府收到检察建议，仍不开展磋商，有不履行环境监管职责的表现，检察院应当提起环境行政公益诉讼，督促政府履行相应职责，而不是模糊其与政府职能界限，越位与赔偿义务人开展磋商。必须明确政府及其指定的部门才是赔偿权利人，其他的单位不能作为赔偿权利人与赔偿义务人开展磋商，否则将与磋商制度的理论基础相悖。

从另一角度分析，同为环境损害救济制度的环境公益诉讼制度，严格从法条出发考量立法机关的态度，我们能够发现《民事诉讼法》规定检察机关起诉的前提是法律规定的机关或组织缺位未能以诉讼形式救济环境损害，检察机关起诉应作为最后顺位。因此类比于环境公益诉讼制度，检察机关在磋商制度中也应当明确其职能界限，发挥好其法律监督的作用，而不是越位作为赔偿权利人与义务人开展磋商。

基于司法的中立性和被动性，同为司法机关的法院在磋商阶段也应回避，毕竟赔偿权利人、检察机关、法院同时参与磋商，若操作不慎，磋商会议有演变为新的"审判现场"的可能性。

为更高效地修复受损环境，应考虑适度扩大环境责任承担者的范围。在制定磋商规范时，除直接责任人，即违法实施破坏生态环境的单位和个人，还应将与环境损害相关的责任主体纳入赔偿义务人范围。环境损害的修复需要一定的技术和资金，如污染范围过大或造成环境功能严重丧失，要使环境得到修复需要大量的资金，而环境损害的直接责任人（部分责任人甚至是自然人，赔付能力更有限）很难在短时间内筹措巨额资金来修复，这可能导致其面对巨额修复资金或难度较大的修复任务，消极磋商，使得磋商应有的功能无法发挥。因此，有必要扩大环境责任承担者的范围，环境监测机构、环境影响评价机构在生态环境损害发生的过程中也扮演了一定的角色，其与损害发生也有一定的关系。依据我国环境法规定，环境服务机构若与生态环境损害的发生有因果关系，应当与直接责任人承担连带责任。故生态环境损害的连带责任主体也应当被纳入赔偿义务人的范围中。可以探索建立环境责任保险制度，将环境责任保险人和环境基金组织纳入赔偿义务人范围。环境责任保险由公众责任险发展演变而来，是将公众责任保险应用于环境领域的一种尝试。美国等工业化发达国家施行此制度已久，其在保护环境利益、减轻政府环保压力方面发挥了极为特别的作用。鉴于我国环保现状，有必要参考实行这一制度，环境责任保险将会成为生态环境损害赔偿资金的重要来源之一①。实践中，生态环境损害修复难度较大，所需费用不菲，单独的直接责任人难以承受如此高额的赔偿金，完成环境的修复治理。因此，将间接责任人纳入赔偿义务人范围，有利于磋商协议的达成和环境修复目标的完成。

在对赔偿义务人范围进行扩大时，也不能过于盲目，应当以合理合法为标准，适度地扩大赔偿义务人的范围，在法律逻辑自洽和契合部门法理论基

①　熊雪雨：《我国环境污染强制责任保险制度推行的现行障碍及法律需求》，《上海保险》2019 年第 4 期。

础的前提下，纳入与环境责任相关的主体。赔偿义务人范围适度扩大是为了发挥磋商实效性、维护环境公益。赔偿义务人范围扩大后，应当明确各责任人之间责任如何分配，避免因责任分配不合理导致新的不公。

磋商中的第三人参与问题。磋商为协商性行政行为，赔偿权利义务人双方固然是磋商的主要参与者，第三人在推进磋商进程中所起到的作用也不容忽视。第三人的加入不仅能为磋商提供必要的协助，也能为磋商程序的公正性提供一定的保障。在具体讨论这个问题时，首要解决的问题是谁能扮演好磋商第三人的角色。专家、学者、律师等作为掌握专门知识、了解环境法规的人，可以作为第三人；其他机关的参与有利于部门联动，可以为磋商的顺利开展提供协助，其也可以作为参与磋商的第三人；生态环境损害的发生往往伴随着对当地居民环境的不利影响，因此利益相关的公民应当也可以作为参与磋商的第三人。法院是负责审理案件、行使司法权的机关，磋商是赔偿权利人行使公权力救济环境损害的制度，行政权具有主动性，而司法救济是被动的，法院不应当过早介入磋商程序，法院作为参与磋商的第三人不合理。

对上述主体进行类型化梳理，可以将其分为三种类型：一是技术专家类型，这一类主体包括专家、学者、律师、人民调解组织；二是其他机关，包括与生态环境损害有关的机关；三是利益相关者，可以分为直接利益相关者（直接遭受生态环境损害影响的人）和间接利益相关者（代表最广大公众利益的一般人）。

根据以上梳理，确定参与磋商的第三人在磋商中的角色定位和参与方式。技术专家类型作为"智囊团"，其参与磋商可以提供专业技术上的支持，因此应当属于必须参加的一类主体。其他机关在磋商过程中扮演协助者角色，协助赔偿权利人查清损害事实，在参与方式上应为"可以参加型"，具体到案件中，涉及哪个部门，由赔偿权利人决定是否邀请其作为第三人参与磋商①。利益相关者应当作为可以参与磋商的人，因为其作为直接受到环境

---

① 康京涛、何丽：《生态环境损害赔偿磋商第三人的角色失调与定位——基于15省份磋商办法与十大典型案例的分析》，《中国环境管理》2022年第3期。

损害影响的人，有权利参与到磋商过程中，对磋商进行监督，但其参与磋商并非必须承担的责任，磋商的进行不受其缺席的影响。明确了参与磋商第三人的角色定位和参与方式，还应当使第三人参与磋商有章可循，优化细节设计，使参与磋商第三人的知情权、参与权得到充分保障，明确参与磋商的第三人对磋商进程的影响，以及对第三人参与权的救济，提高第三人参与的效力。

（二）扩大磋商适用范围

从目前各种有关磋商制度的规范来看，磋商制度的适用范围受到"严重性"和"事后性"的限制。解决环境污染问题，不仅要顾及"重污染"，还要救济"轻污染"，在"轻污染"还未转化为"重污染"时将其修复，避免"轻污染"发展为"重污染"，修复所需的时间成本和金钱成本更高，环境所承受的"伤害"也更大。因此，各地方可以做一些有针对性的尝试，将一些严重程度相对不高的一般性污染和可能存在的环境风险纳入磋商制度适用范围，审慎开展磋商，若出现与制度不适的情形，中止磋商，采用其他环境救济方式或等待时机合适，继续进行磋商。

磋商制度将构成环境犯罪的案件纳入适用范围，以刑事入罪标准作为其他严重情形的解释标准，可能导致那些不构成刑事犯罪的环境损害无法获得有效救济。刑法具有谦抑性，其标准相较于其他部门法标准，自然是最严苛的。磋商制度中"其他严重情形"的解释标准应当宽于刑法标准，如此才可使更多的环境污染事件被纳入磋商制度的适用范围，更严密地保护环境[①]。各地可以结合本地实际，明确适用于本地的"其他严重情形"，扩大磋商适用范围。

---

① 赖德斌、黄擎：《论生态环境损害赔偿磋商制度优化路径》，《黑龙江生态工程职业学院学报》2022年第4期。

三、优化磋商程序设计

磋商程序是否足够科学完备一定程度上决定了磋商实效性的发挥①。应将磋商启动时机提前。此外，既已经将磋商认定为协商性行政行为，为体现磋商行为的协商性，也为减少对鉴定、评估结果的争议，提高磋商成功的几率，应由磋商双方共同委托鉴定、评估机构，明确磋商次数与期限，增加磋商终止情形。

（一）磋商启动时机提前，共同委托鉴定评估

磋商通常在赔偿权利人查清损害事实，委托鉴定、评估机构，获得鉴定、评估报告后开始。磋商的启动时间过晚，从发现生态环境损害线索到调查、评估，所需时间较长，长时间的调查评估会导致修复成本增加，不利于环境损害的及时修复。因此，应当不以违法性为要件，将磋商的启动时间提前②。在明确生态环境损害事实发生，且赔偿义务人确定时，就展开磋商。磋商既已经被明确是索赔诉讼的前置程序，就必须及时开展磋商对环境损害进行救济。磋商的及时性至关重要，若磋商不及时，极有可能延误后续的环境损害救济③。

生态环境损害赔偿鉴定评估是一种专业性活动，融合了法律性与科学性。鉴定评估机构既要保证结果的合法性，又要保证程序、结果的科学性，谁来委托鉴定评估机构是一个重要的问题④。如前述磋商案例分析中，案例8新泰市环保局与李某某、崔某某、徐某某等5人生态环境损害赔偿纠纷案，

① 刘起军、何双凤：《制约生态环境损害赔偿磋商实效性的因素及其消解》，《湖南大学学报（社会科学版）》2023年第1期。

② 周婷婷：《生态环境损害赔偿磋商制度的构建》，《广西社会科学》2021年第10期。

③ 林煜、张晓楠：《生态环境损害赔偿磋商机制的法律构建——基于其法律性质思辨的论证》，《贵州大学学报（社会科学版）》2023年第1期。

④ 史会剑：《生态环境损害赔偿制度理论与实践研究》，中国环境出版集团2020年版，第52页。

就是因为赔偿义务人认为赔偿权利人单方委托鉴定、评估机构，对鉴定、评估结果不认可导致磋商失败。因此，若磋商启动时机如前述提前到确定损害事实存在以及赔偿义务人时，由于此时鉴定评估工作尚未开始，由磋商双方共同委托鉴定、评估机构，鉴定、评估结论的公正性获得双方的认可，可以减少争议，顺利推进磋商进程，降低磋商失败的可能性。

（二）明确磋商次数与期限，增加磋商终止情形

依据现有规范，多数省市都规定了磋商次数，二到三次不等，少有省市对磋商期限作出明确规定。只规定磋商次数，不明确磋商期限，可能导致磋商效率低下，出现"久磋不决"的现象，还可能导致磋商双方积极性受挫，延误环境修复时机①。故而，必须完善对磋商次数、期限的规定，在确定磋商次数的基础上，必须明确磋商期限。既要防止磋商期限过短，双方无法深入交流意见，又要避免期限过长影响修复效率。磋商次数限制在三次以下，同时可以根据案件的疑难、复杂程度，确定磋商期限，以防磋商进行多轮而阻滞诉讼程序的启动。具体期限可以借鉴《民事诉讼法》的一审审理期限，设置为简单案件30天、普通案件40天、疑难复杂案件60天，如遇特殊情形，未能在期限内完成磋商，可以适当延期。

磋商终止情形不应仅限于磋商双方的意愿表达，客观情况下磋商不成也应当归入磋商的终止情形中。如磋商中出现违法情形，具体而言就是磋商任意一方或双方为个人利益而损害环境公共利益，此时磋商继续进行已无必要，修复生态环境、维护环境公益的目标客观上已无法实现，应当转入诉讼程序，并对违法的主体进行惩戒。再如，磋商在规定的期限内无法完成，为了推动生态环境损害索赔程序继续向前进行，以其他方式救济环境损害，应视情况将期限内磋商不能完成增加到磋商的终止情形中。

---

① 刘惠明、浦瑜悦：《生态环境损害赔偿磋商制度现实困境与完善路径》，《四川环境》2022年第2期。

（三）完善磋商与其他司法程序的衔接路径

磋商与环境民事公益诉讼的衔接规则，可以借鉴最高人民法院相关司法解释，即发生环境损害后，出现"一案两诉"，生态环境损害赔偿诉讼优先，中止审理公益诉讼。基于此，磋商启动前环境民事公益诉讼原告提起诉讼，此时可参考美国环境公益诉讼中的告知制度，在社会组织提起环境公益诉讼前，提前60日告知具有环境监管职能的部门，若公告期结束，仍未有主体开展索赔，才能提起环境民事公益诉讼。在磋商启动后，环境公益诉讼适格主体提起诉讼，因两者都是为维护环境公益、弥补环境损害，在政府已经启动磋商的情况下，再通过其他程序救济环境损害，易导致纠纷解决的不经济性，司法资源或可被浪费，故法院应当不受理环境民事公益诉讼[1]。

磋商与刑事诉讼程序的衔接顺位，关系到赔偿义务人参与磋商的积极性。综合实践中的案例，以及对制度目的的考量，应当确定，赔偿磋商的启动应在刑事诉讼程序之前，对赔偿义务人采用"先赔后罚"的责任承担方式。法院在磋商前，与赔偿权利人进行沟通，将赔偿义务人在磋商中的表现作为量刑时酌定考虑的情节，以此激励赔偿义务人"应赔尽赔"，实现最大程度修复环境损害的制度目的[2]。比如江西省新干县人民检察院督促支持生态环境部门开展生态环境损害赔偿磋商案[3]，就是公益诉讼检察和生态环境损害赔偿制度衔接配合的有益探索。在该案中，针对跨省非法转移处置危险废物造成环境污染案件，检察机关在追究违法行为人刑事责任的同时，主动做好检察公益诉讼与生态环境损害赔偿的衔接，结合认罪认罚从宽制度，引导违法行为人自愿承担生态修复赔偿责任。

---

[1]　王腾：《我国生态环境损害赔偿磋商制度的功能、问题与对策》，《环境保护》2018年第3期。

[2]　宋亚容、汪劲：《生态环境损害赔偿磋商达成一致的影响因素分析》，《环境保护》2022年第9期。

[3]　参见江西省新干县人民检察院督促支持生态环境部门开展生态环境损害赔偿磋商案，具体案情见本章案例1。

四、健全磋商保障机制

健全的磋商保障机制是磋商制度不可或缺的一部分，要以协商行政为切入点，在明确磋商协议性质为行政契约的基础上考量效率因素，不再适用司法确认制度，而以行政代履行和申请法院强制执行的方式保障磋商协议的执行。加强对赔偿权利人行使权利的监管，完善对磋商的全过程监督机制和磋商信息公开制度。

（一）以协商行政为切入点完善磋商协议的保障机制

如前文所分析，磋商以及磋商协议应定性为行政属性，过程协商性是磋商区别于其他制度的重要特征。故对双方依据行政法律关系构造获得的结果的保障，应当在行政法律关系中寻找规范。司法确认制度适用于磋商协议的保障执行，难以证成其在规范层面和法理层面的合理性。另外，赔偿义务人在磋商过程中，相对于作为赔偿权利人的政府或其指定的部门，更容易受到规制俘获等方面的减损，需要在协商行政的架构内，寻找兼顾保护赔偿义务人权利与保障磋商协议执行的方式。

目前，《水法》《草原法》等自然资源、环境保护领域的立法，都规定了行政代履行制度。生态环境损害具有交叉性、扩散性、持续性的特点，赔偿权利人一般为没有强制执行权的行政机关。为及时修复生态环境、避免损害扩大导致更严重的后果，在必要的时候可以考虑采用司法确认程序保障磋商协议的执行。有些地方的实践证明是有效的。如在贵州省人民政府、息烽劳务有限公司、贵阳开磷化肥有限公司生态环境损害赔偿协议司法确认案中[①]，人民法院尝试通过司法确认程序，赋予赔偿协议以强制执行的法律效力，有力保障和促进了磋商制度的实施。另外可以考虑采用行政代履行制度或申请法院强制执行的方式，在赔偿义务人不履行修复义务或不支付赔偿金的情况

---

① 参见贵州省人民政府、息烽诚诚劳务有限公司、贵阳开磷化肥有限公司生态环境损害赔偿协议司法确认案，具体案情见本章案例2。

下，针对赔偿义务人的行为责任（修复义务），由赔偿权利人委托符合要求的第三方主体代为修复环境损害，所需费用由赔偿义务人承担；针对赔偿义务人的经济责任（支付赔偿金或修复费用），赔偿权利人可以向法院申请强制执行①。

在行政法律关系框架内，以非诉执行方式保障磋商协议的执行，若被执行的赔偿义务人的合法权益遭受损害，可以通过行政诉讼的方式获得救济②。行政代履行或申请法院强制执行既可以保障磋商协议的执行，又能为赔偿义务人提供可能的救济途径，在双重层面上保障磋商成果的实效。

（二）完善磋商监督机制

对于赔偿权利人在磋商中行使权利或权力的监管，是保证磋商公平、公开进行的关键要素之一。磋商的价值功能之一就是修复环境损害，维护环境利益，既然涉及公共利益，那么必须明确磋商内容，也就是赔偿权利人行使权力的界限，以防赔偿权利人随意处分环境公共利益，损害公民的环境权益。将磋商内容分为三类：（1）可以自由磋商的内容，包括调查评估费用、专家意见等；（2）限制磋商的内容，包括修复的时间、方式、方法等；（3）不可磋商的内容，即赔偿数额、责任承担等事项。因环境具有公共产品的属性，故该内容需要依据生态利益的损害现实作出判定，原则上应为不可磋商的范围，不宜由双方自由处分。可磋商内容即限制磋商的内容在不违反法律和公共利益的情况下，应当按约定履行。对于不可磋商内容应按照法律规定对其内容进行调整，通过对磋商内容的限制，防范磋商参与主体无底线地妥协或为短期利益而损害生态环境的长远公益，从而体现环境公益，保证磋商结果的公正。③

---

① 康京涛：《生态环境损害赔偿磋商的法律性质及规范构造》，《兰州学刊》2019 年第 4 期。

② 董正爱、胡泽弘：《协商行政视域下生态环境损害赔偿磋商制度的规范表达》，《中国人口·资源与环境》2019 年第 6 期。

③ 胡肖华、熊炜：《生态环境损害赔偿磋商的现实困境与制度完善》，《江西社会科学》2021 年第 11 期。

对于磋商的监督应当贯穿全程，不应只关注磋商后的修复效果、赔偿金使用问题，应当建立和完善对磋商的全过程监督机制。在磋商启动和进行阶段，加强检察院对赔偿权利人开展磋商的监督。若赔偿权利人不及时开展磋商，以检察建议方式督促后，仍不开始磋商，检察院应提起环境行政公益诉讼，追究赔偿权利人的法律责任。磋商过程中，若检察院发现了磋商违法情形，应当及时处理，对违法进行磋商的人按照相关规定追究其责任[1]。对于磋商末端机制的监督，由于大部分环境损害修复并不能短时间内迅速修复，修复工作需要持续一段时间，因此应当建立修复后评估制度，对于环境损害修复进行阶段性的评估，不断地"回头看"确保环境损害修复效果达到修复方案规定的标准[2]。

要加强磋商信息公开制度建设，不仅仅对"第一例"进行网络上的报道、公示，对每一例生态环境损害赔偿磋商案件，都应当全过程公示磋商关键信息，包括在磋商中形成的阶段性成果，对于涉密或暂时不便公开的部分，可以以一定的方式隐去，在保障公民的知情权的同时，维护环境公共利益。同时，也要关注磋商协议的执行情况，赔偿义务人以支付赔偿金的形式履行义务的，公示赔偿金管理与使用主体以及使用情况；赔偿义务人亲自履行修复义务或委托第三方修复环境的，定期公示修复进度，方便公众对磋商结果的监督，可以采用网络公开的方式，在政府网站设置专栏，公开磋商协议执行信息。

---

① 李兴宇：《生态环境损害赔偿磋商的性质辨识与制度塑造》，《中国地质大学学报（社会科学版）》2019 年第 4 期。

② 秦勇、张静：《生态环境损害赔偿磋商协议的性质考辩与规范构造》，《人民检察》2021年第 13 期。

·典型案例·

案例1　江西省新干县人民检察院督促支持生态环境部门开展生态环境损害赔偿磋商案

【基本案情】2019年6月至12月，张某某等人为谋取非法利益，在不具备危险废物处置资质的情况下，将浙江海宁某能源有限公司、安徽省池州市某电子有限公司等产生的工业废酸5100余吨，交由未取得处置废酸资质的江西峡江某贸易有限公司（以下简称"峡江某贸易公司"）非法处置。该公司法定代表人陈某平伙同他人用石灰简单中和上述废酸后，直接排出厂区向赣江重要支流沂江和周边农田排放，造成农田土壤严重污染，并导致沂江河内的鱼和养殖的小龙虾大面积死亡。

【诉讼及处理情况】2020年8月6日，江西省新干县人民检察院（以下简称"新干县院"）在履职中发现沂江河东湖桥污染线索，遂与县生态环境局和县农业农村局同步进行沟通协商。县生态环境局、县农业农村局依法开展调查，及时将留存在峡江某贸易公司内的污泥296.1吨、废液20.5吨就地集中封存，并将该线索移送至公安机关立案侦查。新干县院提前介入侦查，引导公安机关围绕违法行为造成的环境损害后果开展调查取证、委托鉴定等工作。经鉴定，该废液具有腐蚀性、危险性，其所含氟化物、铅、砷具有浸出毒性的危险特性。本案中造成生态环境损害价值2423万元、造成渔业直接经济损失30.9万元、受损河段环境修复费29万元、峡江某贸易公司内剩余的废渣废液处置费190.3万元，合计2673.2万元。

因江西省吉安市辖区内涉赣江流域环境资源集中管辖法院为峡江县人民法院，新干县院将刑事案件移送江西省峡江县人民检察院（以下简称"峡江县院"）审查起诉。根据《吉安市生态环境损害赔偿制度改革实施方案》，新干县院主动联系并督促县生态环境局、县农业农村局等部门开展生态环境损害磋商工作，同时做好生态环境损害赔偿与认罪认罚从宽制度的有效衔接。经多次磋商，2021 年 8 月 17 日，张某某配偶作为赔偿义务人的代理人签订《生态环境损害赔偿协议》，同意承担渔业资源费、生态环境修复费、鉴定费等共计 2682.4 万元。10 月 26 日，张某某签署认罪认罚具结书。同日，峡江县院向峡江县人民法院提交量刑建议调整书，建议量刑调整为判处被告人张某某有期徒刑两年零八个月，并处罚金十万元。生态环境修复款等费用已全部缴纳到位。

【评析及思考】 针对非法转移处置危险废物造成环境污染案件，检察机关在追究违法行为人刑事责任的同时，主动做好检察公益诉讼与生态环境损害赔偿的衔接，结合认罪认罚从宽制度，引导违法行为人自愿承担生态修复赔偿责任。本案是公益诉讼检察与生态环境损害赔偿制度衔接配合的有益探索。检察机关充分发挥了公益诉讼的监督、支持作用，及时将履职中发现的破坏生态环境线索通报相关行政机关，以督促支持磋商的方式履行公益诉讼监督职责。检察机关一方面为生态环境部门提供法律支持，及时帮助解决磋商过程中存在的难题；另一方面加强检察机关相互之间的协作配合，探索将涉刑违法行为人生态修复情况作为认罪认罚从宽的重要考量因素，实现打击犯罪与生态修复相统一。

案例 2　贵州省人民政府、息烽诚诚劳务有限公司、贵阳开磷化肥有限公司生态环境损害赔偿协议司法确认案

【基本案情】2012 年 6 月，开磷化肥公司委托息烽劳务公司承担废石膏渣的清运工作。按要求，污泥渣应被运送至正规磷石膏渣场集中处置。但从 2012 年底开始，息烽劳务公司便将污泥渣运往大鹰田地块内非法倾倒，形成长 360 米、宽 100 米、堆填厚度最大 50 米、占地约 100 亩、堆存量约 8 万立方米的堆场。环境保护主管部门在检查时发现上述情况。

贵州省环境保护厅委托相关机构进行评估并出具《环境污染损害评估报告》。2017 年 1 月，贵州省人民政府指定贵州省环境保护厅作为代表人，在贵州省律师协会指定律师的主持下，就大鹰田废渣倾倒造成生态环境损害事宜，与息烽劳务公司、开磷化肥公司进行磋商并达成《生态环境损害赔偿协议》。2017 年 1 月 22 日，上述各方向清镇市人民法院申请对该协议进行司法确认。该案件赔偿接近 900 万元。生态环境部发布的案件简介指出，经鉴定评估，此次非法倾倒造成生态环境损害数额共计 891.6 万元，其中应急处置费用 134.2 万元，修复费用 757.4 万元。

【诉讼及处理情况】2017 年 1 月，在贵州省律师协会的参与下，赔偿权利人指定的原部门贵州省环境保护厅与赔偿义务人化肥公司、劳务公司进行磋商，由化肥公司、劳务公司将废渣全部开挖转运至合法渣场填埋处置，对库区进行覆土回填和植被绿化。达成协议后，赔偿权利人和义务人共同向清镇市人民法院递交了司法确认申请书，经法院依法审查后裁定确认赔偿协议有效。此后，赔偿义务人按照协议对大鹰田地块开展了生态环境修复，并于 2017 年 12

月前自行修复完毕。

【评析及思考】本案是全国首例经磋商达成生态环境损害赔偿协议的案件，也是全国首例经人民法院司法确认的生态环境损害赔偿案件。根据 2015 年中办、国办印发的《生态环境损害赔偿制度改革试点方案》，赔偿权利人和义务人通过磋商达成赔偿协议，是生态环境损害救济的重要途径之一，但是试点方案并没有直接规定赔偿协议的法律效力。本案不仅探索了磋商的机制，细化了磋商的工作程序，引入了第三方参与磋商，提升了磋商的可操作性，还尝试通过司法确认程序，赋予赔偿协议以强制执行的法律效力，有力保障和促进了磋商制度的实施。此外，本案探索了企业自行修复的做法，引导企业自行组织修复受损生态环境，积极履行环境修复责任。

本案从 2012 年开始办理，至 2017 年办理完毕。通过本案探索形成的生态环境损害赔偿协议司法确认制度已被 2017 年中办、国办印发的《生态环境损害赔偿制度改革方案》认可和采纳。同时，本案赔偿到位，污染地块的废石膏渣得到了清理，荒地复绿，增强了周边群众的良好环境获得感，并被央视栏目《焦点访谈》专题报道，推动"环境有价、损害担责"的改革理念深入人心，起到了积极的示范作用。

第四章　生态环境污染侵权惩罚性
赔偿适用研究

第一节　生态环境侵权惩罚性赔偿的几个基本问题

一、生态环境侵权的基本理论

生态环境侵权作为一种特殊的侵权形式，其核心在于行为人因损害生态环境权益而需承担的法律责任。这种侵权行为不仅侵犯个人的人身、财产等私权益，同时也侵害了公共的环境权益，后者关乎社会整体的福祉与未来的可持续发展。随着全球生态环境问题的日益严峻，生态环境侵权的概念及其法律责任的追究成为国际社会关注的焦点。

在不同法律体系中，对生态环境侵权的定义虽有所差异，但其本质目标一致，即通过法律手段保护环境权益，维护生态平衡。英美法系国家通过"妨害行为"（Tortious Act）的概念来界定生态环境侵权，强调通过侵权责任制度对环境损害行为进行制裁和预防。而大陆法系国家则采用不同的术语和理念，如日本的"公害"（Public Nuisance）概念，强调公共利益的保护；德国则使用"干扰侵害"（Immissionsschutzgesetz）的概念，侧重于防止环境污染和其他形式的环境干扰。尽管各国在概念定义上各有侧重，但共同的出发点和落脚点在于救济和保护生态环境权益。这种共识的形成，反映了国际社会对生态环境保护重要性的普遍认识和迫切需求。

在实践中,生态环境侵权的法律责任追究面临多重挑战。首先,环境损害的界定复杂多变,涉及众多科学、技术层面的判断,这对法律人员提出了更高的专业要求。其次,环境侵权行为的跨界性特征,使得法律管辖和适用法律的确定变得更困难。此外,环境损害的长期性和潜在性,意味着在追究责任时需要考虑长远的影响和预防原则的应用。

应对生态环境侵权问题需要国际社会共同努力,加强法律制度的建设和完善。一方面,可以通过制定统一或兼容的国际环境保护标准,促进不同法律体系间的协调与合作。另一方面,加强环境法律教育和公众环保意识的提升,是促进环境保护法律制度有效实施的关键。此外,鼓励和支持跨国界的环境保护行动和合作项目,也是应对全球性环境问题的有效途径。生态环境侵权作为一种特殊侵权形式,其法律责任的追究不仅关乎个体权益的保护,更是维护全人类共同利益和地球可持续发展的重要途径。在全球化背景下,加强国际合作,构建统一高效的环境保护法律体系,对于应对生态环境侵权挑战具有重要意义。

(一) 生态环境侵权的法理基础

生态环境问题的频发将生态环境侵权推向了研究视野,生态环境危害行为可能使民事主体蒙受环境侵权损害,也可能使生态环境本身遭受损害,如生物多样性的破坏、生态系统功能的非自然退化等[①]。而环境侵权与生态环境侵权的法理基础却不同。环境侵权单指污染环境造成的人身、财产损害;而生态环境侵权是指污染环境、破坏生态造成的人身、财产损害,同时也包括生态环境权益损害,这在立法中也有体现。《民法通则》第 124 条规定污染环境造成他人损害应当承担民事责任;《侵权责任法》第 65 条规定污染环境造成损害的,污染者应当承担侵权责任。对于第 65 条中的"环境"一词,

---

① 竺效:《生态损害的社会化填补法理研究》,中国政法大学出版社 2017 年版,第 2 页。

《环境保护法》第2条将其解释为"人类生存和发展的各种天然的和经过人工改造的自然因素的总体"。《侵权责任法》并未规定此处的"损害"究竟只包括人身、财产损害，还是也包括环境权益的损害。从司法解释的逻辑看，生活环境一般是指人们生活的社会环境，生态环境一般是指自然生态环境，所以可以将第65条的污染环境造成的损害解释为私益损害和公益损害两种。可以说，从侵权责任法时代开始，环境侵权的内涵和外延已经转变为生态环境侵权。《民法典》承继了《侵权责任法》的规定，在第1229条至第1233条中都采用"污染环境、破坏生态"的表述。

　　生态环境救济制度由公法救济制度和私法救济制度组成[1]，生态环境侵权的法理基础是建立在公法救济的局限性和私法救济的优势性之上。公法救济包括行政手段和刑事手段。行政机关机构庞杂，对生态环境的救济体现在行政处罚上，但是现阶段我国缺乏严格的行政监管体系，导致相关行政机关难以有足够的积极性去惩治生态环境侵权行为；而刑事手段适用门槛较高，一般的生态环境侵权达不到犯罪的高度，使用刑事手段只能惩治重大的生态环境污染犯罪行为，对于一般的生态环境污染行为，刑事手段鞭长莫及。相较于公法救济，私法救济的优势更为明显，以生态环境侵权责任为核心的私法救济手段不仅能够充分调动利益相关者维护生态环境权益的积极性，而且同时以损害补偿和惩罚两种手段来威慑侵权人，在抑制生态环境问题的频发上有着先天优势。基于此，公法救济的缺陷和私法救济的优势为生态环境侵权提供了存在的法理基础。

（二）生态环境侵权的构成要件

　　生态环境侵权在《民法典》侵权编中属于特殊侵权类型的一种，其构成要件在学术上有"两要件说""三要件说"和"四要件说"。"两要件说"认为只要存在损害后果和因果关系就能构成生态环境侵权；"三要件说"要具

---

[1]　马腾：《我国生态环境侵权责任制度之构建》，《法商研究》2018年第35期。

备污染环境的违法行为、损害事实以及两者之间的因果关系①；"四要件说"包括违法行为、损害事实、主观过错、因果关系四个方面，在无过错责任逐渐盛行的时代，"四要件说"已经退出历史舞台。"两要件说"的实质是对"违法性"构成要件的否定说，与"三要件说"并不存在明显差异。"三要件说"是目前国内环境法学术界的通说，构成要件如下：

首先，在侵权行为上。生态环境侵权行为一般是指违反国家环境保护法律规定，污染环境、破坏生态的行为。生态环境侵权行为不同于普通侵权行为，具有间接性、持续性的特点。在造成人身、财产权益的损害过程中，生态环境是作为介质存在的，侵权行为直接作用于生态环境，而生态环境的恶化才会间接导致人身、财产权益的受损。同时生态环境侵权所带来的后果具有潜伏性和扩张性，其带来的生态环境污染包括现有污染和潜在性污染。有些环境污染行为在现阶段并不明显，但是当污染物的数量超过生态环境自身最大承载量时，生态环境污染就会立即显现出来，这是一个累加的状态。

其次，在损害后果上。生态环境侵权所造成的损害后果包括人身、财产损害和生态环境损害。侵权人污染环境、破坏生态首先造成的是生态环境权益的直接受损，突出表现为生态环境的恶化，如水污染、土壤污染、大气污染等。在当地居民人口密度较大的区域中，生态环境污染还会导致人身、财产受损，如向河流排放污染物导致当地居民饲养的鱼塘遭受污染，鱼塘里的鱼大面积死亡，渔民遭受财产损失。在某些情况下，当生态环境出现有毒污染物时，当地居民的健康会存在严重安全隐患，如出现癌症村、铅毒村等。《民法典》中的生态环境侵权所危及的主要是人身、财产损害和生态环境损害。

最后，在因果关系上。成立生态环境侵权要求侵权行为与损害结果之间存在因果关系，这与普通侵权没有差别。但是生态环境侵权案件中因果关系的证明难度相对较高，大多需要环境鉴定机构进行专业鉴定才能得出是否存

---

① 黄鑫磊：《浅论环境侵权民事责任构成要件》，《法制与社会发展》2019年第9期。

在因果关系的结论，且鉴定费用高、周期长。所以《环境保护法》规定了举证责任倒置制度，即由侵权人证明其侵权行为与损害后果之间不存在因果关系。

（三）生态环境侵权的特征

生态环境侵权双方主体地位不平等。能够造成环境污染、生态破坏的企业一般是为了追求经济利益而向生态环境排放污染物的企业。实务中，多数生态环境侵权人为实力雄厚的能源化工、矿产、机械设备制造企业，资金充足、人员配备齐全、有专业的法律服务团队全程规避风险。而与之截然相反的是被侵权人多居住在山区、河流附近的农户，经济实力薄弱、文化水平低，在合法权益遭到侵犯后，鉴于生态环境侵权诉讼的成本过高而不得不望而却步。

生态环境侵权具有持续性、潜在性的特征。侵权人污染环境、破坏生态所造成的损害过程是一个持续性过程，污染物质在环境介质上发生化学反应需要时间累积。生态环境损害具有隐蔽性，除非最终影响集中显现，不然损害很难为人体感官察觉，且不少损害为长期、累积性的污染或破坏。所以很多生态环境污染在当下无法检测出来，但随着时间的推移，超过了环境自身的承载量时就会凸显出来。

二、惩罚性赔偿的基本理论

惩罚性赔偿，亦称惩戒性赔偿，是在一般损害赔偿制度外发展出的一种制裁制度[1]。惩罚性赔偿是相对于补偿性赔偿而言的，旨在对当事人施加惩罚，以此来规制当事人的行为。惩罚性赔偿在英美法系国家比较常见，大陆法系国家因有严格的公私法界限，所以适用较少。在公私法界限逐渐模糊的今天，惩罚性赔偿也被不少大陆法系国家所引进。

---

[1]　黄薇：《〈中华人民共和国民法典侵权责任编〉解读》，中国法制出版社2020年版，第83页。

（一）惩罚性赔偿的适用历程

惩罚性赔偿制度是英美法系中一种常见的损害赔偿制度，最早出现在公元前 17 世纪古巴比伦的《汉谟拉比法典》和公元前 4 世纪古罗马的《十二铜表法》①。现代意义上最早的惩罚性赔偿起源于 1763 年英国 Huckle v. money 案的判决中，美国最早在 1784 年的 Genay v. Norris 案中确立这一制度。虽然惩罚性赔偿制度起源于英国，但真正盛行并广泛适用却是在美国②，这与美国当时蒸蒸日上的资本经济密不可分。惩罚性赔偿的核心在于惩戒性，即对侵权人或者违约人的一种惩罚，所以惩罚性赔偿又被称为示范性赔偿或报复性赔偿，是加重原则的体现③。惩罚性赔偿与补偿性赔偿不同，补偿性赔偿侧重于弥补现有损害，而惩罚性赔偿侧重于预防将来损害。

（二）惩罚性赔偿的特征

首先，惩罚性赔偿责任是由于侵权人的恶意行为所引起的。民事责任不同于行政责任和刑事责任，民事主体在法律地位上是平等的，民事权利的救济大多以赔偿损失为主。但是当侵权人或者违约人的行为恶劣，给相对方造成严重损害后果，并且主观恶性较大，此时便可以根据法律规定，对侵权人或者违约人施加惩罚性赔偿，以此最大限度保护另一方权利。

其次，惩罚性赔偿责任主要通过惩罚性赔偿金的方式来实现。惩罚性赔偿金具有法定性，其计算模式包括固定金额模式、弹性金额模式和无数额限制金额模式，惩罚性赔偿金的确定由法律规定，如《消费者权益保护法》规定的三倍赔偿金、《食品安全法》规定的十倍赔偿金、《商品房买卖司法解释》规定的一倍赔偿金。但也存在未明确规定惩罚性赔偿金数额的计算模式，如《民法典》侵权责任编中的产品缺陷惩罚性赔偿、侵害知识产权惩罚性赔偿

---

① 戴仁卿：《〈民法典〉背景下我国惩罚性赔偿制度的缘起、问题与未来》，《理论观察》2021 年第 9 期。

② 戴仁卿：《〈民法典〉背景下我国惩罚性赔偿制度的缘起、问题与未来》，《理论观察》2021 年第 9 期。

③ 金福海：《惩罚性赔偿制度研究》，法律出版社 2008 年版，第 115 页。

和生态环境侵权惩罚性赔偿都采用"相应的惩罚性赔偿"这一规定。惩罚性赔偿金作为惩罚性赔偿的实现方式，其数额的计算必须由法律规定，否则可能导致实务中法官滥用权力进行不正当处罚，进而损害当事人的合法权益。

最后，惩罚性赔偿具有公私法混合的性质。惩罚性赔偿是通过对行为人的惩罚来维护社会利益，是国家为自身需要而作出的强制性干预结果。尽管也有因无形损害而对受害人提供慰藉的需要，但更多的是国家为了对违法行为人进行惩罚、预防的需要，体现了惩罚性赔偿的公法性。但惩罚性赔偿中包含着为受害人提供慰藉性救济的一面，民事主体双方地位是平等的，赔偿金支付给受害人，体现了惩罚性赔偿的私法性。

第二节　《民法典》中生态环境侵权惩罚性赔偿的立法背景

一、生态环境治理能力提升的私法回应

进入新世纪以来，生态环境治理多次被提起。我们党站在全人类的角度上高瞻远瞩地提出一系列生态环境治理思想，从可持续发展到生态文明建设，每一步都在人与环境之间寻求平衡点。现代法治系统要求人的社会性生存规则必须符合生态规律。在生态文明理念下，法律要接受生态规律的约束，法律的制定、执行和遵守都应当符合人与自然和谐共处的客观要求①。2019 年 11 月中央全面深化改革委员会第十一次会议审议通过了《关于构建现代环境治理体系的指导意见》，这是践行我国生态环境治理体系的重大成果，为推动生态环境根本好转、建设美丽中国提供有力的制度保障。生态环境治理体系是生态环境治理能力的基础，《民法典》是私法体系，在私法体系中引入一种生态环境公益的规制工具，表现出私法体系对生态环境治理能力提升的回应。

---

①　吕忠梅：《中国生态法治建设的路线图》，《中国社会科学》2013 年第 5 期。

（一）生态环境治理体系的发展进程

人与生态环境从生物学的角度来讲是利益共同体，但人类社会的每一次巨大飞跃大多是以牺牲生态环境为代价的，西方资本主义国家发展便是如此。改革开放 40 多年来，中国的经济历经了巨大腾飞，随之而来的是生态环境的日益恶化，这在任何国家经济起步时都是难以避免的。但是随着时间的推移，粗放式发展模式势必会被淘汰。经济发展到一定程度后反过来治理生态环境同样是历史发展的规律。正是在这一时代发展潮流下，生态环境治理被重视起来，形成了我国的生态环境治理体系。党的十八大以来，习近平总书记以广阔的国际视野、科学的发展理念、深邃的历史眼光探寻人与自然和谐共生的发展之路，形成习近平生态文明思想①。党的十八大报告首次将生态文明建设纳入国家发展战略，生态文明建设成为"五位一体"总体布局的重要环节；2018 年 3 月 11 日，宪法修正案表决通过，将"生态文明"写进宪法；在 2018 年 5 月 18 日召开的全国生态环境保护大会上，习近平总书记对全面加强生态环境保护、坚决打好环境污染防治攻坚战，作出了系统部署和安排，习近平生态文明思想正式确立；2020 年 5 月 28 日，《民法典》将绿色原则纳入民法的基本原则，将环境资源保护上升到基本原则的高度；2020 年 11 月 16 日，中央全面依法治国工作会议首次提出习近平法治思想，习近平法治思想中关于"依法治国和依规治党有机统一"关系的重要论述，既是指明中国特色社会主义法治建设的核心要义，也是系统推进生态文明法治建设的基本方法②。由此，生态文明体制改革成为当前生态环境保护领域的重点任务，也是未来我国生态文明建设的主要方向③，法治体系是生态环境治理体系的重要组成部分。《民法典》

---

① 李东航、肖珍：《习近平生态文明思想的四重维度探析》，《中北大学学报（社会科学版）》2022 年第 3 期。

② 黄鑫：《习近平法治思想中依法依规论述的法理意蕴与实践指向——以生态文明法治建设为分析背景》，《广西社会科学》2021 年第 12 期。

③ 陈海嵩：《生态文明体制改革的环境法思考》，《中国地质大学学报（社会科学版）》2018 年第 2 期。

中规定生态环境侵权惩罚性赔偿是生态环境治理体系中法治体系发展的必然要求和必经之路。

（二）民法典对生态环境治理能力提升的回应

以法律体系保障生态环境治理，顺应了用最严格制度和最严密法治保护环境的生态文明理念，与《民法典》确立的"绿色原则"遥相呼应[①]。《民法典》作为私法体系，在生态环境治理能力提升方面发挥着至关重要的作用。

以私法途径治理生态环境能够弥补公法途径的局限性。生态环境治理能力关系到生态环境治理结果，《民法典》作为私法途径，在对生态环境治理能力的提升方面具有明显优势。从生态治理的历程来看，公法途径一直为立法者所青睐[②]。常见的公法途径包括行政手段和刑事手段，行政手段多以行政机关的行政处罚为主，行政处罚虽然具备一定的威慑性，但是鉴于生态环境问题复杂多样，单一的行政处罚难以应对庞杂的生态环境难题。加之行政机关内部管理机构较多，对生态环境治理时常出现多部门共同管理、多次处罚的尴尬，所以依靠行政手段治理生态环境难题稍显杯水车薪。刑事手段作为最严厉的制裁手段能够最大程度制裁破坏生态环境的犯罪分子，起到良好的威慑作用，但是刑事手段只适用于较为严重的生态环境污染犯罪，而现实中存在的大多数生态环境问题根本达不到犯罪的高度。对此，刑事手段也稍显鞭长莫及。《民法典》作为私法途径在生态环境治理方面能够充分调动民事主体维护生态环境权益的积极性，对于生态环境治理能力的提升有着重要意义。《民法典》以多元化方式提升生态环境治理能力，其中生态环境侵权惩罚性赔偿所处的大背景正是生态文明建设步入高峰期所作出的重大创新，

---

① 陈广华、崇章：《环境侵权惩罚性赔偿司法适用问题研究》，《河海大学学报（哲学社会科版）》2022年第1期。

② 窦海阳：《〈中华人民共和国民法典〉与生态治理》，《中国井冈山干部学院学报》2020年第6期。

在生态环境侵权领域对恶意侵权人施加惩罚性赔偿来遏制潜在性生态环境污染，这也是提升生态环境治理能力的重要举措。《民法典》的这一规定将生态文明建设的政治主张转化为国家意志的法律主张，用法律的形式来提升生态环境治理能力。

二、生态环境侵权补偿性赔偿的局限性

补偿性赔偿又称同质赔偿、填补性赔偿，其核心是损害填补，即补偿侵权行为所造成的损害。在生态环境侵权损害赔偿法律制度中，一般情况下，生态环境侵权损害赔偿采取同质赔偿，具有补偿性[①]。《民法典》侵权编中，补偿性赔偿作为常见赔偿方式被广泛适用于各类侵权领域。《民法典》出台之前，生态环境侵权领域一直适用补偿性赔偿制度，主要以赔偿被侵权人实际损害和修复环境污染为主。但生态环境侵权不同于普通民事侵权，其侵权的直接对象是生态环境，造成的损害却包括人身、财产损害和生态环境损害。由于生态环境侵权造成的损害具有复杂性、持续性的特点，补偿性赔偿只能弥补当下损害，且不具备威慑性和预防性，难以制裁恶意侵权人，对预防潜在性生态环境损害存在明显弊端。

（一）被侵权人得不到充分救济

生态环境侵权造成的损害以人身、财产损害和生态环境损害为主。从人身损害的角度看，被侵权人因为生态环境侵权遭受的人身损害结果一般较为严重，引起身体健康发生器质性病变是一个长久累积的过程。在生态环境侵权案件中，侵权人污染了生态环境，被侵权人因与生态环境的密切接触而导致了身体健康受损，在短时间内临床表现并不明显，依据当下的医疗技术水平也很难给出将来身体器官发生器质性病变与现在的生态环境破坏有直接因果关系的结论。所以补偿性赔偿只能赔偿当下健康受损的损失，对于潜伏性

---

① 刘辉：《论我国环境侵权损害赔偿制度及其体系的完善》，硕士学位论文，浙江农林大学法政学院 2012 年，第 15 页。

较长的病状，补偿性赔偿难以发挥作用。从财产损害的角度看，补偿性赔偿侧重的是可量化的实际财产损失，对于不可量化的间接财产损失难以充分救济。从生态环境损害的角度看，生态环境侵权仍然以可量化的实际生态环境损失为赔偿对象，对于不可量化的潜在性生态环境损失，补偿性赔偿鞭长莫及。具体在生态环境侵权案件中，双方当事人诉讼实力悬殊，且案件诉讼周期长、鉴定费用高昂，补偿性赔偿数额虽然一定程度上弥补被侵权人的损失，但是难以调动被侵权人维权的积极性[①]。

（二）缺乏威慑性和预防性

法律的作用一方面在于对现有违法行为的制裁，另一方面在于对潜在违法行为的威慑和预防。但是如果制裁功能过于薄弱，不足以让准备进行违法行为人产生畏惧和威慑心理，那么法律的预防功能便难以发挥作用。生态环境侵权案件由于侵权人较为特定，多为大型化工、能源、机械、生物等制造企业，资金雄厚，即便造成了环境污染、生态破坏，但被制裁的成本远远低于其所通过污染环境、破坏生态而获得的收益，这与法律谚语"任何人不得从违法中获益"相悖。所以很多企业在被法院判处承担生态环境侵权的赔偿责任后，二次污染现象屡发不减。加之被侵权人多为不特定主体，以山区、河流、矿产附近居住的农户较多，在诉讼实力上与侵权人处于天然的不对等地位，让被侵权人迈进诉讼这一步就举步维艰，即便通过诉讼获得了赔偿，也很难避免将来可能再次发生的二次损害。补偿性赔偿在生态环境侵权案件中能够弥补一部分现有人身、财产和生态环境损害，但是对于恶意侵权行为缺乏惩戒性，惩罚力度小且缺乏预防性，让恶意侵权人很难抵御污染环境、破坏生态带来的巨大经济利益的诱惑，所以补偿性赔偿的威慑性和预防性在一定程度上存在缺失。

---

① 顾向一、鲁夏：《环境损害惩罚性赔偿适用研究》，《行政与法》2021年第1期。

第三节 生态环境侵权惩罚性赔偿适用的规范分析

一、生态环境侵权惩罚性赔偿适用的要件分析

在构成要件上，生态环境侵权惩罚性赔偿与生态环境侵权补偿性赔偿不同。生态环境侵权惩罚性赔偿采用传统的四要件，即行为的违法性、损害结果的严重性、因果关系、主观过错。《民法典》第 1232 条规定侵权行为"故意污染环境、破坏生态造成严重后果"，只规定了客观行为、主观故意和损害后果，因果关系在法条规定中大多被省略，但在纠纷案件中确属重要一环。《民法典》及其司法解释对生态环境侵权惩罚性赔偿的条文规定了构成要件，但在具体适用中，仍然需要进行法律意义上的解释。

（一）行为要件的分析

生态环境侵权作为一种特殊的侵权行为，表现形式多为污染环境和破坏生态，与《侵权责任法》相比，《民法典》侵权责任编把"破坏生态"的行为纳入调整范围[①]。污染环境和破坏生态二者之间多为递进关系，按照通常的理解，污染环境势必会破坏生态，但是《民法典》条文中却采用了"顿号"的表达，其主要目的在于最大限度地保护生态环境，轻微的污染环境可能并不会导致生态破坏。污染环境的行为特征是人类向环境排放污染物，后果是导致环境质量下降、人类健康受损以及生态功能丧失，而破坏生态是污染环境的严重结果。二者相比较而言，破坏生态所造成的后果比污染环境所造成的后果更为严重，污染环境多为造成个人生命健康损害、财产损害；而破坏生态更多会导致生态环境权益受损。

从侵权行为导致的后果来看，污染环境多造成私权益上的损害，而破坏

---

① 王冲：《〈民法典〉环境侵权惩罚性赔偿制度之审视与规制》，《重庆大学学报（社会科学版）》2022 年第 5 期。

生态则多是造成公权益的损害。故在生态环境侵权惩罚性赔偿中，污染环境和破坏生态两种侵权行为可择一适用，如此对侵权人侵权行为追责的要求更高，这也是落实生态环境保护的体现。

（二）主观要件的分析

《民法典》出台前，《侵权责任法》和《环境保护法》在生态环境侵权领域采取无过错责任原则，即只要侵权行为造成了损害后果，无论侵权人主观上是否存在过错都需要承担责任。但《民法典》对生态环境侵权惩罚性赔偿却增加了"故意"这一主观要件，学理上的故意包括直接故意和间接故意两种①。究其原因在于惩罚性赔偿是补偿性赔偿之外的制裁性处罚，其适用标准较高，一般只有在侵权人主观恶性较大的情况下才可以适用。《民法典》第1229条规定的生态环境侵权补偿性赔偿并不考虑侵权人的主观上是否存在过错②。而第1232条在违法性的基础上增加了主观过错性，无疑是提高了适用生态环境侵权惩罚性赔偿的门槛，也是为了防止在生态环境侵权中滥用惩罚性赔偿，以此保障侵权人的合理抗辩。

（三）结果要件的分析

《民法典》第1232条在损害后果上要求造成严重后果，从立法者意图上来看，希望通过提高生态环境侵权惩罚性赔偿的适用门槛，来防止该制度被过度滥用。但此处的严重后果却在实务中存在歧义，目前有两种解释：一是污染环境、破坏生态造成的严重后果，二是侵犯被侵权人私权益造成的严重后果。最新颁布的司法解释明确了严重后果的具体情形，主要包括造成他人死亡、健康严重损害、重大财产损失、生态环境严重损害或者重大不良社会影响。从司法解释的规定来看，立法者对此处的严重后果进行扩大解释，其

---

① 申进忠：《惩罚性赔偿在我国环境侵权中的适用》，《天津法学》2020年第3期。

② 参见《民法典》第1229条："因污染环境、破坏生态造成他人损害的，侵权人应当担侵权责任。"

目的在于最大限度保护被侵权人私权益和生态环境公权益，同时又能反映出侵权人的主观恶性和应受谴责性。但具体到生态环境侵权案件，由于每个案件侵权行为方式多样，所造成的损害也是多种形式的，有些损害当下可以鉴定出来，有些损害依据当下的科技水平无法鉴定，也有些后果是一时性后果，还有些是永久性后果。生态环境侵权本身具有二元性，即通过环境介质将侵权行为传导于受害人，因此损害结果也处于变化过程中①。所以尽管司法解释对此处的严重后果作出了规定，但在具体司法适用上，因为具体案件的情况不同，其适用标准也大相径庭，所以需要理论界和实务界进一步研究。

二、生态环境侵权惩罚性赔偿适用的前提性问题分析

《民法典》规定了生态环境侵权惩罚性赔偿，后续司法解释在具体适用上也作出了说明，但大多为原则性说明。在实务中如何具体适用，还需要立足法律解释的立场进行分析论证。

（一）被侵权人原告诉讼资格的分析

《民法典》条文中"被侵权人有权请求相应的惩罚性赔偿"，此处表述的被侵权人在学界存在广泛争议。《民法典》虽未作规定，但《最高人民法院关于审理生态环境侵权纠纷案件适用惩罚性赔偿的解释》第 2 条将被侵权人解释为"因污染环境、生态破坏受到损害的自然人、法人或者非法人组织"。司法解释在被侵权人的解释上回避了学界争议较大的不特定多数人，即当被侵权人为不特定多数人时，一般采取两种方式：其一是由原告推选诉讼代表人进行诉讼，这种方法在实务中比较常见，与普通民事诉讼原告资格无异，只需适用《民事诉讼法》即可；其二是进行环境民事公益诉讼或生态环境损害赔偿诉讼，即由公益诉讼原告进行诉讼。实际上，对于这一条款的准确解读也是确定生态环境侵权惩罚性赔偿适用范围的必经之路，即生态环境侵权

---

① 杨盛华：《〈民法典〉环境惩罚性赔偿制度适用研究》，《西部学刊》2022 年第 2 期。

惩罚性赔偿是仅适用于生态环境侵权私益诉讼中，还是也可以适用在环境民事公益诉讼和生态环境损害赔偿诉讼中①。在某些存在不特定多数人的生态环境侵权案件中，侵权人是特定的，但被侵权人却是不特定的，其中不乏大多数被侵权人怠于行使权利而放弃诉讼，这样环境权益便得不到救济，面对客观存在的违法现象却没有相关的救济措施，显然有悖于立法本意。所以在环境民事公益诉讼中适用惩罚性赔偿能够在一定程度上达到救济生态环境权益的目的。

（二）"法律规定"的适用范围厘定

《民法典》第 1232 条表述的是"侵权人违反法律规定"，此处的法律规定是狭义的法律规定还是广义的法律规定，《民法典》及相关司法解释并未作出规定。有学者主张，为体现对惩罚赔偿违法性要件所要求的严格性，对该条中"法律"应当作狭义理解，不包括效力层级较低的行政法规、地方法规、部门规章等②。也有学者主张，将生态环境侵权惩罚性赔偿中的"违法行为"限定为违反国家环境行政法律法规的行为③。还有学者从"违法性"的角度指出，适用惩罚性赔偿责任的生态环境侵权行为应当具有违反环境行政法律或环境刑事法律的特征④。针对学界上的不同观点，结合惩罚性赔偿制度的法理基础以及司法现状，笔者认为应当作出如下界定：

首先，惩罚性赔偿是对侵权人施加的较为严苛的法律责任。惩罚性赔偿在美国以私人执法的形式出现，在严格的公私法界定上，惩罚性赔偿责任应当属于公法责任。但在公私法逐渐融合的趋势下，公法私法化、私法公法化现象屡见不鲜。惩罚性赔偿相较于补偿性赔偿，其对侵权的责任承担要求更高。《民法典》第 1229 条规定了普通的生态环境侵权责任，即补偿性赔偿责

---

① 顾向一、鲁夏：《环境损害惩罚性赔偿适用研究》，《行政与法》2021 年第 11 期。

② 申进忠：《惩罚性赔偿在我国环境侵权中的适用》，《天津法学》2020 年第 3 期。

③ 季林云、韩梅：《环境损害惩罚性赔偿制度探析》，《环境保护》2017 年第 20 期。

④ 王树义、刘琳：《论惩罚性赔偿及其在环境侵权案件中的适用》，《学习与实践》2017 年第 8 期。

任，并未规定行为人必须违反法律规定污染环境、破坏生态才能被追究责任①。换言之，在补偿性赔偿中，只要行为人有了污染环境、破坏生态的行为，不管其是否违反法律规定都可以追究侵权责任。而惩罚性赔偿是在对侵权人的主观恶性及造成的损害后果进行认定后作出的制裁性惩罚，适用标准高于补偿性赔偿。在此基础上，鉴于《民法典》的私法性质，侵权人和被侵权人的法律地位是平等的，被侵权人向侵权人提出惩罚性赔偿在一定程度上已经"逾越"了当事人平等地位，如果再扩大侵权人承担惩罚性赔偿责任的前提条件，势必会过分保护被侵权人。所以关于该"法律规定"只能解释为狭义的法律规定，即专指全国人大及其常委会制定的法律和司法解释，并不包括行政法规、地方性法规和部门规章等。

其次，由于我国幅员辽阔、人口众多，为了便于管理，法律赋予国务院、地方政府、地方人大及其常委会制定行政法规、规章、地方性法规的权利。如果将生态环境侵权惩罚性赔偿中的"法律规定"理解为广义的法律规定，则会肆意扩大侵权人承担惩罚性赔偿责任的可能性，会使得个案中被侵权人的利益得到无限保护，让民事主体进行合法抗辩的可能性降低，既不符合公平正义的法律理念，也不符合《民法典》的私法性质。

最后，如果行为人没有违反法律规定，但造成了环境污染和生态破坏是否需要承担惩罚性赔偿责任？这是对"违反法律规定"作出的反对性解释。在补偿性赔偿中，即使行为人按照国家规定的排污标准排放污染物，但造成了环境污染和生态破坏，行为人仍要承担赔偿责任。但在惩罚性赔偿中，其适用标准较高，惩罚性赔偿责任只能适用于违反法律规定的行为。也就是说，假如行为人排污行为没有违反国家法律规定，却造成了环境污染和生态破坏，也不能追究行为人的惩罚性赔偿责任，只能用补偿性赔偿责任来救济人身、财产或生态环境权益。

---

① 参见《民法典》第1229条："因污染环境、破坏生态造成他人损害的，侵权人应当承担侵权责任。"

（三）举证责任的分配

生态环境侵权作为特殊侵权，采取无过错责任。即不管侵权人主观上是否存在过错，只要侵权行为造成了损害后果，且损害后果与侵权行为之间存在因果关系，侵权人就要承担责任。鉴于生态环境侵权案件的特殊性，侵权人与被侵权人实力相差过大，且出于保护生态环境的必要，立法者在生态环境侵权案件中规定了举证责任倒置制度。在补偿性赔偿中，被侵权人需要承担侵权行为、损害后果的举证责任，而侵权人对被侵权人提出的事实和诉讼请求，需要承担的证明责任包括免责事由和不存在因果关系。

但在生态环境侵权惩罚性赔偿中，由于主观要件增加了"故意"，所以在司法解释出台之前，对于侵权人主观上的"故意"举证责任到底属于侵权人还是被侵权人并无规定。最新发布的司法解释将侵权人存在"故意"的举证责任归给了被侵权人，《最高人民法院关于审理生态环境侵权纠纷案件适用惩罚性赔偿的解释》第4条第2款规定"被侵权人应当提供证据证明侵权人具有污染环境、破坏生态的故意"。因生态环境侵权造成的损害后果具有长期性、潜伏性、持续性和广泛性的特点，损害的形成过程也较为复杂和隐蔽，加之生态环境侵权中一因多果、多因一果或者多因多果的现象也经常出现，因果关系确定之难可能更为明显①。所以为了降低被侵权人举证的难度，《最高人民法院关于审理生态环境侵权纠纷案件适用惩罚性赔偿的解释》在第7条、第8条设置数类认定侵权人存在污染环境、破坏生态的故意情形，以此最大限度降低被侵权人的举证难度。在因果关系上，《民法典》及其司法解释并未规定生态环境侵权惩罚性赔偿是否适用举证责任倒置，但为了实现实质上的公平以及最大限度保护私权益和环境公权益，立法者虽未作明确规定，但其意图却很明显，即在生态环境侵权惩罚性赔偿案件中，因果关系的举证责任继续采取倒置规定，归属于侵权人一方，而其他明确规定由侵权人承担的举证责任仍然采取谁主张谁举证的原则。

---

① 梁勇、朱烨：《环境侵权惩罚性赔偿构成要件法律适用研究》，《法律适用》2020年第23期。

三、生态环境侵权惩罚性赔偿金的计算与管理

惩罚性赔偿金是遏制和威慑侵权人的重要武器，《民法典》没有对惩罚性赔偿金作出具体规定，但《最高人民法院关于审理生态环境侵权纠纷案件适用惩罚性赔偿的解释》第10条却弥补了这一缺失，规定了损失赔偿的二倍数额，但在惩罚性赔偿金的管理方面却未作规定。

（一）生态环境侵权惩罚性赔偿金的数额

《民法典》第1232条对惩罚性赔偿金规定的标准为"相应的惩罚性赔偿"。可以看出，此处的惩罚性赔偿金规定较为模糊，导致实务中法官自由裁量权过大，容易滋生司法不公现象。而《最高人民法院关于审理生态环境侵权纠纷案件适用惩罚性赔偿的解释》第9条规定，"人民法院确定惩罚性赔偿金数额，应当以环境污染、生态破坏造成的人身损害赔偿金、财产损失数额作为计算基数"；第10条规定，"人民法院确定惩罚性赔偿金数额，应当综合考虑侵权人的恶意程度、侵权后果的严重程度、侵权人因污染环境、破坏生态行为所获得的利益或者侵权人所采取的修复措施及其效果等因素，但一般不超过人身损害赔偿金、财产损失数额的二倍"。司法解释弥补了《民法典》中对惩罚性赔偿金的模糊性规定，明确了一般不超过实际损失的二倍赔偿金。这与《消费者权益保护法》中因产品缺陷造成的人身损害惩罚性赔偿金规定相同[①]。由此可见立法者对具体数额的确定较为保守，参照了《消费者权益保护法》上的规定。

惩罚性赔偿金主要功能在于救济和威慑，生态环境侵权案件对人身和财产造成的损害为间接损害，对生态环境权益造成的损害为直接损害。与产品

[①] 参见《消费者权益保护法》第55条第2款：经营者明知商品或者服务存在缺陷，仍然向消费者提供，造成消费者或者其他受害人死亡或者健康严重损害的，受害人有权要求经营者依照本法第49条、第51条等法律规定赔偿损失，并有权要求所受损失二倍以下的惩罚性赔偿。

缺陷相同，此处规定的惩罚性赔偿金倍数应当综合考虑被侵权人的具体损失情形，环境污染所带来人身损害一般存在固定的潜伏期，且治愈后存在后遗症的可能性较大，多数环境污染给被侵权人造成的损害结果是不可逆的，对侵权人施加惩罚性赔偿金能够在一定程度上达到威慑潜在侵权人和救济被侵权人的双重效果。

（二）生态环境侵权惩罚性赔偿金的归属

对生态环境侵权惩罚性赔偿金的归属，《民法典》及司法解释并未作出规定，但因涉及具体利益，这是一个不得不面对的问题。救济生态环境侵权的诉讼根据侵犯的权益性质分为两类，一类是侵犯人身、财产权益的环境私益诉讼，另一类是侵犯生态环境权益的环境公益诉讼和生态环境损害赔偿诉讼。两种不同的诉讼类型也决定了惩罚性赔偿金的不同走向。首先，在环境私益诉讼中，被侵权人作为自身人身、财产权益的直接受害者，向法院提起生态环境侵权惩罚性赔偿诉讼，被侵权人作为权益直接受损人对于惩罚性赔偿金应当具有归属权。结合国外实践经验及我国消费者权益保护领域的惩罚性赔偿规定来看，惩罚性赔偿金归被侵权人所有，可以形成对被侵权人的利益刺激机制。从该意义而言，一般环境私益诉讼中，惩罚性赔偿金也应归原告个人所有[1]。

在环境民事公益诉讼和生态环境损害赔偿诉讼中，原告是与被侵权人无直接关系的公益诉讼原告，一般多为人民检察院、符合条件的环保组织和地方政府机关。惩罚性赔偿以请求权的形式提起，在具体案件中是否提出该请求取决于被侵权人的意愿，即使在环境民事公益诉讼和生态环境损害赔偿诉讼案件中，法律规定的机关、社会组织以及地方政府等也都可以根据实际情况，选择是否提起惩罚性赔偿请求[2]。但是一旦提出惩罚性赔偿的请求，惩

---

① 冯汝：《民法典制定背景下我国环境侵权惩罚性赔偿制度的建立》，《环境与可持续发展》2016 年第 3 期。

② 申进忠：《惩罚性赔偿在我国环境侵权中的适用》，《天津法学》2020 年第 3 期。

罚性赔偿金的归属就产生了疑问。惩罚性赔偿金与行政罚款有一定的类似性，但其功能定位却不同。行政罚款作为公法责任，是国家意志的体现，主要目的在于惩罚行政相对人，罚款所得也会归入国库。惩罚性赔偿金则不同，惩罚性赔偿金和生态环境权益的损失密切相关，具有浓厚的公益性质，将惩罚性赔偿金归入国库显然也不符合惩罚性赔偿责任的初衷，故惩罚性赔偿金应当用于生态环境的修复和预防，最理想的状态是归入生态环境基金。

第四节　环境民事公益诉讼适用惩罚性赔偿的分析

一、适用的前提：环境民事公益诉讼范围的确定

环境公益诉讼是国家以排除环境危害和赔偿环境损害所带来或可能带来的环境损害为基本诉求，主要是通过追究环境污染或破坏责任人的民事责任来实现对环境社会公共利益的保护和救济的一种专门诉讼①。环境公益诉讼根据诉讼性质分为环境民事公益诉讼和环境行政公益诉讼。由于环境行政公益诉讼针对的对象是行政机关的不作为行为，本书讨论的是《民法典》中的生态环境侵权惩罚性赔偿，故只探讨环境民事公益诉讼。2017 年底，《生态环境损害赔偿制度改革方案》（以下简称《改革方案》）再次确认由行政机关提起生态环境损害赔偿诉讼②。在改革方案出台后，学界一片哗然，有支持者也不乏有反对者，其中多数人对于生态环境损害赔偿诉讼与环境民事公益诉讼之间的关系产生疑问，因为二者存在较多相似性。本节将从两者的公益保障性出发，试分析两者间的特殊关系。

---

① 吕忠梅：《环境司法理性不能止于"天价"赔偿：泰州环境公益诉讼案评析》，《中国法学》2016 年第 3 期。

② 刘莉、胡攀：《生态环境损害赔偿诉讼的公益诉讼解释论》，《西安财经学院学报》2019第 3 期。

（一）环境民事公益诉讼与生态环境损害赔偿诉讼的公益性分析

国家对环境诉讼是持开放和鼓励态度的，从环境民事公益诉讼立法的不断完善中就可以看出①。就目前初步形成的制度框架来看，环境民事公益诉讼是在实体上依托民事侵权法律制度，在程序上依托民事诉讼程序制度，再于实体和程序上辅以特别规定而形成一种特别的民事程序制度，而不是另起炉灶建构出的与传统民事诉讼相互独立、平行存在的诉讼制度②。在社会公共利益受到侵犯的情况下，由符合条件的原告提起公益诉讼维护公共权益。环境民事公益诉讼便是如此，这也是提起环境民事公益诉讼的主要目的。在此认知下，环境民事公益诉讼被定位为一种原告资格扩张的侵权诉讼，在环境受损时由特定主体作为"代表"提起诉讼以追究加害者的民事责任，通过民事责任的填补功能实现对环境公益的救济。同样，在生态环境损害赔偿诉讼中，其发起诉讼的主要目的在于针对既有的生态环境损害要求赔偿，用以填补、修复环境。生态环境损害赔偿诉讼与环境民事公益诉讼在诉讼主体、诉讼请求、责任形式等规则设置方面存在诸多相同之处③。但其最主要的相同点在于二者的公益属性，从法律属性上来看，二者存在天然的契合性。

（二）生态环境损害赔偿诉讼为特殊的环境民事公益诉讼

对于环境民事公益诉讼与生态环境损害赔偿诉讼的关系，学界还存在两种主要争议。一是认为两者为独立的诉讼类型，并行不悖；二是认为生态环境损害赔偿诉讼是特殊的环境民事公益诉讼。从二者救济的权利来看，环境民事公益诉讼所救济的权益仅限于因环境污染和生态破坏行为造成的对环境

---

①　王灿发：《中国环境诉讼典型案例与评析》，中国政法系大学出版社 2015 年版，第 19 页。

②　段厚省：《环境民事公益诉讼基本理论思考》，《中外法学》2016 年第 4 期。

③　李树训：《生态环境损害赔偿诉讼与环境民事公益诉讼竞合的第三重解法》，《中国地质大学学报（社会科学版）》2021 年第 5 期。

本身的损害，也即生态环境损害[1]；而生态环境损害赔偿诉讼所救济的也是环境公益。二者的区别在于生态环境损害赔偿诉讼救济的是严重且重大的环境损害；而环境民事公益诉讼则没有此限制。从该角度上来讲，生态环境损害赔偿诉讼是环境民事公益诉讼的下位概念，故笔者认为生态环境损害赔偿诉讼就是特殊的环境民事公益诉讼。

二、环境民事公益诉讼适用惩罚性赔偿的典型案例分析

《民法典》于 2021 年 1 月 1 日正式实施。《民法典》实施后，国内先后出现两起环境民事公益诉讼领域适用惩罚性赔偿的典型案例，虽然学界对环境民事公益诉讼领域能否适用惩罚性赔偿还存在争议，但实务界已经出现相关案例。法律实务是立法的风向标，通过分析这两个典型案例，可以反思立法上的滞后性及实务中的迫切需要。

以浙江海蓝化工环境污染责任纠纷案[2] 为例，浙江海蓝化工环境污染责任纠纷案是我国首例在《民法典》实施后适用《民法典》第 1232 条的案件，该案也成为江西省 2021 年十大典型案例。从该案判决可以看出，法官肯定了环境民事公益诉讼可以适用惩罚性赔偿，参照《中华人民共和国消费者权益保护法》《中华人民共和国食品安全法》等法律规定，以所受损失的一至三倍确定惩罚性赔偿的数额。并综合被告海蓝公司的过失程度、赔偿态度、损害后果、承担责任的经济能力、受到行政处罚等因素，判处被告海蓝公司按照环境功能性损失费用的三倍承担环境污染惩罚性赔偿责任。

再以青岛某艺术中心生态破坏民事公益诉讼案[3] 为例，此案是山东省首例环境民事公益诉讼适用惩罚性赔偿案例，也是山东法院民法典适用典型案例 26 号。该案特殊性在于法官同意公益诉讼人提出的劳务代偿方案，即以

---

① 刘莉、胡攀：《生态环境损害赔偿诉讼的公益诉讼解释论》，《西安财经学院学报》2019年第 3 期。

② 参见（2020）赣 0222 民初 796 号判决，具体案件见本章案例 1。

③ 参见（2021）鲁 02 民初 69 号判决，具体案件见本章案例 2。

劳务代偿方式来履行本案的惩罚性赔偿责任，这对于环境污染案件中侵权人没有足够经济能力来承担惩罚性赔偿责任起到了启示作用。

三、基于典型案例的反思——司法实务的积极探索

在学术界对环境民事公益诉讼能否适用惩罚性赔偿的争论还处于如火如荼的局面时，实务界已经相继出现了"肯定式"的典型案例。其中浮梁县人民检察院诉某化工集团环境污染民事公益诉讼案被最高法列为人民法院贯彻实施《民法典》典型案例（第一批）。最高人民法院发布的典型案例在某种意义上来说已经代表了实务界的观点，也正是典型案例的出现，能够反映出司法实务对环境民事公益诉讼适用惩罚性赔偿的迫切需要。

法律的价值并不是冰冷的条文，而在于有效的实施，在每一个司法案件中贯彻天理、国法、人情才是制定法律的最终目的。法律作为审判案件的依据，当对一个法律问题产生两种解释时，法律实务和法学理论可能会给出不同的答案，学术界站在法学逻辑、法理上考量问题，而实务界站在现实需要上考量问题，二者可能会得出截然相反的观点。但是法律的作用是为了解决问题，当下生态环境问题的频发，让人不禁产生疑问：究竟现有的法律制度能否有效制裁接连不断的生态环境污染事件？《民法典》引进生态环境侵权惩罚性赔偿是当下生态文明建设的重大举措，让实务界看到了希望的曙光，但是在能否适用环境公益诉讼的问题上产生了争议。"绿水青山就是金山银山。"良好生态环境是最普惠的民生福祉，必须用最严格的制度、最严密的法治来保护。基于"公共信托"理论，全体公民将生态环境公共资源委托国家进行管理，国家即有义务进行保护和管理[①]。同样，作为法律的捍卫者和执行者，人民法院和人民检察院也有义务以自己的职权坚决捍卫绿水青山。所以，在对一个问题的解释，既有 A 解释也有 B 解释，同时 A 和 B 解释都有一定道理的前提下，我们必须反思实务到底需要的是 A 解释还是 B 解释，

---

① 梁勇、朱烨：《环境侵权惩罚性赔偿构成要件法律适用研究》，《法律适用》2020 年第 23 期。

很显然实务界已经给出了答案。立法的滞后性需要时间来修正，但被污染日益严重的生态环境却经不起长时间的等待，基于保护生态环境的迫切需要，司法界率先在环境民事公益诉讼领域适用惩罚性赔偿来解决现实中的问题，是在理论和实务立场差异中作出的一种明智选择和积极探索。

四、环境民事公益诉讼适用惩罚性赔偿的法律解释分析

惩罚性赔偿制度在美国有"私人执法"概念，早期多见于公法领域，但在公私法逐渐融合的趋势下，私法领域出现了较多惩罚性赔偿规定。在环境民事公益诉讼能否适用惩罚性赔偿的问题上，《民法典》及司法解释并未规定，学界也出现了不同的观点。但通过对整个法律体系以及《民法典》的具体分析，可以得出环境民事公益诉讼能够适用惩罚性赔偿的结论。

（一）基于体系解释的适用分析

《民法典》第1232条作为新增生态环境侵权惩罚性赔偿条款，只有短短三十多字，在具体适用中难以应对复杂的具体案例。作为概括性条框，当适用问题出现分歧时便需要法律解释来分析。首先，《民法典》第1232条隶属于侵权责任编，其中生态环境侵权补偿性赔偿见于第1229条，在第1229条至第1233条之间都是生态环境侵权的一般性规定，主要为适用补偿性赔偿和惩罚性赔偿。而第1234条至第1235条是本章的特殊规定，都规定了生态环境损害的修复责任，即此处的侵权责任编中生态环境侵权所造成的损害不仅仅包括环境私益损害，还包括环境公益损害。《民法典》对生态环境修复作出的细致规定也肯定了这一观点。第1232条中"侵权人违反法律规定故意污染环境、破坏生态造成严重后果的"，此处的严重后果不仅包含重大人身、财产损害，也包括生态环境损害，这与《最高人民法院关于审理生态环境侵权纠纷案件适用惩罚性赔偿的解释》第8条第2款"侵权人污染环境、破坏生态行为造成他人死亡、健康严重受损，重大财产损失，生态环境严重损害或者重大社会不良影响的，人民法院应当认定为严重后果"的规定不谋

而合。体现了在生态文明建设背景下，《民法典》所保护的不仅仅是以人身、财产损害为代表的环境私权益，也保护以生态环境权益为代表的环境公权益。

其次，在"被侵权人"概念的界定上，反对生态环境侵权领域适用惩罚性赔偿的学者认为《民法典》第 1232 条中的"被侵权人"限于特定的主体，而环境民事公益诉讼中的"被侵权人"一般为不特定主体，故不能适用惩罚性赔偿。但在侵权责任编已经写入生态环境损害的背景下，"侵权人"和"被侵权人"的概念得到扩展。在侵权责任法时代，"污染者"是对侵权人的定义，而在《民法典》侵权责任编中，以"侵权人"代替了"污染者"。《民法典》第 1234 条、第 1235 条规定的公益损害侵权责任也使用了"侵权人"这一概念，表明立法者对生态环境侵权中"侵权人"概念进行了扩展，既包括造成重大人身、财产损害的侵权人，也包括造成环境污染、生态破坏的侵权人。在对"被侵权人"概念的界定上，也应当结合"侵权人"概念的拓展而解释。在生态环境侵权案件中，不存在特定的被侵权人，但也并非不存在被侵权人，法律赋予国家规定的机关和社会组织代表国家和环境公共利益提起诉讼的权利。所以，他们可以依法成为赔偿权利主体，有权作为原告提起诉讼①，可以通过公益诉讼的方式拟制为被侵权人来维护自身合法权益。因此，环境民事公益诉讼的原告作为被侵权人并无不当。

最后，在适用逻辑上。目前我国《民法典》第 1207 条规定了产品责任惩罚性赔偿，第 1185 条规定了侵害知识产权惩罚性赔偿，第 1232 条规定了生态环境侵权惩罚性赔偿。在《民法典》之外，《消费者权益保护法》第 55 条规定了产品缺陷致人损害的惩罚性赔偿，《食品安全法》第 148 条第 2 款规定了食品安全领域的惩罚性赔偿。而最高院出台的《关于审理消费民事公益诉讼案件适用法律若干问题的解释》为食品安全领域的消费者权益保护惩罚性赔偿适用消费民事公益诉讼提供了支撑。反观生态环境侵权所造成的权益损害和食品安全侵权造成的损害一致，都可分为私益损害和公益损害，且

---

① 谢海波：《环境侵权惩罚性赔偿责任条款的构造性解释及其分析——以〈民法典〉第 1232 条规定为中心》，《法律适用》2020 年第 23 期。

生态环境侵权造成的公益损害明显大于食品安全领域造成的公益损害。所以，同为《民法典》明确规定的惩罚性赔偿适用类型，食品安全领域的消费者权益保护惩罚性赔偿可以适用在民事公益诉讼中，那么在环境民事公益诉讼中适用惩罚性赔偿也未尝不可，这也体现了法律体系解释上的必然性。

（二）基于目的解释的适用分析

目的解释是法律解释的基本方法之一，在《民法典》领域适用更加突出。立法者制定或者修改一定的法律条文总是要基于某种目的，通过探究条文背后立法者的目的能够有助于理解条文具体应用的逻辑与现实需求。从目的解释的角度来看，环境民事公益诉讼适用惩罚性赔偿更能体现立法者原意。

首先，在环境民事公益诉讼领域适用惩罚性赔偿有利于引导破坏生态环境行为进入诉讼程序，实现维护公共利益的目的。生态环境侵权案件涉案标的大、被侵权人众多、诉讼成本高昂，让弱势被侵权人在诉讼面前望而却步。在环境民事公益诉讼中适用惩罚性赔偿有助于激发被侵权人维护自身合法权益的积极性，引导破坏生态环境行为进入诉讼程序，让侵权人对所造成的侵权后果承担应负的责任。同时，当环境民事公益诉讼原告为检察院时，其生态环境侵权惩罚性赔偿的公法性质将更加明显，充分彰显了国家法律监督机关对破坏生态环境行为零容忍的态度；起诉人是社会组织时，鼓励社会组织参与环境民事公益诉讼，达到救济环境权益的目的。所以惩罚性赔偿制度的确立可排除受害者对赔偿数额的担忧，以此提高受害者的维权意识[1]。

其次，在环境民事公益诉讼领域适用惩罚性赔偿能够提高生态环境侵权成本，威慑侵权人，实现防止潜在性侵权发生的目的。一方面，如果环境民事公益诉讼仍以侵权案件的"同质补偿"为原则，侵权人违法行为所得到的收益通常高出其承担的责任，容易导致侵权人牺牲环境公共利益来换取更大的经济利益，赔偿数额往往不足以弥补实际损害及可能造成的潜在性损害，

---

[1] 王世进、夏虹：《论环境侵权惩罚性赔偿制度的法律适用》，《湖北经济学院学报》2021年第2期。

出现违法成本低、守法成本高的问题。另一方面，惩罚性赔偿针对的是行为人故意实施污染环境、破坏生态的行为，行为人具有较强的主观恶性。这种情况下判令其承担惩罚性赔偿，实质是对其主观恶性的一种惩罚。生态环境是多种自然因素的结合，二者都具有公共产品的属性，环境民事公益诉讼涉及人民群众的利益、社会关注度高，通过引入惩罚性赔偿，对恶意损害生态环境的行为加重惩罚，也能对潜在性侵权行为起到事半功倍的警示作用①。

（三）基于法社会学的适用分析

"法律不仅是规则和逻辑，它也有人性，离开了社会环境，法律将是不可理解的。"② 环境民事公益诉讼所承载的功能主要是保护环境公共利益。在具体案件中，法院、侵权人、环境民事公益诉讼原告人各自承担的社会角色不同，环境污染本身也是一个社会问题，在这个利益共同体里面，侵权人和环境民事公益诉讼原告人为了各自利益展开博弈，法院居中裁定。环境民事公益诉讼是代表环境公共利益向侵权人提起的诉讼，在这个过程中，公众成了环境公共利益的受害者，侵权人成了环境公共利益的侵害者，双方不同的社会性质也决定了案件的社会结构。在这种社会结构下，侵权人为了追求利益最大化而污染环境、破坏生态，打破了社会结构的平衡，环境民事公益诉讼原告人作为社会利益的捍卫者与代表者，自然不能置身社会之外。

惩罚性赔偿侧重于对侵权人施加的惩罚。在法社会学的角度下，每个人都是社会的参与者，社会有既定的规则来约束每个成员，当少数成员违反了社会规则肆意妄为，就会打破这种平衡。在这种情况下，违反规则的一方势必要为自己的行为付出代价。在环境民事公益诉讼中，侵权人所侵犯的环境公共利益也是社会问题的缩影，补偿性赔偿和惩罚性赔偿都是实现社会规则平衡的手段，只是手段的轻重程度不同。环境民事公益诉讼以惩罚性赔偿这

---

① 侯垚：《环境侵权惩罚性赔偿适用性研究》，硕士学位论文，西北大学，2021年。

② ［美］唐·布莱克：《社会学视野中的司法》，郭星华等译，法律出版社2002年版，第120—122页。

种严厉的手段去惩治恶意侵权人，是环境公益诉讼原告人"公益信托"负责任的表现，也是法社会学所要求的社会平衡规制的表现。鉴于此，在环境民事公益诉讼中，惩罚性赔偿作为解决环境污染的有效手段，适用于环境民事公益诉讼未尝不可。

第五节　完善民法典中生态环境侵权惩罚性赔偿的路径

一、生态环境侵权惩罚性赔偿构成要件的完善

生态环境侵权惩罚性赔偿的责任成立要件有严苛的标准。《民法典》第1232条及相关司法解释对行为违法性、主观故意性、后果的严重性进行了规定。值得注意的是，由于惩罚性赔偿是对侵权人施加的制裁性惩罚，故立法者设置了严格的适用门槛，主要是从构成要件上进行约束。但造成环境污染、生态破坏的侵权人大多主观恶性较大，为了追求经济利益不惜造成人身、财产和生态环境损害，故应从责任构成要件上对侵权人的恶意侵权行为进行约束，将"重大过失"纳入主观要件，并将"消极不作为"纳入行为要件，以此真正实现生态环境侵权惩罚性赔偿的威慑、遏制功能。

（一）主观要件加入重大过失

生态环境侵权惩罚性赔偿的法条及司法解释将"故意"作为主观唯一构成要件，对于"故意"的具体认定情形，我国法律所认为的故意是指行为人预见到了行为的后果却追求或放任结果发生。从该制度本身的功能定位出发，补偿、惩罚和威慑功能三者缺一不可。"故意"虽然能够提高该制度的适用门槛，但在一定程度上也有可能放任恶意侵权行为。具体来讲，对"故意"的认定主要包括直接故意和间接故意，两者的心态都是希望损害结果的发生，并以其行为促进结果的发生。在这种情况下，侵权人的主观恶性较大，适用惩罚性赔偿合乎常理。相较于故意较低的一档主观心态为过失，

分为一般过失和重大过失，二者的主要区别在于注意程度要求的高低不同，"重大过失"也是仅次于故意的一档主观心态。"重大过失"对损害后果发生有高度盖然性的认识，这意味着，行为人知道其行为极有可能给他人造成损害①。行为人对损害后果发生概率的判断，对判定其过错具有决定性意义。虽然行为人并不希望损害结果的发生，但是由于自身没有遵守法律给其规定的较高注意义务，所以由"重大过失"引起的损害一般具有强烈谴责性。在民法领域，当事人不得约定"重大过失"的免责事由，法律对负有高度注意义务的当事人提出了较高的要求，当事人就应当遵守这种规制，一旦违反就要为其行为付出代价。侵权人因"重大过失"污染环境、破坏生态的主观恶性较大。能够造成重大人身、财产、生态环境损害的侵权人一般多为实力雄厚的化工、能源、机械制造企业，其内部有完善的管理体系，对于法律风险的认知程度明显高于社会一般人。在生态环境侵权案件中，作为强势一方的侵权人完全能够预见其行为可能会导致严重环境污染、生态破坏后果的发生，但却轻信事故不会发生而不采取措施来及时阻止事故发生。可以看出，侵权人的主观恶性程度较大，最终结果是因为"重大过失"造成了严重后果，这种行为应当受到严厉谴责和制裁。

侵权人因"重大过失"造成的严重损害后果已经超出了法律的容忍程度。法律对一般过失和重大过失规定了不同的注意义务，显然对"重大过失"规定的注意义务较高。当负有较高注意义务的行为人没有达到这种注意义务，甚至连能注意的一般标准都没有达到时，行为人的行为严重超过了法律的最低容忍度，应当受到法律的谴责和制裁。主观要件加入"重大过失"有助于最大化地保护环境利益。持"重大过失"心态的侵权人主观恶性较大，需要制裁力度更强的惩罚性赔偿对其进行制裁，以达到公平正义的目的。以惩罚性赔偿金的方式对恶意侵权人施加经济上的压力，用法律形式规制不法行为，在生态环境权益和人身、财产权益的保护上发挥作用。"重大过失"具

---

① 叶名怡：《重大过失理论的构建》，《法学研究》2009 年第 6 期。

有较高的法律上的可责难性，对于重大过失造成的环境侵权，也应允许受害者要求惩罚性赔偿①。

（二）行为要件加入消极不作为

《民法典》及司法解释对生态环境侵权惩罚性赔偿的行为要件规定了积极作为要件，即"违反法律规定故意污染环境、破坏生态"的行为，但是对于消极不作为却未做规定。消极不作为一般是指以消极的、抑制的形式表现的具有法律意义的行为，该行为在刑法中比较常见，如不作为犯。但在民法中，由于民法的注意义务远远低于刑法，所以对大多数行为人的违法、违约行为只规定了积极作为模式，并未规定消极不作为。

讨论一种侵权行为能否加入消极不作为的前提条件是法律对该行为要求的注意义务程度。基于公平正义的角度出发，对强势一方行为人的要求较高就是对弱势一方的保护，所以在《民法典》第 1207 条产品责任惩罚性赔偿中规定了生产者、销售者的消极不作为要件②。同样在《中华人民共和国电子商务法》第 42 条中规定了电子商务平台经营者的消极不作为要件③。生态环境侵权中的侵权人和被侵权人也处于天然的不平等地位，被侵权人大多处于弱势一方，所以为了最大限度地保护被侵权人利益，应当在侵权人的行为要件中加入消极不作为要件，以此规制侵权人的侥幸心理，实现环境权益最大化保护。

---

① 王笑寒：《生态环境侵权惩罚性赔偿制度的法律适用问题》，《山东社会科学》2021 年第 3 期。

② 参见《中华人民共和国民法典》第 1207 条："明知产品存在缺陷仍然生产、销售，或者没有依据前条规定采取有效补救措施，造成他人死亡或者健康严重损害的，被侵权人有权请求相应的惩罚性赔偿。"

③ 参见《中华人民共和国电子商务法》第 42 条："电子商务平台经营者接到通知后，应当及时采取必要措施，并将该通知转送平台内经营者；未及时采取必要措施的，对损害的扩大部分与平台内经营者承担连带责任。"

二、环境民事公益诉讼适用惩罚性赔偿的完善

《民法典》第 1232 条确立了生态环境侵权惩罚性赔偿，同时最高院于 2022 年 1 月 12 日发布了生态环境侵权惩罚性赔偿的司法解释。但法条原文和司法解释并没有明确规定惩罚性赔偿能否适用于环境民事公益诉讼，学界也存在明显分歧。笔者在前文基于体系解释、目的解释和法社会学的角度已经阐释了惩罚性赔偿可以适用于环境民事公益诉讼的观点。最高院于 2022 年 2 月 25 日发布人民法院贯彻实施民法典典型案例（第一批），将浮梁县人民检察院诉某化工集团有限公司环境污染民事公益诉讼案列为典型案例，此案是《民法典》实施后中国首例环境民事公益诉讼领域适用惩罚性赔偿的案例。也侧面反映了最高院对环境民事公益诉讼适用惩罚性赔偿的肯定性态度。不过，鉴于目前没有相关司法解释专门讨论环境民事公益诉讼领域适用惩罚性赔偿，所以在具体适用问题上也存在一些分歧。本节参照《人民检察院公益诉讼办案规则》，同时结合惩罚性赔偿的特殊性，拟提出完善环境民事公益诉讼适用惩罚性赔偿的构思。

（一）明确权利主体

在环境民事公益诉讼案件中，有权利提起诉讼的原告主要为三类：一是《环境保护法》规定的符合一定条件的社会组织[①]；二是《人民检察院公益诉讼办案规则》第 96 条规定人民检察院可以作为环境公益诉讼的原告；三是提起生态环境损害赔偿诉讼的地方政府[②]。但这都是针对传统的补偿性赔偿环境民事公益诉讼而言，至于适用惩罚性赔偿的环境民事公益诉讼起诉原告主体，法律及司法解释目前并未规定，笔者更倾向于将适用惩罚性赔偿的环

[①]　参见《环境保护法》第 58 条："对污染环境、破坏生态，损害社会公共利益的行为，符合下列条件的社会组织可以向人民法院提起诉讼：（一）依法在设区的市级以上人民政府民政部门登记；（二）专门从事环境保护公益活动连续五年以上且无违法记录。"

[②]　李丹：《环境损害惩罚性赔偿请求权主体的限定》，《广东社会科学》2020 年第 3 期。

境民事公益诉讼原告主体限定为人民检察院。

首先，人民检察院作为国家和社会公共利益的捍卫者，提起环境民事公益诉讼适用惩罚性赔偿更具威慑力。惩罚性赔偿是对恶意侵权人施加的制裁性惩罚，其本质就是惩罚性。公法领域一般只有国家公权力机关才有惩罚权，在私法领域惩罚性赔偿多被理解为私人执法范畴。由于生态环境侵权主要是通过直接侵犯环境权益来间接侵犯人身、财产权益，所以生态环境侵权首先侵犯的是环境公共权益，而环境公共权益属于社会公益利益，人民检察院作为社会公共利益的捍卫者，代表公众提起环境民事公益诉讼适用惩罚性赔偿毋庸置疑。让人民检察院作为环境民事公益诉讼原告，能够更具威慑力和信服力；环保组织作为社会组织，缺乏强有力的国家后盾，其威慑力有限。

其次，人民检察院提起环境民事公益诉讼适用惩罚性赔偿有利于弥补双方力量之间的悬殊障碍，实现力量均衡。人民检察院作为国家公权力机关，有专业的法律工作人才队伍和强大的国家财政做后盾，提起环境民事公益诉讼适用惩罚性赔偿，有利于平衡双方之间的力量悬殊，在环境公共权益的保障方面更胜一筹。而环保组织和地方政府并非专业的法律机构，内部从事法律工作的人员有限，在专业性上和人民检察院存在一定差距，难以在环境民事公益诉讼中实现力量均衡。

最后，人民检察院在环境民事公益诉讼惩罚性赔偿金的归属问题上更具优势。前文已述，在环境民事公益诉讼惩罚性赔偿金的用途上，惩罚性赔偿金主要用于环境权益的保障。人民检察院是国家职能机关，代表的是国家和社会利益，所以在环境权益的保障方面，人民检察院有着严格的规范制度、专业的程序和部门保管惩罚性赔偿金。而符合条件的社会组织相比于国家公权力机关，在资金的保管上缺乏监管，容易导致惩罚性赔偿金用途缺失，所以相较符合条件的社会组织，人民检察院更适合管理惩罚性赔偿金。

（二）明确惩罚性赔偿金的归属和用途

在环境民事公益诉讼中，惩罚性赔偿金的归属问题更容易受到公众的关注。惩罚性赔偿金是在侵权人承担了环境修复费、鉴定费等费用的基础上对侵权人施加的制裁性惩罚，对于这笔费用的归属问题，法律及司法解释未作出规定。在环境私益诉讼中，由于是被侵权人因其人身、财产损害而提起的生态环境侵权惩罚性赔偿诉讼，所以被侵权人获得这笔惩罚性赔偿金来弥补自身权益的损失毋庸置疑。但在环境民事公益诉讼中惩罚性赔偿金的归属和用途能否属于人民检察院还有待商榷。

笔者认为，人民检察院作为环境民事公益诉讼原告提出适用惩罚性赔偿，旨在救济环境公权益，保护岌岌可危的生态环境。在具体诉讼中，人民检察院作为环境民事公益诉讼原告，侵权人作为被告，法院的判决明显是针对双方的，所以在法院判处惩罚性赔偿金后，其归属于人民检察院毋庸置疑，这在人民检察院的诉讼请求中也能体现。但是惩罚性赔偿金归属于人民检察院并不等于所有权归属于人民检察院，环境权益的享有者是社会公众，环境权益受到侵犯的也是社会公众，人民检察院只是代表社会公众提起环境民事公益诉讼的代表人，无权享有惩罚性赔偿金的所有权。

人民检察院在惩罚性赔偿金的问题上只享有归属权，不享有所有权。惩罚性赔偿金的主要目的是救济潜在的生态环境损害和预防将来可能发生的生态环境损害，所以惩罚性赔偿金应当归入生态环境修复基金统一管理，人民检察院在这个过程中只是起到承接性作用，即提起诉讼拿到惩罚性赔偿金并将惩罚性赔偿金纳入生态环境修复基金中，以此最大限度地发挥惩罚赔偿金的作用。

（三）建立惩罚性赔偿金的多元化替代机制

环境民事公益诉讼惩罚性赔偿针对的是严重的生态环境损害，在大多数生态环境侵权案件中，涉案标的较大，生态环境修复成本高，如江苏泰州1.6亿天价环境民事公益诉讼案、广东佛山29.6亿刑事附带民事公益诉讼案等。惩罚性赔偿一般以惩罚性赔偿金的形式执行，在侵权人已经承担巨额环境修复费的基础上再对侵权人处以惩罚性赔偿金，会导致部分侵权人难以承担，侵权人若因接受惩罚而破产，损害赔偿不仅难以实际执行，更不利于市场经济的有序发展①。因此，建立惩罚性赔偿金的替代机制也不失为保障生态环境的选择之一。

劳务代偿是以侵权人的实际劳动量来替代惩罚性赔偿金的一种方式，在侵权人执行能力弱的情况下可以考虑适用。检察机关适用劳务代偿替代性修复方式，应确保劳务代偿的工作价值量等值于生态修复费用，且劳务代偿方案能够顺利执行，以切实维护国家和社会公共利益②。关于劳务代偿的工作价值量的确定，应当按照所属地区上一年度平均劳务价值量来衡量，同时劳务代偿要始终围绕"绿色"这一主题进行，诸如破坏森林资源的生态环境侵权可以用"以绿补绿"的方式进行劳务代偿，破坏水资源的生态环境侵权可以采取水环境值班监测的方式进行。建立劳务代偿方案应当征得环境民事公益诉讼原被告双方的同意，方案的具体制定应当由人民检察院提出，后续监管由人民检察院和人民法院共同执行，以保障生态环境权益的有效实现。采取劳务代偿惩罚金额的方式应当严格控制，一般多用于惩罚金额较少、侵权人实际执行能力确实欠缺的情况，要防止侵权人为逃避惩罚金额的实际支付而滥用劳务代偿。在惩罚性赔偿金数额较少的情况下建立区域环境治理方式替代惩罚性赔偿金。污染环境、破坏生态的侵权人自身缺乏保护生态环境意识，在侵权人没有惩罚性赔偿金执行能力的前提下，可以判决侵权人以承担区域环境治理的方式替代惩罚性赔偿金。区域环境治理是指在一固定区域，让侵权人在固定时间内承担治理环境的职责。治理环境既可以包括环境的修复，也可以包括环境的日常维护。其对承担惩罚性赔偿金的侵权人而言，是

---

① 刘期安：《环境侵权中的惩罚性赔偿问题与对策研究》，《昆明理工大学学报（社会科学版）》2015年第3期。

② 江苏省连云港市连云区人民检察院课题组：《劳务代偿在民事检察公益诉讼中的适用——以非法捕捞水产品案为例》，《中国检察官》2021年第22期。

一种同质惩罚性措施。侵权人在承担其破坏的生态环境修复工作后，可以在环境民事公益诉讼原被告双方都同意的前提下，划定某一固定区域作为侵权人的环境治理区域，以此代替惩罚性赔偿金。区域环境治理方式在一定程度上能让侵权人切身感受到生态环境保护的必要性和迫切性，同时也能在实践中体现司法关怀，引导公众保护生态环境的意识。

·典型案例·

案例 1　浙江海蓝化工环境污染责任纠纷案

【基本案情】2018 年 3 月初，被告海蓝公司生产叠氮化钠的蒸馏系统设备损坏，导致大量硫酸钠废液无法正常处理。该公司生产部经理吴某民向公司法定代表人叶某某请示后，叶某某将硫酸钠废液处置一事交其处理。2018 年 3 月 3 日至同年 7 月 31 日期间，吴某民将被告生产的硫酸钠废液交由无危险废物处置资质的吴某良处理。在范某某部分押运、董某某和周某某带路的配合下，吴某良雇请李某某将 30 车共计 1124.1 吨硫酸钠废液运输到浮梁县寿安镇八角井、浮梁县湘湖镇洞口村的山上倾倒，造成了浮梁县寿安镇八角井周边约 8.08 亩范围内的环境和浮梁县湘湖镇洞口村洞口组、江村组地表水、地下水受到了污染，影响了浮梁县湘湖镇洞口村约 6.6 平方公里流域的环境，妨碍了当地 1000 余名居民饮用水安全。被告海蓝公司为吴某民报销了两次运输费。浮梁县湘湖镇洞口村村民委员会为防止侵害，雇请 17 位村民晚上值守，于 2018 年 7 月 31 日支付工资等费用共计 4700 元。事故发生后，浮梁县湘湖镇洞口村村民委员会为解决饮用水问题，经过招投标紧急新建了洞口组饮水工程、江村组饮水工程和洗衣码头工程，支付工程款共计528160.11元。

2018年8月1日，浮梁县湘湖镇人民政府委托江西景江安全环保技术有限公司对槽罐车排口和洞口村洞口组下游的水样进行检测，支付检测费5500元。原浮梁县环境保护局于2018年9月4日、2018年10月24日委托江西景江安全环保技术有限公司对浮梁县湘湖镇洞口村、浮梁县寿安镇八角井倾倒点的水质、土壤进行了检测，支付检测费13170元。2018年9月，原浮梁县环境保护局委托景德镇益景环境监测有限公司对浮梁县湘湖镇洞口村、浮梁县寿安镇八角井进行环境监测，支付检测费17000元。同年9月13日，景德镇益景环境监测有限公司委托的江西中检联检测公司对自送废水样品进行了检测，并出具了检测报告。江西求实司法鉴定中心于2019年1月16日、4月10日作出鉴定意见，认定浮梁县寿安镇八角井倾倒点的水体中存在叠氮化钠，且含量超标，对周边约8.08亩范围内环境造成污染。根据《国家危险废物规定》，检测水体中叠氮化钠为危险废物，类别为HW02医药废物，废物代码为271-002-02。原浮梁县环境保护局支付鉴定费60000元。2019年7月15日，江西求实司法鉴定中心对生态环境损害进行鉴定，评定浮梁县湘湖镇洞口村洞口组和寿安镇八角井倾倒点表层土壤均存在叠氮化钠污染，两部分环境损害已经发生，按照案发当时土壤修复所需花费，两处地块修复总费用为2168000元。2020年11月12日，该鉴定中心对涉案倾倒点环境功能性损失费用进行补充鉴定，评定吴某良、吴某民、李某某、范某某、周某某、董某某六人在浮梁县湘湖镇洞口村洞口组和寿安镇八角井倾倒废液造成环境功能性损失费用共计 57135.45 元。

【诉讼及处理情况】 江西省浮梁县人民法院经审理后认为，被告海蓝公司生产部经理吴某民非法处理公司生产的硫酸钠废液，其行为应认定为职务行为，海蓝公司应当为其工作人员的职务行为导致的生态环境损害承担侵权责任。判决被告海蓝公司赔偿生态环境修复费用、环境功能性损失费用、应急处置费用及检测费、鉴定费共计 2853665.56 元，承担环境污染惩罚性赔偿金 171406.35 元，同时判令被告海蓝公司就其污染环境的行为在国家级新闻媒体上向社会公众赔礼道歉。

【评析及思考】《民法典》把绿色原则规定为民法基本原则，并在侵权责任编第七章规定了环境污染和生态破坏责任，明确了生态修复的责任承担方式，同时规定了对污染环境、破坏生态行为的惩罚性赔偿，确立了公益诉讼制度。

《民法典》规定环境污染、生态破坏侵权的惩罚性赔偿，对于故意污染环境、破坏生态案件具有明显的遏制作用。过去环境污染或者生态破坏侵权，对于仅仅让侵权人赔偿损失、修复环境等，惩罚力度并不够；现在规定了惩罚性赔偿，就可以对这些违法行为形成有力威慑。但对于惩罚性赔偿应适用于民事私益诉讼还是民事公益诉讼，学界和实务界均存在不同看法。

生态损害本身强调的是公益损害、集体损害，而非个体损害。有学者认为，侵权责任编涉及的"损害"应当特指民事权益损害，不包括生态环境本身，损害生态环境难以整体纳入"侵权民事权益"的范畴之内，生态损害赔偿难以在私法框架下进行解决①。

---

① 转引自《惩罚性赔偿能否用于公益诉讼》，《中国环境报》2021 年 1 月 29 日。

也有学者认为，惩罚性赔偿原则上不适用于公益诉讼，而主要适用于私益遭受侵害的情形，主要理由在于：一方面，从文义解释来看，本条使用了"被侵权人"这一表述，这表明受害人是特定的主体；而在公益诉讼中，并没有特定的被侵权人①。例如，在造成土壤污染的场合，应当由土地使用权人提出请求惩罚性赔偿，而不能通过公益诉讼请求惩罚性赔偿。在河流污染导致原有饮用、灌溉等功能丧失，土壤破坏造成生态承载能力下降等情形，有时很难确定具体的被侵权人，此时就应当允许提起公益诉讼，但是对污染环境破坏生态的行为并不能请求承担惩罚性赔偿的责任。另一方面，从体系解释来看，《民法典》将污染环境、破坏生态的惩罚性赔偿规则规定在公益诉讼之前，这也表明其主要是针对私益损害的情形而言的。

案例 2　山东省青岛市人民检察院诉青岛市崂山区某艺术鉴赏中心生态破坏民事公益诉讼案

【基本案情】青岛市崂山区某艺术鉴赏中心（以下简称"某艺术中心"）系经营餐饮服务的个体工商户，2017 年至 2018 年期间在未依法取得收购、出售野生动物行政许可的情况下，先后购入大王蛇 3 条、穿山甲 1 只、熊掌 4 只，并将部分野生动物做成菜品销售。经鉴定，大王蛇为孟加拉眼镜蛇，属于《国家保护的有重要生态、科学、社会价值的陆生野生动物名录》中的"三有"保护动物；熊掌为棕熊熊掌，棕熊属于《国家重点保护野生动物名录》中的国

---

① 转引自《惩罚性赔偿能否用于公益诉讼》，《中国环境报》2021 年 1 月 29 日。

家二级保护野生动物；穿山甲于2020年6月被确定为国家一级保护野生动物。2020年10月，某艺术中心负责人吴某霞因犯非法收购、出售珍贵、濒危野生动物罪，被判处有期徒刑3年，缓刑3年，并处罚金6万元。后山东省青岛市人民检察院提起民事公益诉讼，经评估，某艺术中心破坏生态行为造成野生动物损失8.3万元、生态环境服务功能损失90.75万元。

【诉讼及处理情况】 山东省青岛市中级人民法院一审认为，某艺术中心违法收购珍贵、濒危野生动物，将其做成菜品销售，造成野生动物及其生态价值损失近百万元，除应承担生态环境侵权赔偿责任外，还应依法承担惩罚性赔偿责任。某艺术中心在本案审理过程中悔改态度较好，申请以劳务代偿方式承担部分惩罚性赔偿责任，予以准许。遂判决某艺术中心赔偿野生动物损失、生态环境服务功能损失及惩罚性赔偿共计108余万元，其中惩罚性赔偿99050元中的24924元以某艺术中心指定两人、每人提供60日生态环境公益劳动的方式承担，由法院指定当地司法局作为协助执行单位管理和指导，最迟于2022年1月28日前完成。宣判后，当事人均未上诉，一审判决已发生法律效力。

【评析及思考】 餐饮服务经营者违法收购珍贵、濒危野生动物，将其做成菜品销售，为非法猎捕、杀害野生动物提供了市场和动机。《中华人民共和国民法典》第1232条规定了生态环境侵权惩罚性赔偿责任，加大对严重违法行为的处罚力度。本案中，被告故意侵权行为造成野生动物及其生态价值损失近百万元，人民法院依法判令其承担生态环境损害赔偿责任，并适用惩罚性赔偿，同时根据案件具体情况允许被告以提供有益于生态环境保护的公益劳务方式替代履行部分惩罚性赔偿责任。宣判后，被告在协助执行单位组织下，参与向当地餐饮企业宣讲野生动物保护知识和发放宣传单等活动，取得良好社会效果。本案处理充分体现人民法院严厉惩治非法交易、经营野生动物的行为，革除滥食野生动物陋习，切实保障人民群众生命健康安全的坚定立场。

第五章　流域生态补偿机制及其法律规制：以汉江流域为例

第一节　生态补偿的法理基础

建设生态文明是中华民族永续发展的千年大计，必须树立和践行绿水青山就是金山银山的理念，坚持节约资源和保护环境的基本国策，像对待生命一样对待生态环境，统筹山水林田湖草系统治理，实行最严格的生态环境保护制度。这是党的十九大提出的重要论述。随着经济社会的快速发展，生态环境日益恶化，我国在积极保护环境的同时，也要不断探索生态补偿机制的理论基础，努力建设社会主义生态文明。健全的生态补偿机制有利于减缓经济发展与环境保护之间的矛盾。在生态补偿机制的研究过程中，对于生态补偿的法律理论基础显得尤为重要。近年来各地在建设过程中产生的生态补偿的政策法规对于我国现阶段生态补偿的法理基础探索提供了更多、更为实用的经验。在保护地方生态利益、确保地区环境的可持续发展的大前提下，有必要对国内外生态补偿机制的法理基础进行探索，进一步明确生态补偿的法理基础。

一、生态补偿的基础理论和基本概念

(一) 关于生态补偿的基础理论

国外关于生态补偿主要形成了以下理论：公共产品理论、外部性理论、生态资本理论、环境正义理论等。公共产品理论主要认为，人生存所需的环境、空气等生态产品究其本质都属于公共产品，人们不需要付费即可免费使用享受，而正因为其存在的公共性，无人为其买单，从而产生环境破坏[①]。外部性理论认为，私人成本具有外溢性，而私人成本效益与社会成本效益往往是不对等的，因此而产生的外部性问题会带来一系列社会问题。生态资本理论认为，在当前的社会形势下，大多数生态系统已成为"人为的自然"，其价值可通过地租等多种形式体现，人类在索取的同时也应当进行相应的投资[②]。环境正义理论认为，在整个生态系统中，生态系统整体利益不仅关乎区际平衡，也关乎代际公平，从公平公正的角度合理分配环境利益，实现社会正义和生态服务功能的持续供给。以上关于生态补偿的理论分别从经济学、生态学和法学的角度提出了对生态补偿的基础理论建设，对建立的生态补偿机制提供不同角度的理论支撑，也体现了在理论研究中所应表现出来的基础属性。

在我国现行的法律政策中，更多体现的是环境正义理论和外部性理论。从生态学角度来讲，生态补偿更多考虑的是原有生态环境的破坏状况以及人类活动对原有生态环境状况的影响，使之更多地符合客观公正的环境价值观念；从经济学角度来讲，任何形式的法律法规的规定都应当根据不同类型和程度的行为活动对生态环境造成的影响大小来进行生态补偿的责任分配，使之更符合公平正义的价值理念；从法学角度来讲，生态补偿义务来自受益者和破坏者对地区生态环境的获益权利，生态补偿义务的实现、资金补偿制度机制的建立更多体现出的是对资金补偿和环境恢复后续发展的可持续性。

---

① 金瑞林：《环境与资源保护法》，北京大学出版社 2006 年版，第 26 页。
② 杜群：《生态保护法论》，高等教育出版社 2012 年版，第 307 页。

（二）生态补偿的概念界定及意义

从 20 世纪 80 年代开始，由于对环境的破坏加剧，我国开始关注生态环境损害问题，在当时的情况下自然地使用了"生态补偿"的提法，还不能说是个外延清晰的概念。生态补偿通常是生态环境加害者付出赔偿的代名词，即按照"污染者付费原则"补偿环境，消除对环境的负面影响①。之后学界对"生态补偿"概念界定的争议一直持续。2007 年中国生态补偿机制与政策研究课题组提出的概念在当时具有代表性，他们认为生态补偿是以保护和可持续利用生态系统服务为目的，以经济手段为主调节相关者利益关系的制度安排②。2017 年党的十九大报告提出"建立市场化、多元化生态补偿机制"，在一定程度上表明"生态补偿"概念向着逐步扩展补偿范围、体现生态资产价值、市场化、强调激励作用等方面加强。这种在政策层面对"生态＋补偿"新的提法，为生态补偿概念的讨论增加了新的元素。

根据上述可见，"生态补偿"一词在国内尚未出现公认的标准定义，虽然在大的方面一致，但其角度涉及多个学科，学者理解和政策阐述在细节上存在较大差异。笔者认为，这在很大程度上和立场有关，也就是说对生态补偿的学术研究的学科是不一样的。所以，作为环境法学著作，本书比较认同从法学角度的界定，即可以将其界定为为保护生态环境，协调公众生态利益，由中央政府、生态受益地区地方政府、其他生态受益组织和个人向为生态保护作出贡献的组织和个人，以财政转移支付、协商谈判、市场交易等形式进行合理补偿的法律制度③。

生态学的研究对象是包括人类这一因素在内的全部"生态系统"，换言之，人类社会也是生态系统这个整体的一个部分。在人类社会发展过程中，一个理想社会的社会秩序所依靠的应当是来自人与人之间无形的契约约束；

---

① 吴健、郭雅楠：《生态补偿：概念演进、辨析与几点思考》，《环境保护》2018 年第 5 期。

② 中国生态补偿机制与政策研究课题组：《中国生态补偿机制与政策研究》，科学出版社2007 年版，第 12 页。

③ 史玉成：《生态补偿的法理基础与概念辨析》，《甘肃政法学院学报》2016 年第 4 期。

而在人类生存所依靠的广义生态系统之中，人类作为生态系统的一部分，与周边的生态环境也应具有自然契约约束的关系，人类与生态系统中其他物质存在相依相存，互相制约的关系。

事实上，人类由于自身生理原因，在这个大范围的生态系统中不仅扮演了一个普通的受到约束的角色，还具备其他存在所不拥有的改造自然的能力。然而在人类同生态系统之间的无形契约关系之中，人类作为生态系统的一分子自然拥有对生态系统整体合理利益公平正义的需求和对整体利益因人类活动受损的补偿义务。在人类文明高度发达的今天，人类对自然生态系统的改变是有意识地进行着。与此相对，自然情况下的生态系统会因为生态系统本身存在的"适者生存，优胜劣汰"的自然法则自行完成对生态系统的修复责任。但人类超出生态系统承受能力的能动性，会在生态系统受到严重破坏的情况下不断加剧破坏的严重性，破坏的持续性远远超出生态系统自行修补恢复的能力①。

然而，在人类科技文明不断革新的情况下，人类的改造能动性使人们拥有不断超越生态系统本身能给人们提供的生态服务能力，人类在生态系统中拥有"超自然能力者"的地位。从另一个角度来说，随着人类索取的生态利益的增多，人类在与生态系统的自然契约中赋予人类的生态补偿义务也就越多。这也是人类社会在超极限的生态系统的负荷之下对生态系统所应承担的责任；否则，人类就违反了在与生态系统的自然契约中的公平正义的要求。

故而笔者认为，生态补偿遵循了社会公平正义的要求。国家、生态利益的受益者和破坏者针对环境生态利益的受损，运用一系列经济手段对已受损的生态环境进行修复和对相关利益受损者进行赔偿，从而达到修复生态和保护环境的目的。由此可见，生态补偿的法理基础来自环境正义论的要求，但从实际实施的过程来看，更多体现的是权利与义务的一致性要求。

就生态补偿的意义而言，首先可实现对破坏生态利益而获取利益的再分

---

① 万劲波等：《生态文明时代的环境法治与伦理》，化学工业出版社 2006 年版，第 82 页。

配。在维持生态利益平衡的角度上，获益者对受损地区生态的补偿是生态利益公平正义的要求。如河流上下游生态的破坏者与获益者所需交纳的环境修复资金对被破坏地区的恢复，最大限度地满足了自然法的正义基础要求。其次，有利于缓解社会矛盾，维护社会的和谐稳定。从生态移民的例子来看，绝大多数的搬迁者在新的环境中由于生活水平和生活习惯问题出现了不同程度的不满情绪，而生态补偿资金的给付可以在最大程度上缓解不满情绪，缓解社会矛盾。最后，可以最大程度满足可持续发展的社会需求。在环境高度开发的今天，生态补偿在维护区际基本公平的同时，也要满足子孙后代对生态环境和自然资源的需求，最大限度维护代际公平，以完成可持续发展的基本要求①。

二、生态补偿法律关系

（一）生态补偿的主体

从法理角度来说，生态补偿的主体主要分为三类：国家、受益者和破坏者。对于生态利益的受益者本身来说，其在环境损坏的情况下受益，源于商人对利益的追求，也就不会想当然地就生态补偿提供大量的补偿资金；从破坏者角度出发，环境的损害更多来自利益的追求，其本身也不会就生态补偿来提供资金。而作为生态补偿资金的来源，破坏者与受益者提供补偿资金需要得到当事人的自愿捐助，或通过市场协商达到补偿资金取得的目的。事实证明，生态补偿机制所言"谁破坏，谁补偿；谁受益，谁补偿"是很难落实的，在投资合作的个体之间"项目"中很难就补偿责任协商一致，② 因此需要投入国家的力量。生态补偿目前的主体主要是国家，也只能是国家。

从国家进行生态补偿的角度来说，政府承担生态补偿的主要成本，以政府为主导的生态补偿更有利于受益者、破坏者和被补偿者达成相应的补偿协

---

① 孙越：《环境补偿实践的困境及出路分析》，《贵州社会科学》2018 年第 10 期。

② 李永宁：《生态利益国家补偿法律机制研究》，博士学位论文，长安大学，2011 年，第81—82 页。

议；国家的经济补偿更有利于刺激市场的自发调节，最大限度地满足市场经济下市场主体对利益的追求；国家进行生态补偿的依据往往都是一些法律所直接确认的补偿标准和补偿方式等，这大大节省了启动生态补偿程序所需要前期准备工作，不必进行繁琐的协商，也不必在筹措生态补偿资金时陷入等待的被动局面；国家补偿更好地解决了确定受益者主体的困难问题，而且国家作为社会整体利益的代表对生态补偿责任的承担是具备充分的法律依据的。国家作为生态补偿的资格主体对生态补偿的实现更多体现的是补救措施实施的迅速性，可以及时避免受损的生态环境进一步恶化。

（二）生态补偿的客体

生态补偿的客体主要是由于自然环境变迁和人类活动的加剧，一定区域内的生态系统受到破坏而迅速恶化的生态环境。在被破坏的生态系统中，生态补偿措施实施的对象很可能是退化的草场、被大规模砍伐的森林、被污染或减少甚至枯竭的水资源，还有可能因为环境恶化需要进行的生态移民搬迁等[1]。对于这些需要进行生态补偿的环境，面临的不仅仅是相关补偿政策的出台，更大的挑战来自当地居民的认可。生态补偿实施的区域往往是贫困而落后的地区，在当地本就脆弱的生态环境下，为改变贫困生活所进行的努力，很有可能对当地本就脆弱的生态环境造成进一步的被破坏。因此，对生态补偿客体的认定，需要在河流流域的上下游、被破坏的地区和受益的地区之间找到一个利益平衡的平衡点，对真正需要进行生态补偿的地方进行生态补偿措施的有效实施，确认真正需要生态补偿的环境客体[2]。

（三）生态补偿的法律关系内容

权利与义务是法学的核心内容，也是法学的基本范畴。任何权利获得和

---

[1] 李锦：《四川横断山区生态移民的风险与对策研究》，《中南民族大学学报》2008年第2期。

[2] 马雁萍：《石羊河流域生态补偿研究》，《水利规划与设计》2018年第6期。

义务的履行都体现在相互的对立统一过程之中，任何权利享受者都伴随着保证履行相应的义务，义务人在特定的条件下享受权利。法律上的自然人是当然的权利享受者和义务履行者。生态补偿的法律权利义务当然地来自法律法规的赋予，生态补偿机制的建立就是为了协调各方利益，平衡个人的权利与义务关系。

从生态补偿的角度来说，生态补偿的实现需要有特定利益关系的人在生态利益这一链条里既作为利益享受者，又作为损害后果的承担者。就此来说，需要进行生态补偿的地区政府部门如果履行了其保护环境的义务，那么同时被剥夺的可能是该地区的发展甚至生存、摆脱贫穷的权利；而作为生态利益的获益者如果享受生态利益而不履行其所应当承担的义务，那么就会造成法理上权利义务不对等的情况，不利于协调生态利益。生态补偿机制的建立在一定程度上从法律的角度运用国家强制力确立了平衡各方利益的获得和义务履行制度，保证各方利益主体在生态环境开发与补偿中得到经济利益的满足。

生态补偿的更多矛盾来自现实权利的冲突。假如在一个贫困的山区，一个当地人在冬天为了御寒而砍伐森林中的树木，从环境法的角度来说此人已经侵犯了其他居民所同样享有的环境权利；而从现实的角度来说，如果不砍伐树木，这个人很可能活不过冬天，所以生存的权利和其他人也享有的环境权利是冲突的。这也是人的正当利益在法律化之后产生的权利相互性。没有人可以侵犯其他人拥有的正当利益的权利，但也不能剥夺其他人在限制环境下的生存权。所以，现实社会中存在私人正当权利的冲突是在环境损害后果发生之后进行生态补偿的难点之一①。

法律关系主体之间的内容就是法律规范所规定的法律权利与法律义务在实际社会中的具体落实。在客观的事实之中，如果双方因缔约、无因管理等原因使一方或双方的具体权利义务发生变化，并因此产生了法律上的约束

---

① 陈华东、施国庆、陈广华：《水库移民社会保障制度研究》，《农村经济》2008 年第 7 期。

力，那么双方关于法律规范规定内容的遵守就是双方法律关系的实际具体落实，也就是双方产生的法律关系内容。

在生态补偿的实施过程中，进行生态补偿的主体对受损环境的修复来自法律法规对保护环境规定的实际履行。就外部性理论而言，正外部性和负外部性的产生是基于经济学理论作出的生态学理论，而私人成本与社会成本的正负对社会产生的影响各有不同。正外部性是指私人成本大于社会成本，私人收益小于社会收益。如上游居民种树，保持水土，下游居民的用水得到保障。负外部性是指私人成本小于社会成本，私人收益大于社会收益。如上游伐木造成洪水泛滥和水土流失，对下游的种植、灌溉运输和工业生产产生不良影响①。由经济学理论转向生态学方向理解则更通俗易懂：环境相对人对生态环境所享有利益的权利；环境相对人就自己所享有生态权利对环境有进行索取的行为；因为环境相对人的索取行为对社会整体利益产生正外部性或负外部性效果。法定权利的实现需要依据法律法规转变为现实权利，转变成现实权利的过程中，基于现实情况的复杂性，总会产生权利的"溢出"，即出现权利方面权利与义务的不对等。而生态补偿的进行，就是为了消除权利实现可能出现的外部性情况，或对已经出现的外部性情况进行弥补。

三、我国生态补偿立法的基本情况

（一）生态补偿法律制度体系尚未建立

从国家立法层面看，2015 年修订的《环境保护法》增加了有关生态保护补偿的规定，其第 31 条规定："国家建立、健全生态保护补偿制度。国家加大对生态保护地区的财政转移支付力度。有关地方人民政府应当落实生态保护补偿资金，确保其用于生态保护补偿。国家指导受益地区和生态保护地区人民政府通过协商或者按照市场规则进行生态保护补偿。"最为重要的生

---

① 梁福庆：《三峡工程移民补偿政策发展和创新研究》，《三峡大学学报》2012 年第 2 期。

态补偿行政法规是 2003 年施行的《退耕还林条例》，对退耕还林中的规划、造林、管护、检查验收、资金和粮食补助等做了较为全面的规定。其他涉及生态补偿的行政法规、部门规章为数并不多（如《自然资源保护条例》《森林法实施条例》等），相关的规定也并不详细。

从现行的中央一级涉及生态补偿的法律法规规定来看，都非常重视发挥生态补偿的作用，提出建立、健全生态保护补偿制度，但大多只是用一个条文进行原则性的规定，规范政府的责任和生态补偿的基本方式（纵向的财政转移支付和横向的协商与市场交易），对于森林生态效益补偿较为详细，规定了补偿对象与补偿标准。但无论是相关法律还是相关的行政法规规章的规定，距离生态补偿法律制度的建立健全还相差甚远。主要问题在于：一是环境保护基本法的效力层次不够高，《环境保护法》由全国人大常委会修订通过，属于基本法律之外的法律，该法中规定的生态保护补偿等制度的效力、执行力自然不及基本法律的制度安排。二是对生态补偿概念界定、补偿原则、管理机关等缺乏立法的统一规定，而涉及生态补偿的行政法规、部门规章大多是以某一种生态要素或为实现某一种生态目标而设计的，如退耕还林、天然林保护等，并不能普遍适用于全国各地；且立法主体普遍带有较强烈的部门色彩，单行法在规定不同类型不同层次的生态补偿时容易产生冲突。三是现阶段的中央立法只是分散、零星的一些规定，"环境与资源单行法的相关规定呈现'碎片化'"，立法规定太过原则，或者说只是提出了"受益者补偿"的原则，缺少生态补偿范围、对象的划定，补偿主体、资金来源的明确，补偿方式、标准的认定，补偿数量、模式的计算，补偿程序及救济方式的设计，等等，使得生态补偿机制的建立和实施受到严重影响，生态补偿相关利益主体在实践中难以依法确定其权利义务关系，造成实际执行中无法可依。

（二）国家层面的《生态补偿条例》尚未颁布

2010 年、2011 年国务院连续两年将《生态补偿条例》列入国务院立法工作计划。由国家发改委牵头，会同财政部、国土资源部、环境保护部、住房和城乡建设部、水利部、农业部、国家税务总局、国家林业局、国家统计局、国家海洋局10个部门组成起草领导小组和工作小组，围绕生态补偿立法做了大量的工作，共同制定了《生态补偿条例》草案，内容涉及补偿原则、补偿领域、补偿对象、补偿方式、补偿评估及标准、补偿资金等，但是该草案因为有太多利益纠葛无法消除，至今未能正式出台。

换个角度看，即使有了《生态补偿条例》等中央立法，内容上也只能是对生态补偿的主体、范围、对象、标准、方式等进行原则性的或总体性的规定，各地也必须结合各地的生态资源种类、环境特征、补偿主体、补偿资金的筹措渠道等制定具体的条例、细则或实施办法。因此，地方生态补偿立法内容较为具体，具有针对性强、可操作性强的优势，能更有效地促进所辖行政区域内生态补偿制度的落实，提高公众改善生态环境的积极性，防止生态资源的低效率或扭曲配置现象。

第二节　流域生态补偿机制及其法律规制

汉江是我国长江的第一大支流，发源于陕西省境内的秦岭，沿东南方向行至秦巴山地后流入湖北省。国家出于优化水资源配置的考虑，于20世纪末开始实施大型南水北调工程，汉江作为南水北调中线工程的水源区，生态地位至关重要。为了将清水送至北方，需要遵守更为严格的水质标准，做到"先治水后通水"[1]。因此，汉江流域的治理和生态补偿实践形成了一种有效治理模式，但也存在一些问题。因此，针对汉江流域生态补偿机制法律规制的研究素材生动，具有现实意义。

---

[1]　李小燕、胡仪元：《水源地生态补偿标准研究现状与指标体系设计——以汉江流域为例》，《生态经济》2012年第11期。

一、流域生态补偿机制的内涵

流域生态补偿机制是针对流域水环境跨界污染，采用公共财政或市场化手段来调节生态关系但不具有行政隶属关系的区域间利益关系的制度安排①。

在构建社会主义法治国家的宏大框架之下，流域生态补偿机制的实施，主要通过法律规则对流域生态补偿行为提供法律上的指导和约束。此处所述的法律规则，范畴并不仅限于狭义的法律，而是广泛包含行政法规、部门规章、地方性法规以及其他一切具备法律效力的规范性文件。在流域生态补偿领域，相关主体依据法律规则，能够就补偿的主体、补偿的范围、补偿的标准、补偿的形式以及法律责任等关键要素，进行合理高效的协商，从而达成共识，并建立起长期稳定的生态补偿合作机制。此种机制的建立，不仅促进了流域生态保护与修复的有效实施，而且为社会主义法治国家的生态文明建设提供了有力的法律支撑，体现了法治原则在生态环境保护领域的具体应用与实践。通过法律规则的引导与约束，确保了流域生态补偿活动的合法性、正当性与有效性，进而为实现生态文明建设目标奠定了坚实的法治基础。

（一）国内流域生态补偿机制的法律界定

我国尚未进行流域生态补偿专项立法，但在当前法律法规中可以找到很多相关规定，通过这些法律法规中的规定可以对流域生态补偿机制加以界定。

1. 相关法律的规定

我国《宪法》第 9 条规定"国家保障自然资源的合理利用，保护珍贵的动物和植物。禁止任何组织或者个人用任何手段侵占或者破坏自然资源"；第 26 条规定"国家保护和改善生活环境和生态环境，防治污染和其他公害"；第 10 条规定"国家为了公共利益的需要，可以依照法律规定对土地实行征

---

① 乐天中：《新安江流域生态补偿机制政策探究》，《环境保护与循环经济》2019 年第 8 期。

收或者征用并给予补偿"，为流域生态补偿和治理提供了基本的法律依据。

《环境保护法》第31条规定"国家建立、健全生态保护补偿制度。国家加大对生态保护地区的财政转移支付力度。有关地方人民政府应当落实生态保护补偿资金，确保其用于生态保护补偿。国家指导受益地区和生态保护地区人民政府通过协商或者按照市场规则进行生态保护补偿"。这是我国首次以法律形式规定生态补偿制度，并且明确了政府补偿和市场补偿两种形式。《水法》第7条规定"国家对水资源依法实行取水许可制度和有偿使用制度"，明确了水资源的价值，为水资源使用付费提供了法律依据；第30条规定"县级以上人民政府水行政主管部门、流域管理机构以及其他有关部门在制定水资源开发、利用规划和调度水资源时，应当注意维持江河的合理流量和湖泊、水库以及地下水的合理水位，维护水体的自然净化能力"，强调了水资源利用过程中应当兼顾水生态环境保护。《水污染防治法》第8条规定"国家通过财政转移支付等方式，建立健全对位于饮用水水源保护区区域和江河、湖泊、水库上游地区的水环境生态保护补偿机制"，对流域生态补偿作出了直接明确的规定。

2. 行政法规及其他规范性文件的规定

国务院2011年9月颁布的《太湖流域管理条例》规定了流域上下游污染物排放控制补偿原则和区域间生态效率补偿机制，流域生态补偿首次在行政法规中出现。地方立法中，《山东省南水北调工程沿线区域水污染防治条例》《辽宁省跨行政区域河流出市断面水质目标考核暂行办法》《河南省沙颍河流域水环境生态补偿暂行办法》等都对流域生态补偿作出了具体规定。另外，水利部先后发布了《关于内蒙古宁夏黄河干流水权转换试点工作的指导意见》《关于水权转让的若干意见》《水权交易管理暂行办法》等部门规章，对流域生态补偿中涉及的水权问题的明确提供了依据。

除此之外，在其他规范性文件中，比如中共中央、国务院《关于加快推进生态文明建设的意见》，国家环境保护总局《关于开展生态补偿试点工作的指导意见》和财政部、环境保护部、发展改革委、水利部等四部门《关于加快建立流域上下游横向生态保护补偿机制的指导意见》等，对流域生态补偿作出了多维度细化规定，对流域生态补偿法律机制的建立具有重要指导意义。

（二）国外相关法律制度简述

国外通过流域生态补偿立法确认了流域生态补偿的主体，包括国家、企业、社会组织和个人，规定了流域所涉及的补偿方式和被补偿方的具体权利义务，允许将水资源使用权进行市场交易，同时也在一些法律制度中明确了政府责任。国外流域生态补偿法律规制主要通过以下制度得以界定。

1. 通过法律规定政府直接支付制度

政府直接支付制度是指由政府出于公共救济或社会福利直接向被补偿方支付补偿资金，由政府主导流域生态补偿的完成，一般是由上级政府直接向下级政府进行有偿或者无偿拨款。有偿体现为资源偿还或者技术偿还等，适用于下游地方政府无力支付补偿金且无法达成其他补偿协议等情形。这样的制度安排对于缩小流域间生态和发展差距非常有效，在各国都是很常见的法律规制方式。

2. 通过法律规定政府财政平衡制度

不同于政府直接支付制度的纵向支付，该制度则是由法律规定，依据法定程序由富裕地区对贫困地区进行横向财政转移。在流域生态补偿领域，体现为双方政府签订补偿协议，在流域涉及区域政府之间进行财政转移，并在协议中明确双方财政支付、收取义务和对应的优质水资源享受义务、水资源治理义务。这种制度安排在保证流域生态可持续发展基础上，也缩小了地区间贫富差距。

3. 通过法律规定政府购买制度

政府购买制度是指由政府将自己承担的流域生态补偿义务通过合同、外包等方式委托给有资质的社会组织，相当于将公共服务经费用于购买专业组织的生态服务。该种制度安排下，政府不承担纵向或横向的财政拨款义务，而是作为流域生态补偿的一方主体承担相应的补偿义务，对该义务的实现方式则拥有自由支配权。

4.通过法律规定水权生态补偿制度

国外的流域生态补偿研究，前提是将自然资源使用权赋予补偿参与主体，由法律对水权转让范围、水权份额和水权优先使用顺序等作出统一规定。各主体在法律范围内进行水权交易，水环境保护者能够通过水权交易筹到保护成本和损失的发展成本，优质水资源享有者也对其使用行为付费，从而协调了双方利益，保留了流域保护主体的积极性，流域生态环境质量也得以有效改善。

5.通过法律规定综合补偿制度

综合补偿制度即将两种或两种以上的补偿制度结合于一项流域生态补偿中，不是由政府或生态享受者承担单一的补偿责任，而是鼓励多元补偿主体。比如在地方政府横向补偿难以达成补偿协议时，可以结合二者共同上级的纵向补偿从而促成补偿协议；或者将政府补偿与水权生态补偿相结合，政府和流域涉及主体共同承担补偿义务。这种制度安排在现实中具有更高的可行性，因为补偿义务者所需支付的补偿资金对单一主体而言往往是很大的经济负担，综合补偿可以缓解其经济压力，流域生态补偿也就更容易长期进行下去。

二、流域生态补偿机制法律规定的主要内容

（一）流域生态补偿主体

1.补偿主体

补偿主体是流域生态补偿中支付补偿资金的一方，国家、社会组织或者自然人都可以作为补偿主体承担一定的补偿责任。

（1）国家是最重要的补偿主体

《宪法》中规定，矿藏、水流等归国家所有，所以我国水资源的所有者是国家，国家有权利和义务对水资源进行统筹管理，对流域环境实行保护。国家可以直接作为流域生态补偿主体向生态破坏严重地区支付修复和维护费

用，对当地因此失去的发展机会成本进行经济弥补，实现对流域生态的保护，缓解地区发展不平衡。国家也可以作为补偿关系中的统筹者，对具体流域的补偿主体和受偿主体进行明确，并发挥沟通和指导作用，促成地方政府或者环保机关之间的流域生态补偿合作。这种模式下国家虽然没有直接支付补偿资金，但其作为虚置主体发挥着主要作用。

（2）下游享受优质水资源地区的企业、事业单位、社会组织也可以作为补偿主体

毫无疑问，这些主体也都是流域生态受益者，有对应的补偿义务。对企业来讲，完全有经济实力作为补偿主体承担一部分的社会责任；事业单位经济实力可能一般，但其特有的公信力可以帮助其进行宣传科普和筹集资金；社会组织也可以设立专项基金用于流域生态补偿事业。总之，它们都有能力发挥自己的力量，减轻政府经济负担，法律虽不能强制但应当鼓励这几类主体积极承担补偿责任。

（3）自然人也应当作为补偿主体

流域生态保护行为最为重要的受益者还是流域沿线居民，因此，自然人也相应地承担着补偿责任。也许对自然人直接征收补偿费或者补偿税并不现实，但可以通过购买生态标记产品等方式让自然人自愿间接参与到流域生态补偿中来，法律同样应当鼓励自然人自觉承担补偿责任的行为。

2.受偿主体

受偿主体是指流域生态补偿中接受补偿资金的一方。相对应地，国家、社会组织、自然人都可因其履行流域保护义务而作为受偿主体。除此之外，流域生态环境本身也可作为受偿主体。

（1）国家是流域资源的拥有者和流域环境的维护者，因其向全体国民提供的流域使用权和对流域的保护行为而理应成为受偿主体。流域资源使用者应当向国家支付相应的补偿费用。不仅国家，地方政府同样应当作为受偿主体，地方政府代表双方居民进行补偿谈判并最终达成补偿协议，其协商成本应当得到补偿；此外，地方政府往往是补偿资金支付、补偿政策实施、流域

生态治理的关键主体，自然也应是生态补偿的主要受偿者。

（2）上游流域生态保护地区的企业、社会组织、自然人也应当是受偿主体。因为流域保护政策和硬性水质达标要求等，当地的企业、社会组织、居民都作出了很多直接或间接牺牲。比如，企业关停、居民择业受到限制等，他们付出的发展成本应当得到补偿。

（3）在人类对流域资源的不当利用导致流域生态遭到严重破坏需要人为修复时，流域生态环境本身也成为受偿主体，即流域资源利用者提供的补偿资金被直接用于治理污染水域和改善生态环境。

3. 监督主体

补偿主体和受偿主体都得以明确后，为了将二者更为紧密地联系起来，同时保证补偿活动能够合法有序进行，补偿资金能真正被运用于流域生态补偿，监督主体必不可少。

（1）国家和政府及政府部门是具有国家强制力和公信力的权威监督主体[①]。国家监督主要考察方向为流域生态补偿行为是否符合法律规范，由国家机关工作人员以国家的名义，在法定权限范围内依照法定程序履行监督职责，对不符合法律规范的流域生态补偿行为及时予以警告或惩罚。而政府及政府部门作为监督主体往往需要国家通过法律进行授权，因此其监督仍然代表国家代表法律，具有足够的震慑力。例如，河北省人民政府发布的《关于在子牙河水系主要河流实行跨市断面水质目标责任考核并试行扣缴生态补偿金政策的通知》，在子牙河实施跨界断面水质考核和财政部门预算扣缴的生态补偿管理的新机制，通过环保和财政部门联动的方式确保处罚和补偿到位。由省环保厅对子牙河流域的跨市断面进行水质考核，如果某个地级市的断面排放超标，那么财政厅将在对该地市的财政划拨中扣缴其对下游地区的"生态补偿金"，并定期排名公布。

（2）社会组织和个人的监督虽然不具有国家强制力，但也是非常必要

---

① 才惠莲：《我国跨流域调水生态补偿法律问题的探讨》，《武汉理工大学学报（社会科学版）》2014年第2期。

的。相比于政府监督，社会组织与个人监督的范围更广，更能反映真实的民意，这不仅使得对流域生态补偿的监督更加全面及时，也对流域生态补偿相关立法的完善起到促进作用。这样的法律规范必然更符合民意，更能得到人民的拥护与遵守。不过对社会监督主体的选拔必须严格把控其专业能力、中立地位、履行监督职责能力和条件等，不让社会监督流于形式，杜绝社会监督过程中腐败现象的出现。

（二）流域生态补偿范围

流域生态补偿范围包括对人的补偿与对流域环境的补偿。其中，对人的补偿包括对其进行流域环境治理投入成本与因此丧失的发展机会成本的补偿。对流域生态保护有积极保护和消极保护两种，积极保护指主动做出对流域净化和生态环境恢复有益的行为，例如清理水中的污染物、植树造林等，这个过程中耗费的人力物力财力就是投入成本；消极保护是指通过禁止或限制对流域环境有害的行为来达到治理目的，例如对大量排放废水企业进行关停或限制其生产，这些企业因此丧失的盈利就是机会成本。对生态环境的补偿则是指对直接投入的用于治理流域环境污染的资金的补偿，该资金表面看起来也许能被人所接受，但与投入成本补偿不同的是，该笔资金只能被直接用于流域环境保护工作，而不能由资金收受人自由支配。

（三）流域生态补偿标准

流域生态补偿标准是流域生态补偿法律规制过程中的核心问题，是流域生态补偿实践中的核心依据。由于不同流域的差异性，很难制定出适用于所有流域的补偿标准，即使是将来会出台流域生态补偿专门立法，也只能对流域生态补偿应当考虑的宏观要素作出规定，强行制定统一的考核标准只会导致很多流域生态补偿工作难以实际开展或者流域主体无法得到合理补偿。从当前针对流域生态补偿标准的研究来看，国外的研究倾向于在专门性立法中针对具体某一流域的某一生态补偿项目从投入和效益两方面制定相应的补偿标准；国内当前对于森林、流域生态补偿标准等方面的研究较为成熟①，学者则侧重于研究补偿标准计算方式，比如对生态服务功能进行评估，或者对生态功能提供者的机会成本损失进行计算，机会成本损失计算较前一种更加成熟和可行。因此，当前比较明晰的对流域生态补偿标准进行法律规制的可行路径便是在针对具体流域或具体项目的专门性生态补偿立法中明确行之有效的补偿标准计算方式。

（四）流域生态补偿法律责任

流域生态补偿的责任主体与其补偿主体一致，各补偿参与主体都应当在法律规定范围内活动，否则就要承担法律责任。流域生态补偿领域的法律责任包括行政责任、民事责任和刑事责任。

行政责任主要由政府承担，政府在流域生态补偿中有协调、监督等权力，所以对行政责任的规定应当从防止其滥用权力入手。因此，应当在法律中明确中央和地方政府在纵向补偿和横向补偿中的权利义务，以及中央政府对地方政府的监督权，并规定相应的法律责任。流域生态补偿领域的民事责任不同于一般的民事责任，往往由不特定多数人承担，侵权对象不是特定人而是流域生态环境，损害结果也不是直接显现而是潜伏一段时间之后才显现。其所对应的环境保护义务来源于法律规定，即使侵权主体主观上没有追求损害结果的发生，也应当对损害结果承担侵权责任。流域生态补偿领域当前的刑事责任仅存在于犯罪客体是人身、财产并造成严重损害后果，且犯罪主体有过错的情形下。犯罪客体是生态环境利益时，并不需要承担刑事责任。因此刑法的保护范围在流域生态补偿领域有待扩展。

---

① 谢春云、王宁：《德国农业生态补偿政策形成的背景、政策实践与启示》，《农业科学研究》2023 年第 4 期。

第三节　流域生态补偿法律规制现状与问题

一、汉江流域生态补偿机制的相关法律规定

当前，针对汉江流域生态补偿并没有专门性的立法，仅在一些地方行政法规、部门规章、规范性文件等中对流域生态补偿作出规定。例如 2020 年 7 月 24 日湖北省第十三届人民代表大会常务委员会于第十七次会议通过了《湖北省汉江流域水环境保护条例》，该条例仅对湖北省内汉江干流及其支流汇水面积内的水域和陆域进行规制，并在第 54 条中规定"省人民政府应当协调国家有关部门支持在汉江流域开展生态保护补偿，制定补偿办法，落实补偿资金；支持汉江流域各市县开展横向生态保护补偿。加大对汉江流域的重点生态功能区、农产品主产区、受南水北调影响较大地区以及困难地区的财政转移支付"。该条明确了省政府在流域生态补偿中的统筹管理和财政支付责任，并鼓励县市自行达成补偿协议。2022 年 11 月 15 日汉中市第六届人民代表大会常务委员会第五次会议通过《汉中市汉江水质保护条例》。该条例适用于汉中市内的汉江流域，将跨区域协作专门设章。该章节中明确汉中市人民政府与安康市人民政府共同建立汉江流域跨行政区域协调联动机制，加强生态保护补偿合作等，定期共享水质保护相关信息，双方协商确定跨界区域河道汛期漂浮物联动打捞方责任、清理时间、范围以及费用承担，开展对跨行政区域污染水质违法案件的联合执法活动。其中第 41 条直接规定"与安康市人民政府根据汉江流域水质保护和水污染防治工作要求，协商建立汉江流域生态保护补偿机制。具体补偿方案由市有关部门与安康市有关部门研究确定，报市人民政府批准。鼓励县（区）之间建立生态保护补偿机制"。该条例通过专门设章确立流域生态补偿在水质保护中的重要地位，与安康市的流域生态补偿合作也是汉中市今后水质保护的工作重点之一。

另外，2015 年湖北省人民政府印发了《湖北汉江生态经济带开放开发

总体规划（2014—2025 年)》，明晰了汉江流域生态补偿中的部分补偿标准，补偿标准界定也是汉江流域生态补偿法律规制机制中的重要一环。第一，直接用于工程建设的成本应当得到补偿。为治理汉江流域，湖北省政府从 2014 年起批准了污染治理、流域监管等上百项生态建设工程，政府公开信息中的投入资金高达上百亿，这些建设资金应当由政府或者流域使用者进行补偿。第二，将污染物中的氨氮排放量作为流域生态补偿标准。这一补偿标准适用于汉江流域作为南水北调中线工程时的水质监测，南水北调工程使得汉江需要遵守更严格的水质水量标准。为了达成更低的氨氮排放标准，汉江流域管理部门和污水处理部门等需要投入更多时间和金钱对污水进行治理，这部分的额外开销应当由被调水区进行补偿。第三，移民补偿标准。为了进行流域治理，汉江沿线实行退耕还林政策，并且强制将位于南水北调工程中的丹江口水电站整体加高 14.6 米，不得不对居住在水电站上游的居民进行移民，移民过程中的安置费用和耕地补偿费用也应当由被调水区予以补偿。第四，将流域上游地区的企业和居民的发展机会成本作为补偿标准。为了保证将优质水资源调往北方地区，汉江流域上游地区很多企业被迫关停，很多居民的工作选择受到限制，当地经济发展受到巨大不利影响，因此可以将上游地区城市生产总值与其发展规模相似但没有流域环保负担的相似城市的生产总值进行对比，计算上游地区因南水北调的流域治理任务所失去的发展机会成本，并由调水区对该成本进行补偿。

二、汉江流域生态补偿法律规制存在的问题

（一）法律体系和内容不健全

国家层面对流域生态补偿的立法不够健全。《水污染防治法》《环境保护法》《水法》等虽然对生态补偿或流域生态补偿有所提及，但都是原则性规定，对实践指导意义有限。不论是对流域生态补偿还是对汉江流域生态补偿，都没有专门性的立法。对汉江流域生态补偿的法律规制散见于各类文件中，并且这些文件仅对各自制定主体权限范围内的汉江流域区域具有法律效力，不

利于流域各地区之间的合作，对汉江流域整体进行系统法律规制的则少之又少。汉江流域生态补偿法律体系的完善任重道远，分析其原因，首要的是其法律体系不够明确，没有厘清汉江流域生态补偿中补偿主体、补偿范围、补偿中的权利义务关系等建立法律体系所需的关键要素。

尽管学术界对补偿主体的研究已经较为成熟，但是在流域生态补偿实践中，基本都是将国家和政府作为单一补偿主体。汉江流域生态补偿相关法规也仅对政府在补偿中的协商和拨款等责任作出规定。笔者仍认为汉江流域生态补偿法律体系中补偿主体是不够明晰的。新安江流域生态补偿中，安徽省政府虽然得到了中央拨款和浙江省的补偿，但是微薄的外来资金远远不足支撑其全面的流域治理行动。安徽省政府在该项目中的总投资高达120多亿元，向银行的高额负债最后还是安徽省政府独自偿还。显然，只将政府作为补偿主体对政府来说负担过重，也不是长久之计。通过法律确立多元流域生态补偿主体是必然趋势，应当由社会、企事业单位、个人分配分担政府责任，打造补偿主体多元化格局，发挥市场主体在流域生态补偿中的主体作用。

汉江流域生态补偿相关文件中，对补偿范围提及甚少。对于汉江流域而言，除流域上下游之间的补偿关系，南水北调的调水区更应当对其给汉江流域上下游带来的不利影响给予补偿，包括对上游地区经济发展的阻碍，调水导致下游地区水容量减少影响下游地区用水等。实践中，汉江流域上游地区的部分市区政府每年能从南水北调工程的调水区域政府获得一定的补偿款，但双方也并没有就补偿范围达成成文共识，补偿关系不够稳定。南水北调工程的建设使汉江流域所涉及地区进行产业结构调整，国家对汉江流域被调水质提出更高要求。因此在拥有丰富矿产资源的陕南地区，一大部分的矿产企业被迫关停，一些还未开发的矿山也不能开发，对当地经济发展和人民就业都造成巨大影响。2014年之后，为了获得更优调水，南水北调中线工程开始实行分段试水，丹江口水库被迫关停对库区有污染企业上百家，制约了经济发展。此外，丹江口水库大坝加高后，对水权区限制众多，25度以上坡耕地全部退耕还林，设立禁伐区，水源地南阳市新增淹没土地 144 平方公里，涉及人口众多，当地居民进行移民，农业收入也明显减少。调水工程还直接造成汉江流域下游地区水量减少，流域自净能力大打折扣、污染加剧，水位和水温降低导致水生生物的生存环境被破坏，城市供水受到一定影响。所以，急需在法律中将调水区对汉江流域因流域生态保护付出的治理成本和因流域资源输出损失的发展机会成本纳入汉江流域生态补偿范围，协调南水北调工程中的利益关系。

法律主体之间的权利义务关系是法律关系的核心，是完善的法律体系中不可或缺的关键内容。法律权利是法律对主体予以确认并保护的利益诉求，法律义务是法律规定法律主体为了配合权利人利益诉求的实现必须为或者不为一定行为。权利与义务往往具有一致性，有权利就会有相应的义务。汉江流域生态补偿相关立法中，对补偿主体之间的权利义务规定就相当欠缺，更多规定了政府对当地流域治理的统筹协调义务，而对不同地区政府合作中的具体权利义务规定十分欠缺，这显然不利于流域生态补偿的工作推进。除此之外，在明确补偿主体和补偿范围前提下，对除政府之外的补偿主体的权利义务规定也至关重要，决定了流域生态补偿是否能够实际开展。将权利义务以法律形式确定下来，各补偿主体才能积极履行法律义务，避免承担法律责任。除此之外，法律对水资源产权规定也不够清晰，原则上水资源属于国家所有，但水资源本身的公共属性不可忽视。自然状态下，各地区在利用水资源时，只会追求自身利益最大化，对水资源生态环境保护极其不利。因此有必要在法律中对地方水资源产权进行界定，流域生态补偿主体之间有了由水资源产权延伸出的各自权利义务的制约，可以更方便开展市场化生态补偿。

（二）法律规定与实践脱节

汉江流域生态补偿实践中补偿方式单一且效率低下，市场化流域生态补偿面临困境。法律规制应当从现实出发，致力于解决现实中流域生态补偿的突出问题。当前汉江流域生态补偿主要通过政府财政转移支付的方式进行，偶有流域生态专项基金补偿实践。对于横向生态补偿初有立法尝试，实践中基本还是政府主导，市场化补偿程度较低。中央政府的纵向财政拨款是汉江流域生态补偿占比最大的补偿资金来源。由于中央政府对地方流域和经济发展情况了解不足，常常对不同流域采取相同的补偿标准，导致补偿局面僵化，不能做到公平补偿。很多地区的流域治理成本无法得到充分补偿，影响地区开展流域生态治理的积极性，从而影响流域治理成效。即使中央政府的补偿做到基本公平，仅靠中央政府宏观调控也无法充分协调市场主体利益；流域生态补偿涉及项目众多且款项巨额，长期下去中央财政也无法承受。可见这种补偿方式效率低下且无法长久，亟待进行市场化补偿方式探索。

市场化流域生态补偿是指市场主体自发签订流域补偿协议，由生态成果需求者自愿向生态服务提供者购买生态服务的交易行为。如果仅有政府一种补偿主体，实践中就不会产生补偿效果的差异，政府补偿质量或者积极性都得不到保证。市场化补偿的效率明显高于单一的政府补偿，不仅资金来源渠道更为广泛，而且可以根据市场供需关系变化灵活调节协议内容，保证了补偿主体参与的积极性，也更有利于构建长效补偿机制。然而当前我国市场化补偿进程缓慢，主要原因在于流域资源产权不够明确。虽然宪法规定了水流资源归国家所有，即国家为流域资源所有权人，政府以国家名义参与水资源交易，但是政府有着明显的地位优势，在交易过程中对交易对象与交易条件诸多限制，不符合市场主体的平等要件。二者之间的交易也就不完全根据市场实际情况实时调控，政府作为一方水资源交易主体与市场中其他主体进行利益交换的现实能力有所欠缺，二者利益追求不一致，利益需求不对等，因此当前流域产权规定背景下流域生态补偿市场化难以推进。应当通过法律确认水资源使用权价值并允许对水资源使用权自由交易，在保证水资源产权仍归国家所有前提下，市场主体也能通过对水资源使用权进行交易来达成合作，更灵活协调双方利益，更便捷达成补偿合作；而国家作为市场化流域生态补偿独立的监管主体，也更能发挥其水资源所有者的作用。

（三）法律规制区际合作面临的问题

现有汉江流域生态补偿相关立法中，地方立法仅对该立法主体所在地区范围内汉江流域部分生效。由于同一地区的流域所处位置和经济发展情况都不会相差太多，因此在该地区往往没有开展流域生态补偿的现实条件；即使在该地区开展了流域生态补偿，也呈现出同一流域不同地区根据各自的法律规范分别开展流域生态补偿的局面。这种地区之间横向补偿相关法律规范的缺乏可能会导致部分流域的补偿真空或者补偿重合，既浪费行政资源，又会产生效率不高的流域生态保护机制。此外，现有相关立法都是在水环境治理法中笼统提及流域生态补偿，对实践指导意义有限。尽管有趋势如汉中市的立法中对区际流域生态补偿单独设章，但仍然只对政府职责做了规定，还有很大改善空间。

除了区际流域生态补偿相关法律规范欠缺之外，汉江流域生态补偿区际合作还面临很多现实问题。我国区际流域生态补偿实践中，呈现出过分依赖中央政府统筹协调的趋势，中央对区际流域生态补偿的立法同样欠缺，因此跨区流域生态补偿的双方主体都是在政策性规范文件的协调之下才得以开展补偿活动。这些文件的弱规范性和强制力度并不足以维持区际流域生态补偿的长效开展，同时补偿活动多"项目化"，即补偿双方在中央协调下签订具有一定时效的补偿协议，协议到期补偿活动一般也就终止，协议期间流域治理成果难以维护。此外，区际流域生态补偿实践中，下游地区仅能对流域上游地区部分直接用于流域治理的成本给予补偿，而上游地区失去的发展机会成本则仍然由上游地区负担，即使中央也作为补偿主体对上游地区进行财政拨款，上游地区仍无法得到所有应得补偿款。汉江流域中上游地区经济发展长期落后也与下游补偿能力不足和调水区补偿不到位有关。该局面下，中央仍然将职权持续下放给地方。比如新安江流域生态补偿中，中央政府的财政拨款逐年减少，因而退出该项目的参与，将补偿职责完全下放到浙江省与安徽省政府。东江流域生态补偿中，由广东省和江西省政府承担补偿职责，中央政府仅根据江西省流域治理成果给予一定奖励。这种职权下放导致地方政府承担责任过重，并且进一步加剧了上下游之间的贫富差距，区际流域生态补偿合作自然无法形成长效机制。

（四）法律规制机制构建技术欠缺

由于我国并没有出台针对流域生态补偿的专门性立法，地方立法机构一直以来习惯于中央立法先行的立法模式。地方在中央立法的原则框架内，将中央立法规定进行细化形成地方法，独立立法意识和能力有所不足。尽管学术界对流域生态补偿法律机制构建研究颇多，但学术界研究成果在实践中得以体现往往还需要中央立法的主导。中央立法固然占据重要地位，但中央立法极其广泛的适用范围决定了其规定的宏观原则性，地方独立立法才能真正结合地方实际情况，制定出适用性更强的法律。因此，地方应注重法律人才的培养，重视地方立法环节，积极寻求针对具体流域的地方立法合作，共同治理流域生态环境。

除了立法技术有待加强之外，汉江流域当前法律规制机制构建缺乏配套的生态补偿技术体系，没有相应的技术体系，补偿过程中的"补多少""怎么补"等问题就没法得到妥善解决，法律机制构建自然也就无法健全。科学合理的流域生态补偿技术体系需要兼顾到补偿全过程。首先，流域资源产权界定需要清晰化，这样才能明确流域生态补偿各利益主体；其次，需要建立流域生态补偿核算体系，对流域的生态价值予以明确，并通过科学的测算方式对水流量、水增量、水质等的精准测算将生态价值具体化；再次，建立流域生态补偿标准体系，对补偿范围内的生态资源价值、流域治理和维护成本、发展机会成本等具体可行的计算方式进行统一；最后，建立流域生态补偿实时监测体系，综合评估流域生态补偿效果，包括流域生态治理成效、对流域之外环境的影响、补偿资金的使用情况等，确保流域生态补偿法律机制的高效运行。

（五）相关利益主体尚未完全纳入法律体系

汉江流域生态补偿相关立法中仅对政府协商、监管等职责加以规定，而对流域生态补偿中其他利益主体很少提及，这严重阻碍了流域生态补偿工作的实际开展。政府的决策也应当考虑到其他利益主体的诉求和意愿，否则决策可能难以被涉及人群认可和遵守，因此把相关利益主体纳入法律体系极为重要。事实上，对流域生态补偿中所涉及利益主体的学术研究已经相当成熟，只是还未能在法律中对利益主体的权利义务加以规定。

从理论上讲，流域生态补偿主体包括流域生态环境的破坏者和流域生态服务接受者，受偿主体则包括流域生态环境本身和流域生态服务者，具体体现为对政府、企业、社会组织、个人等在生态补偿过程中的利益进行分配。另外，补偿主体和受偿主体都可以同时作为监督主体履行监督职责。实际来讲，我国流域生态补偿市场化程度不足，流域生态补偿基本还是由政府主导，这也是当前法律体系中更多强调政府职责的现实原因。我国对流域生态补偿市场化探索从未停止，市场化流域生态补偿法律规制机制作为市场化流域生态补偿的关键配套措施，完全可以与市场化实践同步进行，适时将相关利益主体纳入法律体系。这种做法也有助于相关利益主体通过解读法律对流域生态补偿有更充分的认知，对自己的权利义务有更具体的了解，从而积极争取权利、履行义务，推动流域生态补偿市场化机制的完善，同时也能进一步完善相关立法。

第四节　流域生态补偿法律规制国内外实践

一、流域生态补偿法律规制国内实践

（一）新安江流域生态补偿法律规制实践

新安江流域是我国首个跨省流域生态补偿试点。21 世纪以来，我国经济快速发展，人类利用自然资源发展经济的同时也带来很多环境问题。党的十八大把生态文明建设纳入中国特色社会主义"五位一体"总体布局，国家更加重视生态环境保护，并开始着手治理流域环境。2012 年，中央出台了

《新安江流域水环境补偿试点实施方案》，在国家有关部委大力支持下，浙皖两省正式开始实施新安江跨省流域生态补偿，探索流域治理实践新路径。新安江流域主要流经安徽黄山、宣城和浙江杭州，安徽省处于流域上游，浙江省处于流域下游，浙江省经济发展明显好于安徽省，因此新安江流域生态补偿试点的开展具有现实的经济差距基础。

新安江流域生态补偿的第一轮试点期为三年，中央政府每年向安徽省拨付3亿元，用于新安江流域的治理，另外浙江、安徽两省分别出资1亿元先交由中央政府保管，浙江省与安徽省在中央协调之下达成流域生态补偿协议。其补偿标准为高锰酸钾、氨氮、总磷、总氮四项污染物指标和水质稳定系数、指标权重系数等，若一年后水质达到协议商定的补偿标准，则这两亿元全部拨付给安徽省，否则全部拨付给浙江省。三年过后，依据水质情况再商定新的补偿标准。第一轮试点期内，安徽省每年都达到了补偿标准，得到了浙江省的补偿金，而三年期满新安江流域生态环境明显好转，水质提升尤为明显。因此，两省再次通过中央政府协调开展了第二轮补偿试点工作。第二轮中浙江省和安徽省各自出资2亿元，而中央财政出资则从第一年的4亿元开始逐年递减，试图弱化中央参与，促进省际流域生态补偿的自主协商与合作，给我国其他流域治理提供省际生态补偿自主开展经验。截至2021年，新安江流域生态补偿已经圆满结束了三轮试点工作，较试点工作开展前补偿成果显著，新安江水质逐年提升，所在地区森林覆盖率显著提升；空气治理常年保持在优良水平，垃圾无害化处理技术先进且覆盖全面；船舶不再排放污水，而是通过改造的污水收集装置进行收集和处理；关停若干高污染企业，形成了高效可持续的流域生态保护体系。

在安徽、浙江两省开展流域生态补偿期间，双方不断认识到补偿过程中存在的问题，积极关注流域生态补偿相关学术进展和我国其他流域的补偿实践，通过协商出台若干规范性法律文件，充实和改善新安江流域生态补偿法律机制。例如，2020年黄山市人民政府办公室印发了《新安江流域水排污权有偿使用和交易管理办法（试点）》的通知，黄山市认识到仅靠关停企业来达到流域治理指标不是长久之计，鼓励实行排污权交易制度才能促使企业创新生产技术，在不影响经济发展前提下减少排污。2022 年，安徽省水利厅发布了《安徽省新安江流域水权交易管理实施办法（暂行）》，以期通过构建水权交易市场减轻政府负担，鼓励市场主体参与到流域生态补偿行动中，建立市场化流域生态补偿机制。

（二）赤水河流域生态补偿法律规制实践

赤水河是长江干流上游右岸的一级支流，因其中泥沙多导致河水呈现赤黄色而得名，赤水河流经云南、贵州、四川三个省份，其中在贵州省的流域面积达到了 59%[1]。为贯彻党的十八大生态文明建设精神，贵州省政府办公厅于 2014 年出台了《贵州省赤水河流域水污染防治生态补偿暂行办法》，确立了"保护者受益、利用者补偿、污染者受罚"的总原则，在毕节市与遵义市之间开始实施赤水河流域生态补偿。

不同于新安江流域生态补偿中对双方的补偿拨款都由政府进行，贵州省赤水河流域生态补偿在毕节市与遵义市之间开展双向补偿。即两市提前协商补偿标准为一年之后毕节市出境断面水质应当优于Ⅱ类水质标准，到时若水质达标，直接由遵义市向毕节市支付补偿资金，不达标则由毕节市向遵义市支付。另外，贵州省政府对流域沿线的其他县市进行管理，对每个县市的出境水质水量依据《地表水环境质量标准（GB3838-2002）》进行监测，若某县市污染物超过规定标准或是水量不足，该县市也应当缴纳补偿金，这些补偿金由贵州省财政根据流域环境治理情况统一支配。贵州省政府充分认识到仅以毕节市出境断面水质作为补偿标准不足以保持整个贵州境内赤水河的治理成果，除了上下游地区，流域沿线县市均有流域治理成果维护义务，以避免上游治理中游再污染的窘境。但是将赤水河沿线所有县市都纳入流域生态补偿主体范围并不现实，每个主体的权利义务太难厘清。因此，除上下游之

---

① 周春芳：《贵州省赤水河流域经济发展差异实证研究》，《现代商贸工业》2017 年第 11 期。

外的地区由政府进行纵向分别监管，提高了流域生态补偿可行性，也保证了流域生态环境保护的有效性。贵州省作为我国相对贫困省份，在其境内作出流域生态补偿的实践，是非常有意义的尝试，给一些需要同时发展经济和保护环境的省份提供了宝贵的流域治理经验。

二、流域生态补偿法律规制国外实践

（一）美国流域生态补偿法律规制实践

1.纽约市饮用水水质改善

由于纽约市饮用水微生物超标，且相应的净化过滤设施建设成本过分昂贵，纽约市政府从饮水来源地的流域上游入手，要求流域上游地区改变其水资源利用方式，政府出资购买他们的流域生态友好生产方式，并向这些企业和企业经营者支付一定的补偿金。纽约市政府的该举措不仅节省了成本，纽约市饮用水的水质也得到了大幅净化。可见跨流域生态补偿是低成本可持续改善流域环境的有效措施，值得将其作为一项法律制度确立下来。

2.美国营养元素交易制度下的排污权制度

美国法律中规定了排污权并允许市场主体进行排污权交易，每年赋予每个企业一定量的排污权，如果企业排污权有剩余，则可以将剩余排污权卖给有排污权需求的企业，从而在企业生产利润之外获得额外收入。相对应地，如果企业排污权不足，除非停止生产，否则就必须高价从政府或其他企业手中购买排污权来维持其生产活动。这种制度下，企业都会选择尽量环保的生产方式，积极革新生产设备和生产技术来减少排污，从而增加售卖剩余排污权获利或减少额外购买排污权开支，最终受益者是生态环境和人类。20世纪80年代，美国河流出现富营养化严重的问题，流域环境遭到严重破坏，为提高流域水质实行了营养元素交易制度，对企业每年向河流中排放的营养元素作出严格限制，并且可以将剩余可排放量进行交易。该制度的实施使美国河流富营养化现象很快得到极大改善，流域质量大幅提升。

（二）澳大利亚流域生态补偿法律规制实践

1.澳大利亚建设国家公园保护雪山工程水资源

澳大利亚政府出资在雪山工程的沿线修建了大量水库和科修斯科国家公园，出台法律规定该公园只能用于观光旅游不允许拓展其他产业，并且公园内坡度大于18度的斜坡被禁止耕种，同时对当地居民因被限制发展产业和耕种失去的发展成本给予补偿。这一系列措施实行以来，雪山工程各水库和输水河道、渠道的淤积量都极小，政府对流域的治理成效显著。雪山工程的水资源来源于墨累—达令河流域，该工程的主要受益者维多利亚州和新南威尔士州，经过与墨累—达令河流域委员会协商一致，由两个主要受益州承担87%的补偿费用，剩余则由联邦政府补偿。补偿费用除用于补偿雪山工程地区居民发展机会之外，还用于国家公园的修建、维护和墨累—达令河流域水资源生态保护。可见受益者补偿作为澳大利亚流域生态补偿资金主要来源，对水资源保护起到关键作用，因此，流域生态补偿法律规制中应当首先确立受益者补偿原则并对受益者的补偿责任予以明确。

2.澳大利亚马奎瑞河"灌溉者支付流域上游造林协议"

马奎瑞河上游地区居民的耕种和放牧行为，导致森林植被大量减少，土壤水分大量蒸腾，土地盐碱化严重，给下游需要引水灌溉的居民造成了不利影响。为此，下游地区的农场主们组建了食品和纤维协会，同上游的新南威尔士州林务局和上游土地所有者们共同制定了"灌溉者支付流域上游造林协议"。协议表明由下游的食品和纤维协会支付上游地区的植树造林等环境保护服务费用，而上游地区的林业局负责在上游种植脱盐植物、林木等，从而保护水质、避免盐碱化进一步加重。澳大利亚允许流域主体在没有政府参与的情况下自发形成具有法律效力的补偿协议，该协议执行下的生态补偿和流域治理都取得不错的成效。因此在流域生态补偿法律规制中应当允许市场主体之间自主展开流域生态补偿合作，鼓励地区之间就同一流域的生态治理达成跨区补偿合作。

（三）德国流域生态补偿法律规制实践

1. 德国巴伐利亚州调水工程

德国开展生态补偿的时间很早，已经形成了一套成熟的流域生态补偿模式。德国的流域生态补偿中，政府占据着重要地位，对于流域环境破坏给居民造成的不利影响，一般由政府直接给予补偿。另外，德国宪法中规定了财政平衡制度，政府可以根据法律规定的平衡支付标准直接从富裕地区向贫困地区进行转移支付，实现对贫困地区的补偿。因此，德国的流域生态补偿一般不需要担心资金或资金来源不足，大大减小了流域生态补偿的开展难度。德国巴伐利亚州政府全额建造了该调水工程，工程途经凯尔海姆、里登堡等地区，最后到达纽伦堡、克里根布隆地区。巴伐利亚州政府对该工程负主要管理和环保义务，途经地区协助州政府对流域环境进行保护，途经地区的流域环保行为由到达地通过平衡转移支付进行补偿。另外，该州政府在途经地区发展旅游业，允许该地居民利用农庄提供旅游休闲，提高了途经地居民的流域环保积极性。政府在流域生态补偿中的作用不可忽视，即使市场化逐渐深入，政府仍发挥着重要的统筹管理作用。因此，流域生态补偿法律规制中应当将政府作为首要主体并明确政府承担的宏观调控、沟通协调和财政拨款责任。

2. 德国易北河流域生态补偿

易北河是一条流经捷克和德国两国的河流，德国位于该河的下游地区。20世纪80年代，德国境内易北河流域污染极为严重，德国耗费了大量人力物力财力治理流域环境，但由于没有上游地区的配合而收效甚微。德国尝试与上游的捷克进行沟通，双方对流域治理的必要性达成一致，就减少向易北河无节制排污、采取措施提高水质以及对流域采取可持续绿色利用方式等达成共识，并且签订了流域补偿协议。由德国向捷克支付补偿资金，捷克对其国家的排污与河流污染行为进行管理，确保流向德国的水质水量符合双方的协议内容。对比德国之前投入的流域治理费用，向捷克支付的资金对于德国政府与民众来说都是减负，并且流域治理效果更为显著。

（四）其他国家流域生态补偿法律规制实践

1. 印度萨尔达萨瓦罗工程

印度萨尔达萨瓦罗工程建成之后，引发了一系列水陆环境污染问题。为解决该环境污染对民众产生的诸多不利影响，政府开始采取项目补偿措施进行治理。印度政府首先通过法律规定之后对该工程应当进行的一系列严格环境质量评估，其次规定由该工程所涉业主对不同区域内因该环境污染所受的损失进行补偿。除直接经济补偿之外，还包括植树造林、地下水补给等项目工程补偿，对所污染环境进行修复。另外，对于污染极其严重致使当地居民已经无法继续生存只能移民的地区，工程所涉业主需对其移民安置项目进行补偿。因该安置项目涉及移民民众较多，成立了专门的管理局对移民项目进行管理，管理局通过土地补偿、金钱补偿、住房补偿、社区补助等方式对移民进行安置。因此，除直接资金补偿之外，还应积极探索流域其他生态补偿方式，并将这些补偿方式也纳入法律规制机制中，保障经济落后地区的流域环境治理不再完全依靠中央财政拨款。

2. 哥伦比亚考卡河流域生态补偿基金

哥伦比亚法律中规定农场主用水要向流域管理公司缴纳固定的费用用于支付灌溉用水水费和管理公司的管理费，即使由于水资源短缺导致灌溉用水不足，该费用也不会减免。因此在灌溉用水不足导致粮食减产时，农场主会觉得这并不公平，即使减免一部分的水费，对于农场主来说仍然是亏损的，而流域管理公司又没有能力独自改变缺水状况。所以农场主们自行组织成立了灌溉者协会，提高每年给流域管理公司交的水费，希望将这些费用用于流域治理来改变缺水现状。流域管理公司将这部分水费单独列为一项基金，从这项基金中向上游地区支付流域保护补偿费用，从而保障了下游地区居民和农场主们的充足用水。生态补偿基金制度实质性帮助了考卡河流域生态补偿的顺利展开。因此可以通过在流域生态补偿法律规制中确立生态补偿基金制度帮助生态补偿基金制度得到普及并易于监管，拓展生态补偿资金的来源渠道。

第五节　汉江流域生态补偿法律规制机制完善

一、汉江流域生态补偿法律规制机制构建的基本原则

（一）生态优先原则

生态学最早是由德国著名自然科学家海克尔于 1866 年提出，该学科致力于研究有机体与其周围环境（包括非生物环境和生物环境）之间的相互关系，人类开始对我们赖以生存的生态环境有了概念。20 世纪末以来，环境污染和生态环境破坏问题愈发严重，生态学因此得到全球各国的重视，国家政策和立法也开始考虑到生态要素①。2016 年 1 月 5 日习近平总书记在推动长江经济带发展座谈会上指出，推动长江经济带发展必须坚持生态优先、绿色发展的战略定位，这不仅是对自然规律的尊重，也是对经济规律、社会规律的尊重。我国流域经济发展过程中不能忽视生态要素，流域经济发展必须建立在生态友好的基础上，"绿水青山就是金山银山"。

汉江流域生态补偿法律规制机制完善过程中，应当坚持生态优先原则。也就是说，生态补偿立法原则上应当兼顾生态利益和经济利益，但是实践中二者往往不能兼得，生态系统中的资源有限性决定了人们对生态环境的利用不是无限的，利用过程中难免涉及生态资源的分配，而生态资源的分配直接决定获得生态利益的多少，这就造成了很多利益矛盾和冲突。生态优先原则就是解决这类矛盾的基本原则，生态资源的分配应当以生态环境不被破坏和能被妥善治理为基础，保证在生态环境绿色可持续发展前提下开展经济活动。但是，生态优先也不意味着生态利益有着绝对压倒一切的优势地位，也只是在一定的限制范围内，毕竟生态利益与经济利益从来都不是对立冲突关系，二者为人类服务的目标一致，很多时候也是相互依存、依靠彼此得到更

---

① 刘伟：《落实双碳行动，共建美丽家园》，《环境科学与管理》2022 年第 6 期。

好发展。比如绿色 GDP 概念就是将二者进行结合，利用经济数据将生态利益具体化，鼓励人们通过保护生态环境获取经济利益，同时也为生态补偿市场化提供了现实基础。

流域生态补偿过程就尽显生态利益与经济利益的关系。为了避免上下游流域资源利用主体都一味追求经济利益、忽视生态保护对流域造成严重不可逆破坏，通过具有强制力的法律强调生态的优先地位，限制或禁止具有强生态破坏性的流域利用行为。在流域治理过程中，流域上游地区往往承担更重的生态保护责任，投入更多的治理成本才能获得生态利益，而下游地区则可以直接享受上游的治理成果，投入很少就能获取生态利益。因此，下游地区理应对上游地区进行补偿，来维持上游地区的流域生态保护行为，同时保证其自身能持续获取生态利益。也就是说，流域生态补偿是在上下游之间分配利益的有效举措，通过这种利益分配方式也保证了流域所在整体区域生态和经济的共同发展。

（二）利益协调原则

法律本质上就是通过平衡人类利益关系，消解矛盾，促进社会的和谐发展。中国传统观念认为，社会关系本身就是利益关系。不同于古代中国的垄断与权力结构，当代中国追求民主与公正，我国公民对各种资源享有平等的利用和管理权。但由于社会资源的有限性，必须通过法律对资源进行合理分配来协调人与人之间的利益，从而维持公正和谐的社会秩序。流域生态补偿就是在对流域上下游地区进行利益协调，在流域上游地区积极投入人力、物力、财力，牺牲发展机会用于流域生态保护导致利益损失明显较下游地区更多时，将流域下游地区获取的利益通过生态补偿向上游地区进行分配，使上下游的利益得以平衡，同时保障上游地区居民的生存发展①。

汉江流域生态补偿法律规制机制完善过程中，应当坚持利益协调原则。

---

① 张婷、赵怡琳：《长江经济带生态环境保护法律保障机制现状研究》，《法制与经济》2019 年第 8 期。

在立法和法律适用过程中，都应当对流域涉及的各主体利益进行全面考量，尽量使每个主体都在牺牲最小利益情况下获取最大利益，在这些主体之间制定共同的利益协调标准，来达成各主体之间的利益平衡状态。当上下游之间无法就流域生态补偿达成共识，二者利益都不能得到满足进而产生利益冲突时，就需要运用利益协调原则解决冲突，通过法律规制二者的利益关系，促成流域生态环境和经济社会的可持续发展。

（三）受益者补偿原则

随着我国经济快速发展和对生态环境保护的不断重视，人们对美好生活环境的需求不断上涨，对环境的保护从之前的被动局面转向主动局面，各地投入生态建设的服务费用也越来越庞大，给中央和地方财政造成巨大压力①。在这之前，我们普遍认可"污染者付费原则"，即由污染者负担对被污染环境的恢复费用。当前背景下，仅靠污染者付费完全无法覆盖环境保护的巨大成本，因此"受益者补偿原则"也开始被人们所接受，即生态服务受益者应当对生态服务提供者支付一定生态服务费，以确保自己可以持续享受高质量的生态服务。经历了生态环境从污染严重到经过治理之后的好转，生态环境的价值和保持价值被广泛认可，生态环境受益者也愿意对服务者给予补偿。

汉江流域生态补偿法律规制机制完善过程中，应当坚持受益者补偿原则。汉江流域上游地区花费巨额流域治理费用净化流域环境，在流域沿线植树造林，严格落实退耕还林政策，关停污染企业减少其对流域的污染等，牺牲经济发展进行流域生态建设，将高质量水资源通过南水北调工程送往北方，流域下游地区的生态环境也因此得到了改善。所以，调水区和流域下游地区是毋庸置疑的受益者。在流域上游地区仅靠污染者付费填补流域治理费用入不敷出、当地政府财政能力也有限的情况下，就有必要在法律中依据受益者补偿原则对调水区和下游地区的补偿义务作出规定，由受益者对生态环

---

① 李毅：《黄河流域横向生态补偿的理论解析与制度完善》，《西南林业大学学报（社会科学）》2022年第4期。

境治理者作出与其所得利益相匹配的补偿，保证流域上游地区能够持续开展流域治理活动，使汉江流域环境持续向好。

（四）科学合理原则

科学不仅包括获得知识的实践过程，也包括知识本身的正确性，一个科学的理论必然是符合逻辑的、是合理的，是可以在实践中被遵循实施的。合理即合乎科学的道理，二者常常被联合在一起作为人类活动需要遵守的科学合理性原则。

汉江流域生态补偿法律规制机制完善过程中，应当坚持科学合理原则。汉江流域生态补偿相关立法需要提前考察汉江流域地理位置、人文特点、居民支付意愿以及流域治理现状等现实要素并收集数据，为其中补偿主体、补偿范围、补偿标准以及法律责任等的确立提供科学合理的依据。其中，跨流域生态补偿中补偿标准的制定至关重要，涉及各方利益。如果没有科学合理的补偿标准，上游地区的投入成本、机会成本等可能无法得到足额补偿，下游地区和调水地区接受的生态服务也容易大打折扣，流域生态补偿无法达到预期效果[①]。对补偿范围的确定也应当有科学合理的依据，符合上游流域治理的现实情况，补偿方能接受对补偿范围内的项目进行补偿，补偿才能顺利进行。总之，法律规制的每个环节都应以科学合理原则为导向，才不会面临理论与现实脱节的局面，流域生态补偿相关立法才能在实践中实际被遵守，真正约束流域生态补偿的各参与主体，流域生态环境也才能得到全面维护。

（五）多方参与原则

多方参与原则是指除了国家和政府之外，流域生态补偿涉及的企业、事业单位、社会组织、公民个人等都可以依法参与到生态补偿活动中来，对流

---

① 才惠莲：《我国跨流域调水生态补偿制度的完善》，《中国行政管理》2013年第10期。

域生态补偿进行监督和管理，同时也能够及时维护自身权益①。多方参与原则也符合民主原则，各主体平等参与流域生态治理，人民更能意识到自己在社会中的主体地位和相关权利，也更能积极参与流域生态环境的保护。

汉江流域生态补偿法律规制机制完善过程中，应当坚持多方参与原则。市场化流域生态补偿本身就强调补偿主体多元化，参与主体多元化也意味着主体利益多元化，利益相关者可以通过协商厘清各自利益，然后通过各种意见表达途径提高法律的利益协调能力和法律适用过程中的公正性和合理性。流域生态补偿立法中，应当充分考虑到补偿中涉及的多元主体并分别对补偿主体、受偿主体和监督主体的权利义务予以明确，流域下游或者调水区等接受流域生态利益地区的政府、社会组织、居民等作为补偿主体履行补偿义务，取得优质流域资源的使用权；流域上游等流域生态环境保护地区的政府、社会组织、居民等作为受偿主体履行流域治理义务，取得接受补偿款的权利；作为补偿主体或受偿主体的同时，这些主体都有资格成为监督主体对流域生态补偿进行监督，通过直接表达自己的利益诉求或者成立专门的监督机构参与监督，确保流域生态补偿款项专款专用，流域生态环境真正得到改善。

二、完善汉江流域生态补偿相关政策及法律体系

汉江流域生态补偿相关政策及法律体系的完善需要协调中央与地方立法，形成纵向与横向双重完备的法律体系。

（一）在《环境保护法》中确立流域生态补偿的地位

《环境保护法》作为"环境宪法"在环境生态保护法律体系中居于核心地区。我国生态补偿立法一直以来都过于分散，《环境保护法》中对生态补偿的规定，有利于生态补偿法律体系的完善。我国流域面积广阔，流域生态环境辐射广泛，流域生态补偿作为流域环境保护的重要手段，对环境保护而

---

① 才惠莲：《我国跨流域调水生态补偿制度的完善》，《中国行政管理》2013 年第 10 期。

言意义重大，因此可以在《环境保护法》中增加对流域生态保护的规定，助力流域生态保护法律体系的完善。

（二）对水资源保护相关的单行法作出修订

1. 在《水法》增加流域生态补偿并明确界定水权

当前《水法》缺乏对流域生态补偿的直接规定，因此水资源使用主体对水资源价值不够重视与认可，制约了流域生态补偿的实际工作开展。另外，水权界定对流域生态补偿能否合法进行水权转让至关重要。当前《水法》仅规定了取水权，并没有明确水权。取水权和水权具有明显区别，取水权不能作为市场水资源交易的合法依据，导致流域生态补偿市场化受阻。因此，有必要在《水法》中明确水权，从而促进水权转让合法有序进行，加快市场化流域生态补偿制度构建。由于流域生态资源有限性，当前经济快速发展背景下只有确立水资源有偿取得制度才能更好地进行流域生态保护①。

2. 在《水污染防治法》中增加受益者补偿原则

《水污染防治法》在2017年的修订中完善了污染者付费原则，规定对于污染者因其违法排污行为造成的污染，由相关部门指定有治理能力的单位代为治理，所需费用由违法者承担。实践中，这种惩罚性付费并不足以支付其所污染环境的修复费用。为了保证流域生态环境得到持续治理，受益者补偿原则的确立势在必行。人类对流域环境的利用造成的污染已经超出了流域的自我净化能力，如果不对流域进行人为治理，流域污染会愈发严重最终影响到人类生活。而流域治理服务理应从流域生态受益者处得到补偿，在权威法律中增加受益者补偿原则，规定生态服务受益者的补偿义务，才能确保生态服务者真正得到补偿。

3. 健全其他法律中的生态补偿相关规定

首先，在行政法中完善对流域生态补偿的程序保障，防止政府权力滥

---

① 才惠莲：《我国跨流域调水生态补偿法律体系的完善》，《安全与环境工程》2019年第3期。

用，确保流域生态补偿合法有序展开。比如，由政府履行补偿义务时，可以由受偿方向行政主体提出补偿申请，由行政机关对其提交的补偿材料进行严格的书面或实地审查，经过审查核实后，报上一级复核并报财政部门备案，最后将作出的决定通知申请人。

其次，在《民法典》中对水权转让作出许可。《民法典》物权法中规定了水资源所有权归国家所有，水资源所有权和使用权可以分离。可以在民法典中进一步对水资源使用权的转让予以许可，允许市场主体自发进行水资源使用权交易，为流域生态补偿市场化机制构建创设法律基础。

最后，在刑法中拓展对环境法益的保护。环境犯罪中除侵犯人身和财产法益需要承担法律责任之外，对环境法益保护方式也可以增加刑事处罚，提高环境犯罪成本，更加有效预防环境犯罪的发生。

4. 推进《生态补偿条例》的出台

我国于 2010 年开始起草《生态补偿条例》，历经三年形成了包括生态补偿定义、范围、原则、机制和法律责任的草稿，之后由于生态补偿法律关系过于复杂，立法工作停滞不前。经过 10 多年的理论研究和实践探索，其包含领域的生态补偿实践都取得巨大进展，立法条件更为成熟，推进该条例出台各项条件已经具备。《生态补偿条例》应当考虑继续推进，并在条例中对流域生态补偿单独设章，对流域生态补偿中的补偿主体、补偿标准、市场化补偿制度、补偿监督机制等作出一定程度的具体规定，指导流域生态补偿具体实践，推动流域生态补偿专门性立法的出台。

5. 对流域生态补偿进行专门立法

首先是中央专门立法，对流域生态补偿中应当共同遵守的法律要素作出规定，对地方专门性立法的共同经济、社会和生态目标，各主体权利边界等进行统一。其次针对汉江流域进行专门立法，我国流域生态各不相同，流域涉及主体的补偿意愿、补偿能力也有差距，因此对具体流域进行专门性生态补偿立法十分有必要。汉江流域生态补偿专门立法可以由其所涉及的陕西省、湖北省、河南省以及南水北调的调水区政府共同制定，对补偿主体、补偿范围、补偿标准、相关法律责任、市场化流域生态补偿机制构建等达成一致并以法律形式确定下来，形成适用于汉江流域涉及所有区域的流域生态补偿法律，保障汉江流域生态补偿长效机制的建立。

三、以法律形式确立多元化的汉江流域补偿方式

在汉江流域生态补偿专门性立法中，应当对水权及市场化流域生态补偿制度、流域排污权交易补偿制度、流域生态"造血式"补偿制度、流域纵向和横向结合的补偿模式予以确立，从而解决汉江流域生态补偿中存在的法律规制与实践脱节、区际法律规制合作面临困境等问题。

（一）以法律形式确立水权及市场化流域生态补偿制度

水权包括对水资源的所有权和使用权，水权生态补偿是流域生态补偿市场化的重要内容，是将水资源所有权和使用权在市场中自由交易实现补偿目的的制度。汉江流域作为南水北调中线工程的重要输水区，为满足调水工程的水质要求，流域上游地区牺牲本地的经济发展致力于开展流域生态环境保护工作，政府补偿和现有流域生态补偿甚至无法覆盖其流域治理费用，更不用说对其牺牲的发展机会成本的补偿。以法律形式确立水权有助于汉江流域生态资源保护者通过水权交易获得补偿，减少经济损失，确保其对流域生态开展长效保护。市场化流域生态补偿，是指流域利益主体作为市场主体通过水权交易达到补偿效果。市场化流域生态补偿的前提是法律对流域资源和流域生态服务的价值予以确认并允许市场主体对流域使用权进行交易。水权转让过程中，水的价格不仅包括流域生态保护工程的建设费用，还包括水资源本身的生态价值费用。马克思主义理论认为劳动创造价值，以往而言，水资源作为自然资源，人类享有免费使用的权利。但是随着经济发展，人类需要付出劳动去保护水资源来协调经济发展与生态保护之间的关系，因此当前水资源因为人类劳动的植入而拥有了价值。水资源使用应当开始付费，市场化流域生态补偿制度应当在法律中加以确立。不过，市场化生态补偿制度的相

关立法，政府仍然是重要主体。当前流域生态补偿市场化程度较弱，民众对水资源价值认同度不高，流域生态服务者很难以理想交易价格与用水者达成交易，也不宜通过立法直接规定高价水权转让费。因此，政府的补偿仍然是不可或缺的。

（二）以法律形式确立流域排污权交易补偿制度

从我国现有的一些排污权交易相关成功实践不难发现，排污权交易制度在流域环境保护和生态补偿领域发挥着一定的积极作用。流域排污权是人类在利用流域自然资源过程中享有的排放在该过程中产生的废弃产物的权利，但是由于流域本身有限的自净能力，如果对排污行为不加以限制，将导致流域承受超过自身能力的净化压力从而出现不可逆的污染，因此在流域治理过程中不能忽视对排污权的规制。流域排污权交易是流域生态补偿市场化的表现形式之一，通常需要政府参与，由政府确认排污权的价值，并对各排污主体的排污权进行界定。各排污主体均享有一定的年免费排污量，排污量有剩余则可以在市场中将剩余排污量出卖从而获利，而排污需求量大的主体便需要从其他主体手中购买排污量来实现合法排污。汉江流域生态补偿立法中应当确立流域排污权交易补偿制度，对汉江流域排污权交易价格提出明晰的指导意见，作出必要的原则性规定，但不宜过分细化。交易价格应当接受市场的实时调控，流域排污权交易才能常态化进行。此外，对汉江流域排污权交易过程的监管也必不可少，应当在相关立法中明确政府的监督职责。政府通过设立交易平台对市场交易行为进行管控，及时将交易信息公开，并与汉江流域生态保护或者流域生态补偿相关部门合作监管，确保流域排污权交易可以达到预期的生态效益。同时，公众的知情权与监督权也应当法定化，从而畅通公众监督渠道，确保政府对公众监督的即时回应。最后，应当在立法中对汉江流域排污权交易中涉及主体的法律责任予以明确，对政府渎职和排污权交易过程中的经济纠纷确立合理的奖惩制度，确保汉江流域排污权交易制度的完整性，也鼓励市场主体积极参与到流域排污权交易中来。

（三）在汉江流域生态补偿专门性立法中对"造血式"补偿作出规定

"造血式"补偿是指不直接向受偿方进行经济补偿，而是通过对受偿方实行技术共享、政策优惠等帮助其持续创造经济价值。汉江流域生态补偿专门性立法是由汉江流域利益相关省份共同制定，因此可以将可行的"造血式"补偿方式以法律形式确立并对其规定一定的法律责任，来弥补这种补偿方式存在的见效慢、周期长和不确定性大等缺点。"造血式"补偿是对政府直接补偿和市场流域生态补偿的重要补充。对于汉江流域，技术和政策优惠政策可以适用于汉江流域中生态友好经济作物和林业种植如茶叶种植等，通过当地政府将种植技术带向种植区，增加作物产量和质量，从而提高经济收入。或者在当地提供政策优惠吸引企业家承包经营，增加居民收入的同时也给当地居民提供就业机会。还可以通过工厂异地经营进行"造血式"补偿，即将汉江流域一带关停企业在政府组织下集中搬迁到政府规划区，对企业实行税收等优惠，帮助其升级生产技术减少排污。这种方式可以挽回部分当地经济损失，也给当地居民提供更多就业机会。"造血式"补偿是通过恢复当地部分经济发展能力，来改变其仅靠补偿款得不到足够补偿的局面，对当地居民来讲是能实际改善生活状况的补偿方式，因此在法律中对其进行明确是有实际意义的。

（四）以法律形式确立对汉江流域纵向和横向结合的补偿模式

对汉江流域的纵向补偿表现为由中央政府对汉江流域的纵向财政拨款，而横向补偿表现为下游地区对上游地区的补偿或者调水区对被调水区的地方政府间的补偿。当前汉江流域生态补偿实践中，对上游地区和调水区的补偿主要依靠中央政府的纵向拨款，地区之间的横向补偿仍有所欠缺。造成该局面的主要原因之一便是缺少流域涉及区域政府所共同认可和遵守的法律规范文件，各区域的补偿行为得不到统一的指导从而难以达成补偿协议。因此，应当以法律形式确立对汉江流域纵向和横向结合的补偿模式，将横向流域生态补偿在汉江流域生态补偿立法中予以明确。汉江流域各地方政府应当在中央流域生态补偿政策基础上，共同作为立法主体承担协同立法的责任，理顺并明确地方政府各自应当承担的补偿责任或流域治理义务，并对具体实施环境保护、治理成果检验、补偿款项拨付与接收等的相关部门责任与奖惩方式加以明确，共同建立跨区域交流协商和水质考核平台并明确其法律地位，改变当前区域分别单独立法造成的可操作性不强、补偿效果不显著等局面。继而在汉江流域生态补偿专门性立法指引下，结合当地实际情况自发协商达成流域生态补偿合作，由流域生态受益地区对流域治理地区进行补偿，形成纵向和横向结合的补偿模式。

四、加强对汉江流域生态补偿管理体制的法律规制与保障

汉江流域生态补偿的有序开展需要建立完备的流域生态管理体制，保障流域生态补偿工作开展的合法性、合理性，而将这些机构的职责在法律中予以明确，加强对汉江流域生态补偿管理体制的法律规制与保障，能够确保相关机构充分依法履行职责。

（一）设立流域生态补偿管理机构并明确其法律职责

应当在汉江流域生态补偿各补偿主体所在地区设立权威且能保持中立的流域生态补偿管理机构，接受政府指示，并且定期汇报生态补偿成果。不同地区也可以通过流域生态补偿管理机构实现信息交流，更好地保障流域整体的治理成效。该机构具有纯公共性，完全独立于地方经济利益，其运行费用从国家或者流域有关公共财政中支付。该机构还应有能力综合考量流域不同地区的经济结构和各主体利益，对生态补偿工作及时作出调整。应授予该机构一定的决策甚至执法权力，使其有权对流域进行整体的管理与监督，制定补偿标准以及补偿过程中涉及的具体规则，指导流域生态补偿工作的有序进行，对区际政府流域生态补偿或者市场流域生态补偿中的书面协议进行初步审查与备案，但不得干涉协议达成双方的市场补偿行为。

（二）培育汉江流域监测团队

针对汉江流域监测团队的建设，需依托于科学的培训体系，不断提高监测人员的专业技能与综合素质。这包括但不限于对监测技术、数据分析、环境评估等方面的系统培训。通过实地操作与理论学习相结合的方式，确保监测人员能够准确掌握各项监测任务的执行方法，以及对监测数据进行有效分析。对于汉江流域的水质、水量及生物多样性监测，应采用科学合理的监测方法，确保监测数据的准确性与有效性[①]。监测结果应依据量化指标进行分析，以确保监测过程的科学性与客观性。在此基础上，根据国家及地方相关法律法规的规定，对生态补偿资金进行合理计算，确保补偿标准的公正性与合理性。通过汉江流域生态补偿管理机构，实现监测信息与补偿计算结果的共享。这一过程不仅需要高效的信息传递机制，还需确保信息的准确性与透明度。通过公开透明的信息共享机制，可以有效提高公众对生态补偿工作的认知度与信任度，同时也有助于提升生态补偿机制的执行效率与公信力。

（三）明确汉江流域补偿资金管理部门的法律职责

由于流域生态补偿涉及资金数额巨大，因此对补偿资金的监管至关重要。应当设立汉江流域补偿资金管理部门，对政府的财政拨款从资金审批到资金发放全过程进行监督。政府拨款需提前向资金管理部门提出申请，由资金管理部门进行审批并对该款项的补偿条目进行备案，并且全程监督其专款专用。流域生态管理部门则应当由地方人大直接管辖，避免补偿过程中的贪污腐败。当然，除内部监督之外，公众的外部监督也必不可少，流域生态补偿地方政府应当将补偿资金的数额和对应用途明细通过报刊、政府官网、社交媒体等进行公示，接受群众监督。

---

① 闫云君、李德旺、刘华北等：《关于规划建设"长江流域生物物种资源（含基因）库及生态环境保障设施"调查结果与建议》，《华中科技大学学报（自然科学版）》2022年第10期。

五、完善公众参与的法律保障机制

汉江流域生态补偿最终的受益者是广大公众，汉江流域主体之间的利益协调最终体现为对公众利益的分配，因此，公众的知情和参与重要性不言而喻。在汉江流域生态补偿开展前期，应当开展大规模科普宣讲。公众对流域生态补偿这种专业术语知之甚少，通过宣传教育，将流域生态补偿的流域生态保护目的和作用机制向公众阐明，并让公众了解其在补偿中的主体地位，以及享有的权利和义务，提高其参与到流域生态补偿中的积极性。在流域生态补偿的开展过程中，流域生态补偿相关利益主体都有权参与所有程序，除非涉及法定需要保密的情形。并且这种参与应当是深层的，参与主体应被法定允许作为公益诉讼主体提起公益诉讼，从而对汉江流域生态补偿中的公共机构或者其他补偿主体进行加强监督。因此，需要在法律中对公众参与途径予以明确，确保公众的发声途径畅通，并且公众发声能有专门的政府机关给予及时答复，保证公众能真正参与到流域生态补偿中来。

·典型案例·

案例 1　湖北省人民检察院汉江分院督促整治水土
　　　　流失行政公益诉讼案

【基本案情】湖北省仙桃市地处江汉平原，常年雨水充沛，年均降雨达 1100mm 以上，境内河网密布，《湖北省水土保持规划（2016—2030 年）》划定仙桃市全境属于水土流失易发区。2019 年至 2022 年，仙桃市 312 家生产建设单位未严格依法履行水土流失防治义务。存在未依法编制水土保持方案、未依法缴纳水土保持补偿费、未严格落实防治水土流失措施等违法行为，严重影响水土流失防治，降低了生态系统水土保持功能，损害了国家利益和社会公共利益。

【诉讼及处理情况】 湖北省人民检察院汉江分院（以下简称"汉江分院"）依托"河湖长＋检察长"机制发现本案线索，经初查，于 2023 年 7 月 18 日以行政公益诉讼立案。经调查查明，2019 年至 2022 年，仙桃市 309 家生产建设单位未依法缴纳水土保持补偿费达 1400 余万元。其中，编制水土保持方案但未缴纳水土保持补偿费企业 50 家；既未编制水土保持方案又未缴纳水土保持补偿费企业 259 家（其中 93 家企业因建设项目低于 0.5 公顷无须编制水土保持方案）。另经实地调查，还发现 3 家企业开工建设中存在未采取剥离表土，未建设挡土墙、临时排水沟、沉砂池，未及时对裸露泥土上盖等落实防治水土流失措施不到位问题。因各行政机关执法信息共享不畅，相关部门未及时移送费源信息，致使税务部门未及时征缴水土保持补偿费。根据《中华人民共和国水土保持法》《水土保持补偿费征收使用管理办法》等相关规定，仙桃市水利和湖泊局对辖区内水土保持违法行为负有监管职责。

2023 年 7 月 26 日，汉江分院向仙桃市水利和湖泊局发出检察建议，督促其依法全面履职，严格监管境内开工建设项目水土保持方案编制、水土保持措施的落实，并及时向税务部门移送水土保持补偿费费源信息；对税务部门经催缴未征收到位的，应当依照《中华人民共和国水土保持法》第 57 条的规定对违法行为人作出行政处罚。

2023 年 9 月 20 日，仙桃市水利和湖泊局书面回复称：已责令并督促 3 家未采取防治水土流失措施的企业整改到位。已责令 166

家企业依法编制水土保持方案，待方案审批后补缴水土保持补偿费。对无须编制水土保持方案和已编制水土保持方案但未缴纳水土保持补偿费的143家企业进行普法宣讲、释法说理。其中，相关企业主动缴纳300余万元水土保持补偿费；对未主动缴纳的，移送水土保持补偿费费源信息60余条至税务部门；对拒不缴纳的企业立案调查2家，行政处罚1家。

2024年1月10日，汉江分院跟进监督发现，仙桃市水利和湖泊局已责令上述309家单位中166家企业的133个项目编制水土保持方案，欠缴的1400余万元水土保持补偿费被全部征缴到位。同时，仙桃市水利和湖泊局征缴新增水土保持补偿费947.66万元，现场监督检查并责令75个未完工建设项目严格落实防治水土流失措施。

针对相关信息衔接不畅等问题，汉江分院延伸办案职能，推动相关部门共享执法数据，助力破解行政机关之间的信息壁垒，确保生产建设单位依法履行水土流失防治责任。

【评析及思考】做好水土保持工作，对汉江流域水土流失防治和生态环境保护意义重大。人民检察院在履职中发现因行政机关履行监督管理职责不到位，致使生产建设项目未依法编制水土保持方案、未缴纳水土保持补偿费等违法行为对公共利益造成损害。针对生产建设单位不依法履行水土流失防治责任的问题，检察机关积极督促行政机关依法履职。同时，延伸检察职能，通过协助行政机关完善水土保持监测信息互享，构建水土保持工作互联互通新格局，进一步扩大监管效果，全面提升生态系统水土保持功能。本案主要表现出四个方面的典型特点：一是法律依据明确。本案依据相关环境保护法律法规，明确了行政部门在防治水土流失方面的职责和义务，为检察机关提起公益诉讼提供了坚实的法律基础。二是检察机关积极作为。汉江分院充分发挥法律监督职能，主动介入，通过调查取证，准确把握案件事实和法律适用，督促行政部门依法履职。三是维护公共利益。通过公益诉讼，促使行政部门采取有效措施整治水土流失，保护了当地的生态环境，维护了社会公共利益。四是推动依法行政。此案对行政部门起到了警示和督促作用，有助于推动其依法行政，提高行政管理水平和效率。

案例 2　汉阴县人民检察院督促整治水土流失行政公益诉讼案

【基本案情】2022 年 5 月，入驻陕西省安康市汉阴县汉阴经济技术开发区的 14 个生产建设项目单位已全部开工建设。截至 2023 年 10 月，汉阴经济技术开发区已完成基础设施建设，但尚未编制水土保持区域评估报告，未明确水土流失防治的任务和责任主体，14 个生产建设项目单位仍未缴纳水土保持补偿费，影响了区域水土流失防治工作进展和生态环境的改善，侵害了国家利益和社会公共利益。

【诉讼及处理情况】汉阴县人民检察院（以下简称"汉阴县检察院"）在开展水土保持补偿费征收监管专项法律监督中发现该案线索，于 2023 年 10 月 24 日立案。通过全面调取相关数据进行分析比对，查阅各生产建设项目水土保持方案，并实地走访，查明了上述案件事实。根据《中华人民共和国水土保持法》《陕西省水利厅关于推行水土保持区域评估工作的意见》等相关规定，汉阴县域内开办生产建设项目的单位应当编制水土保持方案，并依法缴纳水土保持补偿费，汉阴县水利部门和汉阴经济技术开发区管理委员会对此负有监管职责。2023 年 10 月 31 日，汉阴县检察院向汉阴县水利部门提出检察建议，督促其依法履行职责，责令各生产建设项目限期足额缴纳水土保持补偿费，做好水土保持工作，切实保护好水土资源。针对汉阴经济技术开发区未开展水土保持区域评估、未编制水土保持区域评估报告问题，向汉阴经济技术开发区管理委员会提出检察建议，督促其依法开展水土保持区域评估，切实履行区域水土流失防治督促管理职责。

收到检察建议后，汉阴县水利部门立即安排专人负责整改落实，对汉阴县经济技术开发区内 14 个开办生产建设项目的单位欠缴的水土保持补偿费进行催缴，并对县域内建设项目缴纳水土保持补偿费情况加大监管力度；汉阴经济技术开发区管理委员会立即开展水土保持区域评估，科学编制水土保持评估报告并报同级人民政府水行政主管部门审批，同时督促入驻企业履行好水土流失防治责任和义务。

2023 年 12 月，经汉阴县检察院跟进监督，汉阴经济技术开发区已编制水土保持区域评估方案，综合提出水土流失总体防治目标和水土保持措施体系，明确了区内项目水土保持工作要求，并督促园区入驻企业按照经批准的水土保持方案采取水土流失预防和治理措施，共完成园区绿植草坪覆盖面积达 38039 平方米，栽植乔木等 197 株，完善了排水涵管等工程措施。园区内 14 家开办生产建设项目单位已全面履行缴纳水土保持补偿费的法定义务，全县 19 个开办生产建设项目单位（含园区内 14 个开办生产建设项目单位）共缴纳水土保持补偿费 103.14 万元。

【评析及思考】汉江流域内生产建设活动水土保持防治措施不

到位，影响水土流失防治工作进展和生态环境的改善。检察机关依法能动履职，坚持问题导向、源头治理、综合施策，督促行政机关及时追缴水土保持补偿费，同步推动工业园区开展水土保持区域评估，形成从个案监督到综合治理的监督模式，坚决守住自然生态安全边界，助力汉江流域生态环境保护。从法律层面来看，此案彰显了公益诉讼在环境保护领域的积极作用。通过法律手段，明确了相关行政部门在水土流失防治工作中的责任和义务，为后续的整治工作提供了明确的法律依据。在社会影响方面，该案件引起了社会各界对水土流失问题的关注，增强了公众的环保意识。同时，也向其他可能存在类似问题的地区和部门敲响了警钟，起到了一定的警示作用。从行政履职角度分析，检察院的督促促使行政部门更加重视自身职责，积极采取有效措施进行整改，提高了行政效率和执行力。这对于推动行政部门依法履职、加强环境保护工作具有积极的促进作用。

第六章　环境犯罪问题研究

第一节　我国环境犯罪的立法情况及完善建议

在深入推进法治化生态文明建设的背景下，将生态文明建设融入法治化轨道，"用最严格的制度、最严密的法治保护生态环境"[1]，已经成为加快生态文明建设步伐的根本途径。在国际视野中，通过刑法手段惩处环境犯罪，以此促进环境法治化进程，已成为环境法治化建设中不可或缺的重要环节，从而催生了形态多样、内容丰富的环境刑法体系。在此过程中，对环境犯罪行为进行恰当的类型化处理，已经成为环境刑法发展的关键所在。

环境刑法的发展，不仅体现了对环境犯罪行为的法律制裁和惩处，更是通过法律手段对环境保护的一种积极推进。随着生态文明建设的不断深入，环境刑法的角色愈加凸显，其通过明确界定环境犯罪的法律责任、加大对环境违法行为的惩处力度，有效遏制了环境破坏行为，保护了生态环境的健康与安全。因此，将环境犯罪的类型化作为环境刑法发展的一个关键点，不仅有助于准确界定环境犯罪的范围和性质，更有助于通过法律手段实现对环境犯罪的有效打击，从而为生态文明建设提供坚实的法治保障。在新时代的背景下，继续深化环境法治化建设，完善环境刑法体系，对于推进生态文明建

---

[1]　《习近平谈治国理政》第二卷，外文出版社 2017 年版，第 396 页。

设、实现人与自然和谐共生具有重要意义。环境犯罪，即一切污染环境与破坏生态的犯罪，从规范性层面来讲，主要是指刑法（实质意义上的刑法）所规定的各种污染环境与破坏生态的犯罪①，在我国主要是指刑法分则第六章第六节规定的"破坏环境资源保护罪"。

一、我国环境犯罪立法分类的形成与演进

（一）环境犯罪立法分类的初步构建

纵观我国刑法立法的沿革，环境犯罪的法律规范最早见于 1979 年颁布的《中华人民共和国刑法》（以下简称《刑法》）。在该法律文件中，第 128 条至第 130 条明确规定了三项环境犯罪，标志着新中国环境刑法立法的初步建立，亦是其发展历程中的关键一环。这三项犯罪被纳入《刑法》分则第三章"破坏社会主义经济秩序罪"之中，从其在刑法体系中的定位及其系统性地位来看，其立法初衷主要在于保护经济利益；就行为对象而言，其均侵害自然资源。无论是从法律形式还是实质内容来看，这三项犯罪均可归类于破坏自然资源的犯罪之列。因此，尽管《刑法》中尚未对环境犯罪进行明确分类，但从内涵来看，当属环境犯罪的范畴。

在《刑法》颁布实施之后不久，为解决基本生存需求而遭到破坏的生态环境并未见到预期的恢复，相反地，随着工业化的快速推进，环境污染问题开始显著增加，整体环境状况日益恶化。面对这一严峻形势，国家最高立法机构采取了积极措施加强环境犯罪的法律治理，陆续出台了一系列旨在保护海洋、水资源、森林、渔业、矿产资源、野生动物及大气等领域的专门性环境法律，以及针对固体废物污染和环境噪声污染的专项法律。在 1979—1989 年间，更是两次制定并颁布了环境保护的基本法律。这些环境法律大多数都明确了罪刑规范，形成了具有一定规模的环境附属刑法体系。通过环境附属刑法的立法，不仅使第一代环境犯罪的界定得到进一步的扩充，更值

---

① 苏永生：《环境犯罪的独立性和体系性建构》，《中国地质大学学报（社会科学版）》2018 年第 5 期。

得关注的是，出现了以水体、大气等为污染对象，以及由固体废物污染引发的重大事故为特征的第二类环境犯罪——污染环境类犯罪。此外，《海洋环境保护法》《渔业法》《矿产资源法》以及《环境噪声污染防治法》等环境保护专项法律在其"法律责任"章节中均设立了刑事条款。尽管这些刑事条款没有规定新的罪刑规范，但它们属于指示性规定，为环境附属刑法的进一步完善提供了基础。特别是 1984 年《水污染防治法》第 43 条的创设，象征着我国环境犯罪立法在理念上的二元分化。

随着环境问题的日益严峻，我国立法机关通过制定和完善环境附属刑法，对环境犯罪进行了更为严格的规范和治理，体现了国家对环境保护的高度重视和坚定决心。这些法律的颁布实施，不仅为环境犯罪的预防和打击提供了法律依据，也为保护和改善我国的生态环境奠定了坚实的法律基础。

在《刑法》实施期间，环境刑法立法在我国刑法体系中的地位相对较为边缘。具体而言，该时段内我国最高立法机构陆续出台了二十余项特别刑法，然而，专门针对环境犯罪的特别刑法仅有一部，即 1988 年 11 月 8 日第七届全国人民代表大会常务委员会第四次会议通过的《全国人民代表大会常务委员会关于惩治捕杀国家重点保护的珍贵、濒危野生动物犯罪的补充规定》（以下简称《补充规定》）。该《补充规定》与我国首部《野生动物保护法》几乎同期颁布，从立法内容上看，仅将非法捕杀珍贵、濒危野生动物定性为刑事犯罪，并规定了最高可达七年以下有期徒刑或拘役，可单独或并处罚金的刑罚。此类犯罪的行为人通常出于获取非法经济利益的目的而实施犯罪，而立法的主要目的在于保护生态平衡，体现了立法者对生态环境保护的重视。

尽管《补充规定》的出台在一定程度上填补了我国环境刑法保护的空白，但从整体上看，环境刑法立法在我国刑法体系中仍显不足。这一现象反映出在当时，相对于其他类型的刑事犯罪，环境犯罪并未得到充分重视。随着社会的发展和人民生态环境保护意识的提高，对环境犯罪的立法和执法力度亟需加强，以更有效地保护生态环境，维护生态平衡。此外，环境刑法的进一步完善还需结合实际案例，不断优化立法内容，提高环境犯罪的惩治力度和防范能力，从而更好地适应新时代对生态文明建设的要求。

综观我国环境法律法规的发展历程，尤其是自 1984 年《水污染防治法》正式颁布前后的变化，可以明显观察到环境犯罪类型的演变与扩展。在该法律颁布之前，我国环境犯罪的类型相对单一，主要集中在对自然资源的破坏上，即所谓的破坏资源类犯罪。这反映了早期环境保护法律法规的侧重点主要在于保护自然资源，而对环境污染的关注相对较少。

随着 1984 年《水污染防治法》的颁布，我国环境保护法律体系迈入了一个新的阶段。法律的颁布不仅标志着对水资源保护的重视，也为环境犯罪的类型提供了更为广泛的定义。进一步地，到了 1988 年《补充规定》的颁布，环境犯罪的范畴得到了进一步的扩展。除了原有的破坏资源类犯罪外，立法者通过附属刑法的形式，增设了污染环境类犯罪，从而将法律的保护范围扩展到了对环境污染的打击上。

《补充规定》的颁布，更是在环境犯罪的类型上作出了进一步的补充与完善，特别是增加了破坏生态类犯罪的类型。这表明，随着社会的发展和环境保护意识的提高，立法者开始更加全面地考虑环境保护的需要，不仅仅是针对传统的资源破坏和环境污染，还包括了对生态平衡的保护。

因此，可以看出，在《刑法》施行的背景下，我国环境犯罪的立法分类已经形成了较为完善的三分法结构，即破坏资源类犯罪、污染环境类犯罪和破坏生态类犯罪[①]。这种分类不仅体现了环境保护法律法规的发展与完善，也为有效打击和预防环境犯罪提供了法律依据，进一步促进了我国环境保护事业的发展。

(二) 环境犯罪立法分类体系的基本形成

在 1997 年修订的刑法中，针对环境犯罪的规定经历了显著的整合与强化。该次修订在刑法分则中新增了专门针对环境犯罪的章节，即第六章"妨

---

① 苏永生：《我国环境犯罪的立法分类问题研究》，《武汉科技大学学报（社会科学版）》2023 年第 6 期。

害社会管理秩序罪"的第六节，名为"破坏环境资源保护罪"。此节涵盖了
15 种以环境资源保护为主要保护对象的犯罪行为，通过 9 个具体条文进行
了规定。这一变化体现了立法者对环境保护重要性的认识及其在法律体系中
的地位提升。2020 年 12 月 26 日全国人大常委会审议通过的《刑法修正案
（十一）》生效后，最高司法机关把危害珍贵、濒危野生动物的犯罪由原来的
2 个罪名合并为"危害珍贵、濒危野生动物罪"，把危害国家重点保护植物
的犯罪由原来的 2 个罪名合并为"危害国家重点保护植物罪"；非法狩猎罪
因从经济犯罪中独立出来而成为破坏生态类犯罪。另外，立法者还增设了 3
个破坏生态类犯罪，即非法猎捕、收购、运输、出售陆生野生动物罪，破坏
自然保护地罪以及非法引进、释放、丢弃外来入侵物种罪。至此第六节的罪
名增至 16 个，如表 6-1 所示。

表 6-1　破坏环境资源保护罪罪名

序号	罪名
1	污染环境罪
2	非法处置进口的固体废物罪
3	擅自进口固体废物罪
4	非法捕捞水产品罪
5	危害珍贵、濒危野生动物罪
6	非法狩猎罪
7	非法猎捕、收购、运输、出售陆生野生动物罪
8	非法占用农用地罪
9	破坏自然保护地罪
10	非法采矿罪
11	破坏性采矿罪
12	危害国家重点保护植物罪
13	非法引进、释放、丢弃外来入侵物种罪
14	盗伐林木罪
15	滥伐林木罪
16	非法收购、运输盗伐、滥伐林木罪

然而，值得注意的是，尽管"破坏环境资源保护罪"专节对环境犯罪的规定较为集中，但并未包括所有与环境保护相关的犯罪行为。例如，第九章"渎职罪"中，第408条规定了环境监管失职罪，第413条规定了动植物检疫徇私舞弊罪和动植物检疫失职罪，虽然同样涉及环境保护，但因其侵害的主要客体并非直接指向生态环境，故未被纳入"破坏环境资源保护罪"专节之内。

此次刑法的修订虽未能实现对所有环境犯罪行为的全面集中规定，但相较于1997年全面修订刑法之前，环境犯罪规定的集中性与专门性无疑得到了显著加强。这一进步不仅反映了立法者对环境保护重要性的进一步认识，也为环境犯罪的预防与打击提供了更为坚实的法律基础。

二、中国环境犯罪的立法体例

(一) 环境犯罪立法体例的主要类型

环境犯罪的立法体例主要分为三种：刑法典、单行刑法以及附属刑法规范。当今世界各国的环境犯罪立法体例大致有三种类型：一是刑法典模式，即在刑法典中设立环境犯罪的专门章节，如德国刑法典分则第29章的危害环境罪[1]、俄罗斯联邦刑事法典分则第26章的生态犯罪[2]。二是单行刑法模式，即在普通刑法典之外制定专门的单行环境刑法来规定环境犯罪，如日本的《公害罪法》。三是附属刑法模式，即通过行政法中的附属刑法条款来惩治环境犯罪，如英国、美国等大多数英美法系国家[3]。总体来说，每种立法体例都有其特点和适用范围，但在实际操作中也存在一定的局限性。例如，将环境犯罪纳入刑法典可以体现国家对环境保护的重视，但刑法典的修改周期较长，不易适应环境保护法律需求的快速变化；单行刑法虽然灵活性较高，但

---

① 徐久生等译：《德国刑法典（2002年修订）》，中国方正出版社2004年版，第160—166页。

② 赵路译：《俄罗斯联邦刑事法典》，中国人民公安大学出版社2009年版，第179—191页。

③ 王勇：《环境犯罪立法：理念转换与趋势前瞻》，《当代法学》2014年第3期。

可能导致法律体系的碎片化；附属刑法规范则可能存在执行力不足的问题。

我国环境犯罪立法体系的演变体现了从分散到综合，再到统一的发展轨迹。当前，中国环境犯罪的立法采纳了一种统一的刑法典模式，即所有环境犯罪相关的规定均被纳入刑法典之中。然而，在刑法学的理论探讨中，学者们对于环境犯罪的理想立法模式持有不同见解。

一种观点认为，鉴于国家实际情况，中国的环境刑事立法应当采取一种结合战略视角的路径，即将特别环境刑法的集中立法与环境保护法的分散立法相结合①。集中立法指的是将大多数形态稳定的环境犯罪及其刑事诉讼规则纳入特别环境刑法中；分散立法则是指将那些在一定时期内尚未形成稳定性但需要被惩处的犯罪行为纳入单一的环境行政法规中。另一种观点认为，集中性、统一性的刑事立法模式在实践中并不现实。提倡中国应通过刑法典、单行刑法、附属刑法以及轻犯罪法，来分别规定不同性质的犯罪②。还有学者主张，中国应当建立一个由刑法典、特别刑法以及刑法修正案相结合的立法模式，以适应环境犯罪的多样性和复杂性③。此外，也有学者提出，刑法典、单行刑法、附属刑法的相互配合模式，在一定程度上既能保证法律体系的稳定性，又能够有效应对多样化的环境犯罪问题，及时扩大刑法的惩治范围，精准定位各类环境犯罪行为，防止漏网之鱼的出现④。

（二）刑法典模式的选择

在探讨中国环境犯罪立法体系的最佳构造时，笔者认为目前实施的刑法典模式乃是理想选择。此立场基于以下几点理由：

1. 中国环境犯罪的立法应继续沿用刑法典模式，这不仅是对中国立法传统的遵循，也是对法典化原则的坚持，更是对中国法治建设和环境保护事业

---

① 李希慧等：《环境犯罪研究》，知识产权出版社 2013 年版，第 45—46 页。

② 董文勇：《相对独立立法：我国环境刑事立法的模式选择》，《人民法院报》2004 年 7 月 21 日。

③ 张明楷：《刑事立法的发展方向》，《中国法学》2006 年第 4 期。

④ 柳忠卫：《刑法立法模式的刑事政策考察》，《现代法学》2010 年第 3 期。

的有力支持。首先，单一刑法典模式的采纳，是中国法典化立法传统的必然要求及其具体实现。在中国的立法历史中，有着明显的法典化倾向，尤其是在基本法律领域，在可能的情况下均采取法典形式进行规范。中国刑法的立法也是遵循这一传统，其发展经历了从分散立法（单行刑法或附属刑法）到综合立法（刑法典、单行刑法和附属刑法）再到统一立法（刑法典）的过程。显然，现代中国刑法的法典化程度与国家社会形势的变化、法治建设的整体进步以及立法技术的提高紧密相连。中国刑法的法典化不仅是历史与现实的必然选择，更具有深远的法律文化意义、比较法意义、社会意义、法治意义及规范意义。

其次，中国刑法立法的这一特质强调将所有犯罪类型纳入刑法典之中，这也就决定了环境犯罪必须通过刑法典来规定。单行刑法和附属刑法的存在，均在刑法典之外对特定犯罪问题进行规定，这实际上是对刑法法典化原则的侵蚀。因此，基于中国刑法法典化的特点，采用单行刑法或附属刑法模式对环境犯罪进行专门规定，显然是不适宜的。

2.环境犯罪的立法价值与其在刑法体系中的定位已经经历了显著的演变。传统上，环境犯罪被视为一种特殊类型的行政违法行为，其侵害对象主要认定为国家的环境资源保护管理体系，从而认为环境犯罪首要侵害的是公共管理秩序。此外，环境犯罪对人类的生命健康以及公私财产安全的威胁，被视为其次要侵害的法益。因此，环境犯罪的刑法规制在很大程度上依赖于环境行政法规的框架，体现了一种明显的附属性。

然而，随着对环境保护重要性认识的深化，环境犯罪对法益的侵害性质及其保护的必要性亦得到了重新评估。一方面，环境法益的独立性逐渐被学界和实务界所认同，环境安全法益被视为一种既不同于传统的公共安全法益，也不同于管理秩序或环境权的新型法益。这种认识强调了环境法益的特殊性和独立性，表明环境犯罪的立法与实施应当超越传统的附属刑法模式，向着更加独立和专门化的方向发展。

另一方面，环境犯罪侵害的客体被进一步明确为环境权，这一观点进一步强化了环境刑法保护法益的范围。环境刑法的保护目标不仅仅局限于生命法益、身体法益或财产法益，而是扩展到所谓的"环境法益"。这种观点认识到，生态环境的破坏不仅直接威胁到个人的生命、身体和财产安全，也构成了对环境本身价值的侵害。因此，通过刑法手段保护环境法益，实际上也是对个人基本法益的间接保护。

环境犯罪法益认识的变化促使环境刑法逐渐摆脱了对环境行政法规的依赖，向着具有更强独立性和专门性的方向发展。这一变革不仅体现了对环境保护重要性的重视，也为环境刑法的未来发展指明了方向，即强化环境法益的保护，确保环境犯罪得到有效制裁和预防。"环境刑法不是只为了保障环境行政法，不是只关系着管理、分配与秩序问题，而是将人类自然生活空间里的种种生态形态，如水、空气、风景区以及动植物世界等，视为应予保护的法益。"①

3. 在探讨中国刑事法体系的构建及其适用范围时，我们必须深刻认识到，该体系的独立性与完整性是其基本特征之一。基于这一认识，对于环境犯罪的立法模式选择，便产生了一定的约束和考量。在当前的法律框架下，提出采纳特别刑法立法模式以应对环境犯罪的建议，实际上涉及对一部类似《危害环境罪法》的环境犯罪综合法的创制。这样的立法模式不仅要求打破现有刑法典的统一性原则，还需在内容上协调环境犯罪法律与现行刑法、刑事诉讼法之间的关系，面临的难题和挑战是多方面的，其实施的可行性较为有限。中国的刑法体系及刑事诉讼法律与其他法律体系保持着相对的独立性和完整性，这种结构安排确保了法律体系的清晰性和操作的可行性。若引入特别的环境刑法，将不可避免地导致与现有刑法、刑事诉讼法在内容上的交叉和重叠，从而破坏了现行法律体系的这一基本特性，增加了立法和实施的复杂性，立法的阻力也将随之增大。

此外，通过对 2015 年《反恐怖主义法》立法过程的回顾，我们可以看到，

---

① [德] 叶瑟：《环境保护——一个对刑法的挑战》，《环境刑法国际学术研讨会文辑》1992 年第 27 期。

尽管存在将其构建为一个涵盖反恐怖主义行政法、刑法和刑事诉讼法内容的综合法的提议，但这一提议最终并未被采纳。《反恐怖主义法》的最终形态为一部以行政法为主的专门法律，没有包含刑法和刑事诉讼法的实质内容。这一立法实践表明，相较于恐怖主义犯罪，对环境犯罪采取特别刑法立法模式的必要性更为有限。在考虑到中国刑法立法的理念和传统的基础上，预计中国未来在环境犯罪的立法上，不太可能采取特别刑法的立法模式。这一判断基于对现有法律体系独立性与完整性的维护，以及立法和实施的可行性考量。

三、建议设立"环境犯罪"专章

现有刑法将环境犯罪归入刑法第六章"妨害社会管理秩序罪"的第六节"破坏环境资源保护罪"中。各国对于严重的环境侵害在刑事立法上有一种模式是在刑法里设立环境犯罪专章。属于这一类型立法模式的有德国、瑞典、俄罗斯、葡萄牙、西班牙、古巴等国家。《德国刑法典》第324条规定了环境结果犯、第325条规定了危险犯、第326条第6项规定了轻微条款，该轻微条款通常被视为刑法排除事由，认为轻微行为不属于构成要件的理论构成；瑞典规定了危险犯；《古巴刑法》第191条规定了环境抽象危险犯[①]。

在探讨刑法典的构成与分则时，特别是在涉及环境保护及自然资源管理领域的犯罪行为时，不难发现当前的法律体系中存在一定的分类不足与归纳不当之处。以刑法典分则第三章第二节所述的走私罪为例，其中包括"走私珍贵动物及其制品罪""走私珍稀植物及其制品罪"以及"走私废物罪"等，这些罪行直接关联到环境保护与生态平衡的维护。同样，在第九章所述的渎职罪中，包括"违法发放林木采伐许可证罪""环境监管失职罪""非法批准征用、占用土地罪""动植物检疫徇私舞弊罪"及"动植物检疫失职罪"等，这些罪行同样涉及对环境资源的管理与保护。

---

① 张霞、周文升：《中外环境犯罪形态与因果关系认定之比较》，《山东社会科学》2013年第9期。

在我国刑法体系中，分则章节的编排原则主要基于同类客体进行分类。其中，妨害社会管理秩序罪的犯罪客体为社会管理秩序本身。然而，观察"破坏环境资源保护罪"的相关规定，可以发现大多数相关行为并不直接构成对社会管理秩序的妨害。这类环境犯罪行为造成的环境破坏，在社会危害程度上与危害公共安全的罪行相仿，甚至在某些情形下可能更甚。随着社会对环境犯罪认知的不断深化，环境犯罪作为一种具有独特犯罪客体——环境法益的犯罪类型，已经逐渐形成学术和法律界的共识。因此，将环境犯罪纳入妨害社会管理秩序罪的框架之下已不再适宜。目前刑法典对环境犯罪的编排和分类，未能准确反映其针对环境法益的根本侵害特征，这不仅妨碍了公众对环境犯罪性质的正确理解，同时也削弱了环境犯罪在刑法体系中的地位和重要性。为了更好地保护环境法益，确保环境犯罪得到有效制裁和预防，有必要对现行刑法中环境犯罪的归类和编排进行重新审视和调整，以更科学、合理地体现环境犯罪的特殊性和严重性，从而在法律框架内加强对环境的保护。

鉴于此，笔者提倡刑法分则中应当设立专门的环境犯罪章节，将上述及其他相关的犯罪行为归纳于此。这一改革不仅有助于加强法律体系对环境保护的重视，更能够提升法律条文的逻辑性与系统性，使得相关法律条款更加明确、专业，从而为执法机关的执行提供更为坚实的法律依据。设立环境犯罪专章，意味着对环境保护领域内的违法行为给予更为明确和严格的定义，同时也体现了国家对环境保护的高度重视与承诺。通过明确划分环境犯罪的范畴，可以更有效地预防和打击破坏环境的行为，保护和改善生态环境，促进人与自然的和谐共生。为了提升刑法典在环境保护方面的适应性与有效性，建议立法机关考虑对刑法进行相应的修订，明确设立环境犯罪专章，将涉及环境保护的各类犯罪行为进行系统归纳与整合，以强化法律对环境保护的支持力度，促进社会的可持续发展。

第二节　污染环境罪的罪过形式

《刑法修正案（八）》取消"重大污染环境事故罪"的罪名，改为"污染环境罪"，法条对该罪的法益及罪过形式没有明确规定，学界采用不同说法，没有达成共识。《刑法》第338条的污染环境罪作为环境污染刑事治理的基础性条款，明确其所保护法益的具体内容，无疑成为后续各种具体问题研究中必须予以关照的基本遵循①。污染环境罪的确立表明刑法不仅要充分保护人类利益，也要关切生态利益。从马克思主义的原理到新时代背景下中国特色环境伦理和实践都表明，纯粹的人类中心主义或者生态中心主义在处理人与环境的关系问题上都有失妥当。"实际上，人类中心主义和生态中心主义虽然表面对立，但本质上是一样的。它们都是偏执一端，从人与自然的对立来看待二者的关系，都属于机械的二元论的思维方式。而马克思注重的是人与自然的统一，其理论的出发点和落脚点在于对立的统一体。这种思维方式必然决定了他对人类中心主义和生态中心主义对立的超越。他既不主张以人为中心，也不主张以自然为中心，而是提倡人与自然的和谐发展。"② 所以，当前首先要旗帜鲜明地实现"去中心化"，如此才能跳脱以往中心论者所制造的人与环境之间的人为对立，科学把握两者间的辩证关系，进而指导环境法治实践，特别是环境刑事法治的建设。

一、污染环境罪罪过形式的学说

（一）过失说

行为人在排放污染物时应当预见到自己的行为会产生污染环境甚至更严重的后果，但由于疏忽没有预见或者是认为侥幸可以避免。《刑法修正案

---

① 韦春发：《环境污染犯罪疑难问题研究》，华中科技大学出版社2022年版，第12页。

② 李富君：《超越人类中心主义与生态中心主义的对立——对"马克思是狭隘的人类中心主义者"的批判》，《中州学刊》2010年第3期。

（八）》修改前的罪名是重大污染事故罪，危害结果是指行为人在实施违法行为后产生的人身或财产损失的严重后果。持该观点的学者认为，该罪中规定的主观方面为过失，即行为人对于违反环境保护相关国家规定，知道自己在实施排放污染物行为，但并不希望造成严重后果①。从字面上来理解，我们一般认为事故是意料之外的事情，行为人在实施行为的时候并没有去想要发生这种结果，所以主观上来看应该是过失。在修正案出台之后，仅对客观方面进行改动，所以大部分学者还是采用这种观点。

　　但是采取过失说还是有几项不足之处：第一，有学者认为，法律条文虽然没有"过失""疏忽""失火"之类的"明文规定"，但能够合理认为法律规定了过失犯的构成要件时，就属于"法律有规定"，因而处罚过失犯，否则只能以故意论处②。法条中对污染环境罪的认定没有明确的规定，我们不能随意下结论。第二，我国认定共同犯罪要求主观上是故意的，那么污染环境罪若要求主观上是过失，会有一部分共同犯罪得不到适当的处理，这样主观上是过失的人成立污染环境罪，主观上是故意的人就有可能构成投放危险物质罪，显然很不妥当。第三，区分污染环境罪与投放危险物质罪一直是学者们探讨的话题，二者在危害行为、危害结果方面都有许多相似的地方。若污染环境罪的主观心态要求是过失，投放危险物质罪法条中规定则必须是故意，倘若行为人的主观心理是故意却又不符合投放危险物质罪的其他几个要件，那又该如何定罪？所以过失说的观点很难让人信服。

（二）故意说

　　有观点认为1997年《刑法》第338条规定的重大污染环境事故罪为过失犯罪，经《刑法修正案（八）》修改后的污染环境罪的主观方面为故意③。

---

①　高铭暄等：《刑法学》，北京大学出版社2016年版，第48页。
②　张明楷：《罪过形式的确定——刑法第五条第2款"法律有规定"的含义》，《法学研究》2006年第3期。
③　张明楷：《刑法学（第五版）》，法律出版社2016年版，第2页。

我国刑法中规定了过失犯罪的情形，但对于没有明文规定的我们一般认为属于故意犯罪，所以污染环境罪应认定为故意犯罪。笔者认为，以故意论处仍有几处不当：第一，按照故意说的观点，法律没有明确的规定为过失犯罪，那么就以故意论处，但是像交通肇事罪在学界和实务界中的通说观点就是过失犯罪；第二，故意说要求能证明行为人有意实施行为，要想定罪必须能够证明出主观上的故意，所以这样门槛更高，像那些造成严重后果的过失犯罪很可能就排除在外，限制了污染环境罪的惩罚范围，这违背了我国执法必严的政策，所以不应采取故意说。

（三）混合说

有观点认为，污染环境罪的主观方面包括故意，也包括过失。污染环境罪修改之前法条中有"事故"两个字，所以我们大都认为该罪是过失犯罪。为了更好地适应环境保护的形势，在将"事故"二字删去之后我们认为不仅仅包括过失，也可以由故意构成①。假如我们在修改了之后否认了该罪为过失，那么《刑法修正案（八）》的修改又将定罪范围缩小了，不能达到强化法律规定的目的。污染环境罪是为了惩治污染环境的行为，有些行为确实是无心之举，是由于过失导致的，我们又不能完全否认过失说，而在共同犯罪中只有故意才构成，所以采用混合说能够最大限度地保护环境法益。

混合说也并非是完美的。故意和过失这两种主观心态是我国法律中明文规定的，但法律从没有规定过第三种形式。如果一个罪名中真有两种形式同时存在，法条中也会分别作出规定。持混合说的学者是针对同一个罪名而言的，即一个罪名可以同时由故意和过失构成，这和我国《刑法》立法模式是相悖的，比如故意杀人罪和过失致人死亡罪就是针对同时处罚故意和过失在法条中分别作出的规定；但是如果在法条中同时处罚故意和过失犯罪，也会

---

① 孟丹：《论污染环境罪的主观罪过形式》，博士学位论文，中国政法大学，2018 年，第 19 页。

有不同罪名相对应，对故意泄露国家秘密罪与过失泄露国家秘密罪的规定就是两种主观心态的不同罪名；还有一个典型的犯罪就是食品监管渎职罪，对该罪的规定有两种类型，即"滥用职权"和"玩忽职守"，分别属于故意犯罪和过失犯罪，所以混合说也不完全合适。

总之，无论坚持哪种学说都有它的道理，也有它的不足之处，所以应该全方面来探讨这个罪的主观罪过形式。

二、污染环境罪在司法实践中的问题

（一）罪过形式的界定狭隘

学界对修改之前的重大污染环境事故罪的主观心态基本一致认为是过失说，没有争议。在修改之后过失说虽然处于主流地位，但依然存在着三种学说：过失说、故意说和混合说。笔者认为将污染环境罪的主观罪过形式认定为过失未免太窄，许多企业为了追求更大的经济利益，明知道会发生一定的后果还不采取措施及时制止，这显然就是间接故意，所以将过失界定为通说观点有些狭窄。

（二）与投放危险物质罪易混淆

我国《刑法》规定，投放危险物质罪是指故意投放毒害性、放射性、传染病病原体等物质，危害公共安全的行为。投放危险物质罪会危害多数人的身体健康，客体是针对公共安全；对污染环境罪的客体虽然没有统一的规定，但我们都知道实施污染环境的行为必定违反国家规定，在危害结果方面会造成多数人的人身伤害或者财产损失，二者在客体方面极其相似。投放危险物质罪主观上是故意，但污染环境罪的主观心态还达不成统一认识，所以在司法实践中两个罪名不能够完全区分开①。在环境污染的案件中，企业或个人违反国家规定排放废弃物往往是为了获取更

---

① 冯艳楠：《污染环境罪与投放危险物质罪的界分与竞合》，《山东审判》2015 年第 2 期。

多的个人利益。但对可能造成的其他危害结果，如危害多数人的生命健康，可能是意识到并置之不顾的态度，这就可能同时符合两个罪，出现竞合。

（三）惩罚力度不够

我国《刑法》规定污染环境罪的最高刑为七年，这相对于环境犯罪类的其他罪名来说刑罚不算重。比如非法处置进口的固体废物罪，法定最高刑罚规定是十年，相比之下污染环境罪的处罚力度小，而且污染环境罪在法条中只规定了"并处或单处罚金"，却没有对罚金的数额进行明确的规定，所以在实践中案件的判决更多地取决于法官的自由裁量，各个地方的量刑不同。本罪破坏的是与我们每个人息息相关的环境，甚至还会影响到人的正常生活，必须加大处罚力度，才能起到警示作用。

三、污染环境罪罪过形式的认定

首先，从法律文理解释的角度来看，污染环境罪的罪过形式应当被认定为故意犯罪。根据我国《刑法》第15条第2款的规定，过失犯罪仅在法律有明确规定的情况下才负刑事责任。此前，由于法条中包含"事故"二字，可以将某些行为认定为过失犯罪。然而，随着该表述的删除，将相关行为认定为过失犯罪缺乏了法理依据。因此，基于《刑法》的规定，污染环境罪应当被认定为故意犯罪。这一认定不仅符合法律的字面意义，也体现了对环境保护重要性的认识。

其次，罪刑法定原则是我国刑法的一项基本原则，要求所有司法活动都必须遵循法律规定。污染环境罪的立法目的在于保护法益，而关于该罪保护法益的性质存在不同观点。多数学者认为，污染环境罪保护的法益是环境权。《关于办理环境污染刑事案件适用法律若干问题的解释》中明确了四种对环境造成危害的行为，但这些行为并未对人身财产造成直接损失，从而确认了污染环境罪保护的法益为环境权。此外，环境污染行为除了通过刑法予以规制外，还可以通过民事、行政手段处理①。如果采用过失说全面禁止破坏环境的活动，则会削弱行政法律规制的意义。行政处罚主要针对过失行为，而刑法对故意犯罪的处罚可以与行政法相互补充，既不会过度干预日常生活，也有利于保障人权。

最后，如果采用过失说，则意味着行为人因过失造成危害结果而构成污染环境罪。然而，当行为人主观上存在故意时，情况则大为不同。例如，行为人故意排放污染物造成严重后果，但未危害公共安全，这种情况不仅不构成污染环境罪，更不构成投放危险物质罪。另一种情况是，行为人故意实施排污行为危害了公共安全并造成环境污染，但对危害公共安全的结果是出于过失，这样的行为既不构成污染环境罪也不构成投放危险物质罪，这显然违背了公平原则。因此，采取故意说能够避免这些矛盾，更合理地认定犯罪形态。

污染环境罪的罪过形式认定应当基于对法律文理的准确解释、罪刑法定原则的严格遵循以及对法益保护的全面考虑。通过将污染环境罪认定为故意犯罪，可以更有效地保护环境权，实现法律的公正适用，同时也体现了对环境保护重要性的高度重视。这一认定不仅符合法律规定，也符合社会公众对环境保护的普遍期待，是确保环境法律制度有效运行的必要前提。

四、污染环境罪立法的完善

首先，要有效地预防和惩治污染环境罪，必须对该罪的主观心态进行明确规定。在现行法律框架下，污染环境罪的界定往往较为模糊，这在一定程度上给司法实践带来了困难。为了更准确地区分污染环境罪与其他犯罪，同时对犯罪者的违法行为进行有效定罪，有必要对其主观心态作出具体规定②。考虑到污染环境的行为既可能是故意的，也可能是过失的，因此，建议将污染环境罪分为故意犯罪和过失犯罪两种形式，并根据不同的主观心态

---

① 杨宁、黎宏：《论污染环境罪的罪过形式》，《人民检察》2013年第21期。

② 付亚丽：《我国污染环境犯罪罪名的研究》，《法制博览》2017年第16期。

制定不同的处罚规定。由于故意犯罪的主观恶性较大，相应的处罚也应更为严厉。

其次，对于环境犯罪的处罚力度，应当根据其造成的危害程度来适当调整。在现行法律中，污染环境罪与非法处置进口固体废物罪的最高刑罚分别为七年和十年。然而，根据罪刑相适应的原则，考虑到污染环境罪的危害往往更为严重，其规定的刑罚应该相应提高。通过加大对肆意污染环境行为人的处罚力度，不仅可以对潜在的违法者起到强烈的警示和威慑作用，还可以体现法律对环境保护的重视和决心。

最后，关于罚金的规定和执行问题，目前法律中对于污染环境罪的罚金没有明确具体的规定，导致法官在审判时有较大的自主裁量权，往往导致判处的罚金数额偏低，执行过程中也常出现延迟现象，从而影响了执行效率。为此，建议将罚金的数额下限设定为行为人通过违法行为所获得的利润，这样不仅可以确保罚金的实际执行力度，还能有效遏制违法行为的发生。同时，可以探索将罚金的执行工作授权给银行，通过自动从行为人银行账户中扣除罚金的方式，以提高执行效率，解决执行难的问题。

刑法作为保护环境的有力工具，承担着惩治破坏环境违法犯罪行为的重要责任。随着社会的发展和环境保护意识的提高，刑法在环境保护方面的规定也需要不断地进行修改和完善。特别是对于污染环境罪的立法，应当不断优化和调整，以确保其能够有效地预防和惩治环境污染行为，保护我们共同的生态家园。

第三节　环境监管失职罪的问题及完善

一、立法存在的问题

（一）入罪门槛过高

环境保护已成为全球共同关注的重大议题，而法律制度作为保护环境、遏制污染行为的重要工具，其完善与否直接关系到环境治理的效果。根据《刑法》第 408 条的规定，环境监管失职罪针对的是因监管不力导致的重大环境污染事故。实际上，环境污染的发生与环境监管的失职之间存在着密切的联系。环境监管失职罪与污染环境罪之间的关联，在于两者都直接影响着环境的健康状态和公共安全。在 2011 年《刑法修正案（八）》颁布之前，污染环境罪被界定为重大环境污染事故罪，这要求犯罪行为必须造成重大环境污染事故，并伴随财产损失或人身伤亡。然而，《刑法修正案（八）》对此进行了重要修改，降低了对犯罪结果的要求，明确指出只要行为造成"严重污染环境"，即可触发刑法的保护机制，无须等待财产损失或人身伤亡的结果出现。这一变化体现了法律对环境保护重视程度的提升，将环境利益直接纳入法益保护的范畴，强化了对环境犯罪的打击力度。相比之下，环境监管失职罪在《刑法修正案（八）》中并未作出相应的调整，其对犯罪结果的认定标准仍然停留在造成财产损失和人身伤亡的层面。这一立法选择，反映出环境监管失职罪在法益保护方面仍旧依赖于传统的人身利益和财产利益保护模式。这种立法思路未能充分体现对环境利益的直接保护，而是将环境保护的触发条件设定在了较为严重的后果——财产损失和人身伤亡。这不仅提高了入罪的门槛，也在一定程度上削弱了对环境监管人员的约束力度。

现行的环境监管失职罪规定，因其过高的入罪门槛和对环境利益保护的相对忽视，不利于形成有效的环境监管压力和预防机制。这种立法现状容易导致环境监管人员在履职过程中缺乏足够的法律压力，从而对污染行为采取宽容态度，最终导致污染事故的频繁发生。因此，为了更有效地保护环境，减少环境污染事故的发生，有必要对现行的环境监管失职罪规定进行进一步的修订和完善。应当考虑将环境利益直接纳入法益保护的范畴，降低对犯罪结果的要求，将导致环境质量下降或潜在风险增加等情形纳入刑法保护的触发条件，从而强化对环境监管失职行为的打击力度，真正实现对环境的有效保护。

法律的作用不仅仅是规范人们的行为，更是维护社会公平正义的重要工具。然而，法律规定的不协调不仅会削弱法律的权威，还会直接影响到司法适用的公平性。这种不协调性在环境保护法律的执行过程中表现得尤为明显，其后果不仅损害了公众的环境权益，还可能导致公众对法律公正性的信心受损。以某企业非法排放、倾倒、处置危险废物的案例为例，该企业在湖边非法排放 10 吨危险废物，尽管此行为没有直接导致人身伤亡和财产的重大损失，但其对环境造成的严重污染是不争的事实。根据现行法律，该企业因严重污染环境而被追究污染环境罪的刑事责任。然而，对于该事件的另一方面——当地环境保护部门的监管失职，由于法律对环境监管失职罪的构成要件中设置了"造成人身伤亡或财产重大损失"的高门槛，导致这种监管失职行为虽与污染事故的发生有着密切的因果关系，但却无法构成环境监管失职罪。虽然直接污染环境的实施者受到法律的惩处，而监管机构却因法律设定的门槛过高而"合法"地逃避了刑事责任，这无疑是对法律公平正义原则的一种挑战。它不仅暴露出了法律保护中存在的漏洞，更暗示了法律规定可能存在着保护权力部门利益的嫌疑，这对于维护社会公众对法律公正性的信心是极其不利的。

因此，为了确保法律的公平正义，需要对现行的环境保护法律进行适当的修改和完善。首先，应当降低环境监管失职罪的构成门槛，明确规定环境保护部门的监管责任，确保一旦监管失职就能够及时有效地追究责任。其次，加大对环境违法行为的处罚力度，对于造成严重环境污染的行为，应当从重处罚，以此来发挥法律的震慑作用。最后，加强公众对环境保护法律知识的普及，提高公众的环保意识，让每个人都成为环境保护的参与者和监督者。

（二）刑罚设置不合理

根据《刑法》第 408 条规定，环境监管失职罪的人员将面临不超过 3 年的有期徒刑或者拘役处罚。环境监管失职罪不仅损害了国家机关在环境管理方面的正常活动，也侵犯了人类生存所依赖的环境利益。因此，环境监管失职罪同时具有渎职罪和环境犯罪的特征。根据刑法罪责刑相适应的原则，环境监管失职罪的刑罚与其犯罪性质和社会危害性明显不符。跟其他渎职罪相比，其他渎职罪的刑罚几乎都比环境监管失职罪严厉，如第397条滥用职权罪和玩忽职守罪，除规定了"3年以下有期徒刑或者拘役"外，还规定了"情节特别严重的，处3年以上7年以下有期徒刑"；徇私舞弊的则更重，以5年为界，分5年以下和5年以上10年以下两档。另外还有10年以上的刑罚，如第399条第1款的徇私枉法罪，"情节特别严重的，处10年以上有期徒刑"。跟其他环境犯罪相比，第六章第六节的15个罪名，最低法定刑也是3年以下有期徒刑或者拘役，但一般都有3年以上的刑期用于处罚情节严重的犯罪，如第338条的污染环境罪，"严重污染环境的，处3年以下有期徒刑或者拘役，并处或者单处罚金"，"情节严重的，处3年以上7年以下有期徒刑，并处罚金"。跟渎职罪类似，环境犯罪也有以5年为界分两档的，还有10年以上的处罚，如第341条非法猎捕、杀害珍贵、濒危野生动物罪，"情节特别严重的，处10年以上有期徒刑，并处罚金或者没收财产"。纵观渎职罪和环境犯罪的刑罚设置，侵害国家机关正常的环境管理活动和环境利益两种法益的环境监管失职罪的刑罚却是最轻的，这与其社会危害性是不相符的，有违罪责刑相适应的原则，也体现出法律所保护的依旧是传统法益，没有给予环境利益以足够的重视和保护。

再者，刑罚法定刑不但设置过低，而且没有不同档次的划分。渎职罪各种罪名中一般都设有两档刑罚，如第398条的故意泄露国家秘密罪，一档是"情节严重的，处3年以下有期徒刑或者拘役"；一档是"情节特别严重的，处3年以上7年以下有期徒刑"。第411条的放纵走私罪也有两档刑罚，一档是"情节严重的，处5年以下有期徒刑或者拘役"；一档是"情节特别严重的，处5年以上有期徒刑"。①

环境犯罪的法律规制是现代法治社会对抗环境污染与破坏行为的重要手段。在众多环境犯罪中，污染环境罪的处罚规定较为明确，通常分为两个等级：一是对于"严重污染环境"的行为，依法可以判处3年以下有期徒刑或

---

① 周峨春、孙鹏义：《环境犯罪立法研究》，中国政法大学出版社2015年版，第154页。

拘役，并可单独或同时处以罚金；二是对于"后果特别严重"的环境污染行为，法律规定了更为严厉的处罚，即3年以上7年以下有期徒刑，并处罚金。这种分级处罚体系体现了根据犯罪行为的严重性来适度加重或减轻处罚的原则，有利于实现罚当其罪的法律效果。然而，在环境监管领域，尤其是对于环境监管失职罪的处罚规定，目前的法律规则存在一定的不足。环境监管失职罪作为导致环境污染后果发生的间接原因，其法律责任的界定与处罚力度相比直接污染环境的行为显得较为宽泛和单一。按照现行规定，不论监管失职的后果有多严重，均统一适用3年以下有期徒刑或拘役的处罚。这种不加区分的处罚方式，忽略了不同案件中监管失职行为对环境造成的实际影响和后果的严重性差异，从而可能导致处罚与罪行的严重性不相匹配，违背了罪责刑相适应的法律原则。

为了更有效地预防和惩治环境监管失职行为，有必要对现行的处罚规定进行适当修改和完善。首先，可以考虑根据监管失职的后果严重性引入分级处罚机制，即对于导致严重环境污染后果的监管失职行为，应当设立更高的刑罚档次，如判处3年以上有期徒刑，并视情况处以相应的罚金。此外，对于特别严重的后果，可以考虑进一步提高刑罚上限，以体现对环境保护的高度重视和对监管失职行为的严厉打击。通过这样的修改，既可以弥补现行法律在环境监管失职罪处罚规定上的不足，也有助于进一步明确环境保护的法律责任，促进环境监管部门的责任落实，从而为实现环境的可持续发展提供更为坚实的法律保障。

二、法律适用中存在的问题——基于案例的数据分析

通过检索中国裁判文书网，对2014年以来的全国环境监管失职罪进行分析，2014—2020年每年案件数分别为10件、5件、9件、11件、9件、3件、2件，共49件。

《刑法》第408条对于负有环境保护监督管理职责的国家机关工作人员的不负责任行为给予了明确的界定和处罚。该条规定："负有环境保护监督

管理职责的国家机关工作人员严重不负责任，导致发生重大环境污染事故，致使公私财产遭受重大损失或者造成人身伤亡的严重后果的，处三年以下有期徒刑或拘役"。在具体案件的审理过程中，法院普遍援引《刑法》第 408 条的规定来概括被告人的行为模式和性质。这一做法不仅体现了法律对环境保护的重视，也强调了国家机关工作人员在环境保护职责上的重大责任。然而，尽管该条法律规定为案件提供了一个共同的法律依据，但由于每个案件的具体情况各不相同，包括污染的性质、程度和造成的具体影响等，因此在审判实践中，对于具体的行为方式和责任判定仍需结合案件的具体事实进行细致分析①。经过笔者对于以往判决书的分析，罪犯类型化的行为方式通常表现为以下几类典型情形。

（一）监管流于形式，未能发现相对人长期存在环境违法行为

如广东省博罗县人民法院（2020）粤 1322 刑初 282 号刑事判决书："被告人龚某某、谢某某先后任博罗县福田镇人民政府环境保护办公室副主任，负有配合上级环境保护主管部门做好环境保护工作，确保各排污企业达标排放等职责。在 2016 年至 2019 年期间，龚某某、谢某某多次带队或与任惠州市生态环境局博罗分局监察大队执法二组组长、组员的万某、刘某某（均另案处理）共同对福易达公司的排污情况检查。龚某某和谢某某在对福易达公司环境检查过程中，多次接受袁某某（另案处理）请吃并接受袁某某以红包等形式输送的贿赂，检查时流于形式，只通过目测水质、污染处理设施是否正常运转来判断企业是否达标排污，完全忽视对生活污水和雨水沟、车间废水收集管道能否发挥收集废水功能等方面的检查。在发现福易达公司存在超过污染物排放标准、超量排污等违法行为后，仍未认真深入查找原因，进而未能发现福易达公司长期以不正常运行污染防治设施的方式，将车间废水不经处理直接通过厂区总雨水排渠排至外环境，严重污染环境等情况。其间，

---

① 肖燕平：《环境监管失职罪大数据分析（二）》，"环境与资源保护"微信公众号，2022 年 4 月 1 日。

龚某某、谢某某还曾通过短信或微信，告知福易达公司相关负责人有关上级环保单位或督察组去检查的相关信息，帮助福易达公司规避检查。"甘肃省陇南市武都区人民法院（2017）甘1202刑初97号刑事判决书："按照规定，太石河中队应每月对其进行现场检查。而时任太石河中队队长的被告人王某2、时任太石河中队副队长的被告人赵某及队员陈某、韩某某在工作中不认真履行每月现场检查义务，弄虚作假，使对企业的监督流于形式。在2015年4月28日对陇星公司由于存在环保问题责令停产整顿后，王某2、赵某等人再未对该公司进行过检查。"

（二）日常监管中发现问题，却未按规定处置

如湖北省罗田县人民法院（2018）鄂1123刑初3号刑事判决书："根据大队分工，被告人张某某、陶某对华阳公司环境保护监察工作负有直接责任。在日常监管过程中，二被告人发现华阳公司危险废物转移台账不齐、无处置转移五联单等问题，未按规定全面检查危险废物台账、核实危险废物产生量、贮存量和处置情况，仅填写现场监察记录，口头提出纠正，导致华阳公司非法转移危废物品发生严重的环境污染，给公私财产造成的经济损失达62.256万元"。山西省霍州市人民法院（2018）晋1082刑初59号刑事判决书："本院认为，被告人范某某身为负有环境保护监督管理职责的国家工作人员，不认真履行环境监管职责，未依照法定程序正确处理'三维集团'违法倾倒工业污染物的行为，导致发生重大环境污染事故，致使公私财产遭受重大损失达339.1028万元的行为构成环境监管失职罪"。

（三）应当及时发现而没有及时发现环境违法问题

如山东省惠民县人民法院（2017）鲁1621刑初154号刑事判决书："惠民县环境保护局安排时任惠民县姜楼镇环保站站长的被告人弭某某对本辖区的企业进行检查。被告人弭某某带领姜楼镇环保站工作人员赵某某经按排水口查找，红水源头指向立大公司。两被告人进入公司院内检查时未能认真履

行工作职责，在翟某等人已向立大公司院内西北角处的池子里倾倒废酸900余吨且具有浓烈刺激气味的情况下，未对厂区进行全面检查，没有及时发现翟某等人倾倒废酸的情况并作出处理，以致翟某等人在公司院内挖坑继续倾倒废酸，发生重大环境污染事故。经鉴定，两被告人对立大公司检查后，翟某等人继续倾倒废酸造成公私财产损失6163431元，包括残留废酸处置费用5977800元、土壤修复（回填土壤）费用185631元"。山东省莘县人民法院（2018）鲁1522刑初57号刑事判决书：经审理查明，被告人白某在履行环境监管职责工作期间，未能严格执行《中华人民共和国环境保护法》《中华人民共和国固体废物污染环境防治法》的有关规定，对辖区内聊城东染化工有限公司生产中产生的危险废物违规堆放行为未能及时发现并制止，致使该企业自生产至2016年3月长期违规堆放危险废物1000余吨，给土地造成严重污染。经山东省环境保护科学研究设计院鉴定，污染损害后果为人民币351.1万元，莘县环境保护局为此支付鉴定费22万元，聊城东染化工有限公司为污染场地修复支付10万元，合计造成经济损失32万元"。

（四）已被环保部门行政处理过，而后续未跟进严格管理

如山东省单县人民法院（2018）鲁1722刑初12号刑事判决书："被告人权某某、曹某某于2015年3月任单县环保局经济园区环保所所长、副所长，负有对辖区内的环境保护监督职责。单县德尔化工有限公司2014年1月注册成立，主要生产氰酸钠、乙醛肟等产品。被告人权某某、曹某某违反环境保护相关法律、法规，在单县环保局对单县德尔化工有限公司下达《环境违法行为限期改正通知书》责令停产后，对单县德尔化工有限公司的违法行为不认真督促改正，不对企业生产情况、排污情况严格督查，致使该企业长期违法生产，违法排污。2016年12月该企业将工业废水通过城市管网排入单县第二污水处理厂，导致该厂瘫痪，污水无法处理的环境污染事故。经山东法正资产评估有限公司评估，造成经济损失780147.40元。湖南省蓝山县人民法院（2017）湘1127刑初368号刑事判决书："2016年分别由黄某某、全某某

带队三次对该厂巡查，均发现该厂处在停产状态，但生产设备未拆除，均没有作出处理。蓝山县环境保护局于2016年7月5日向蓝山县人民政府提交《关于关闭新圩双何小造纸厂等10家淘汰落后产能企业的请示》，要求关闭取缔新圩双何小造纸厂等10家淘汰落后产能企业（含廖某某选矿厂），县政府给予了"请尽快落实"的批复，但未明确牵头部门，未组织实施。2017年1月16日，环保局监察队对廖某某选矿厂配电房、电闸进行查封。2017年2月，黄某宁带张某1、李某1、雷某等人对该选矿厂再次进行复查，发现有恢复生产迹象，监察队再次对该厂进行了立案处罚，2017年2月20日对选矿厂进行立案调查、3月17日下达蓝环罚字〔2017〕12号《行政处罚决定书》，作出了罚款5万元、停止生产、拆除生产设备的处罚决定。2017年4月28日，环保部门配合政府统一组织对该厂用挖机实施了强制捣毁，但未完全拆除该厂设备"。

（五）明知存在环境违法行为，而不依法处理

如山东省惠民县人民法院（2017）鲁1621刑初197号刑事判决书："被告人高某某自2015年5月任惠民县李庄镇环保站站长以来，其辖区内位于原惠民县第二油棉厂厂区由张某1等人非法生产富马酸的小化工企业长期存在严重污染行为，高某某多次到生产现场，均未履行工作职责，在明知该企业无任何手续、资质的情况下，对该企业的非法生产行为不予制止，未对该非法企业及时查处，导致其长期非法生产，直至2016年4月被惠民县环保局取缔。被告人高某某身为负有环境保护监督管理职责的国家机关工作人员，严重不负责任，导致发生重大环境污染事故，致使公私财产遭受重大损失，其行为已构成环境监管失职罪"。

三、环境监管失职罪的完善

（一）完善立法体例

在环境保护法律体系的构建过程中，不同国家采取了各自独特的立法模式。以西班牙为例，其刑法典中专门设立了针对公职人员环境犯罪和渎职犯

罪的章节，并将环境监管失职罪归入渎职犯罪章节中。这种明确划分的做法，不仅体现了对环境保护重视程度的提升，也增强了法律条文的针对性和可操作性。我国在环境犯罪及环境公职人员犯罪的立法体例上存在一定差异。我国法律体系中并未设置专门章节来规范环境犯罪和环境公职人员犯罪，现有的相关规定往往较为概括和粗略，缺乏足够的细致性和具体性。这不仅降低了法律条文的可执行性，也给司法解释带来了困难，存在司法解释过多，甚至不统一的现象，从而影响了法律的有效执行和实施。因此可以考虑借鉴国外成功的经验和做法，在我国现有法律体系中增设专章，明确规定环境犯罪及环境公职人员犯罪的具体内容和处罚措施，以提高法律条文的针对性、可操作性和执行力。通过对立法体例的改革和完善，不仅能够加强环境保护工作，也有助于提升法律体系的整体效能，进一步促进社会的可持续发展。具体来说可以扩大犯罪主体范围、用"行为犯"代替"结果犯"等①。

（二）提高量刑标准

我国刑法制度的根本目的在于通过刑事惩罚手段，对潜在的及实际犯罪行为产生震慑作用，以预防犯罪的发生及阻止其进一步扩散。环境监管失职罪不仅损害了我国的环保监督管理体系，还破坏了生态环境，侵害了公民的合法环境权益。此类失职行为为污染行为提供了便利，加剧了环境污染问题，显示出这一罪行对社会的危害性极大。与国际惩罚措施相比，我国对此类罪行的刑事处罚尚显不足②。目前我国环境监管失职罪的量刑标准是"三年以下有期徒刑或拘役"，已不足以反映其对社会的严重危害性。因此，迫切需要根据犯罪的社会危害程度来设定更为严格的刑罚标准，提升法定最低刑罚，并按照犯罪的严重程度进行分级处罚。此外，建议取消在立法中对

---

①　张霞、陈宇霄：《新时代背景下环境监管失职罪立法的完善》，《山东农业工程学院学报》2019年第1期。

②　王广祯：《试论我国环境监管失职罪的不足与完善》，《法制博览》2016年第26期。

"公私财产遭受重大损失或者造成人员伤亡"作为加重犯罪情节的要求，而是将其视为加重刑罚的条件。通过提高基础刑罚标准及实行分档处罚，不仅能更好地体现罪责刑相适应的原则，也有助于提升司法的公正性和公众对法律的信任度，进而增强法律的威严。

（三）增设监管层级责任制

在环境监管过程中，直接参与监管的个体及其上级管理者均承担着避免法律风险的共同责任[①]。上级管理者掌握着整体指导权，其发出的指令会层层传达至负责具体环保监管的个体，从而与被监管对象的行为及其可能导致的环境污染后果存在间接联系。鉴于此，立法时不应仅仅规定针对直接监管人员的责任，而应进一步构建监管层级责任体系，同时在刑法实践中采取一种节制的态度，对上级监管人员的责任限制进行加强。只有在上级监管人员严重违背监管职责，并因此导致严重的法律后果时，才应追究其因监管不力而负有的刑事责任。此种规定的设立有助于完善环境监管失职罪的连带责任体系，扩大责任承担的范围，增强对监管失职行为的打击力度，从而有效降低环境问题的发生率。

·典型案例·

案例 1　昆明闽某纸业有限责任公司等污染环境刑事附带民事公益诉讼案

【基本案情】被告单位昆明闽某纸业有限公司（以下简称"闽

---

① 王广祯：《试论我国环境监管失职罪的不足与完善》，《法制博览》2016 年第 26 期。

某公司")于 2005 年 11 月 16 日成立，公司注册资本 100 万元。黄某海持股 80%，黄某芬持股 10%，黄某龙持股 10%。李某城系闽某公司后勤厂长。闽某公司自成立起即在长江流域金沙江支流螳螂川河道一侧埋设暗管，接至公司生产车间的排污管道，用于排放生产废水。经鉴定，闽某公司偷排废水期间，螳螂川河道内水质指标超基线水平 13.0—239.1 倍，上述行为对螳螂川地表水环境造成污染，共计减少废水污染治理设施运行支出 3009662 元，以虚拟治理成本法计算，造成环境污染损害数额为 10815021 元，并对螳螂川河道下游金沙江生态流域功能造成一定影响。

闽某公司生产经营活动造成生态环境损害的同时，其股东黄某海、黄某芬、黄某龙还存在如下行为：1. 股东个人银行卡收公司应收资金共计 124642613.1 元，不作财务记载。2. 将属于公司财产的 9 套房产（市值 8920611 元）记载于股东及股东配偶名下，由股东无偿占有。3. 公司账簿与股东账簿不分，公司财产与股东财产、股东自身收益与公司盈利难以区分。闽某公司自案发后已全面停产，对公账户可用余额仅为 18261.05 元。

云南省昆明市西山区人民检察院于 2021 年 4 月 12 日公告了本案相关情况，公告期内未有法律规定的机关和有关组织提起民事公益诉讼。昆明市西山区人民检察院遂就上述行为对闽某公司、黄某海、李某城等提起公诉，并对该公司及其股东黄某海、黄某芬、黄某龙等人提起刑事附带民事公益诉讼，请求否认闽某公司独立地位，由股东黄某海、黄某芬、黄某龙对闽某公司生态环境损害赔偿承担连带责任。

【诉讼及处理情况】云南省昆明市西山区人民法院于 2022 年 6 月 30 日以（2021）云 0112 刑初 752 号刑事附带民事公益诉讼判

决，认定被告单位昆明闽某纸业有限公司犯污染环境罪，判处罚金人民币 2000000 元；被告人黄某海犯污染环境罪，判处有期徒刑三年六个月，并处罚金人民币 500000 元；被告人李某城犯污染环境罪，判处有期徒刑三年六个月，并处罚金人民币 500000 元；被告单位昆明闽某纸业有限公司在判决生效后十日内承担生态环境损害赔偿人民币 10815021 元，以上费用付至昆明市环境公益诉讼救济专项资金账户用于生态环境修复；附带民事公益诉讼被告昆明闽某纸业有限公司在判决生效后十日内支付昆明市西山区人民检察院鉴定检测费用合计人民币 129500 元。附带民事公益诉讼被告人黄某海、黄某芬、黄某龙对被告昆明闽某纸业有限公司负担的生态环境损害赔偿和鉴定检测费用承担连带责任。

宣判后，没有上诉、抗诉，一审判决已发生法律效力。案件进入执行程序，目前可供执行财产价值已覆盖执行标的。

【评析及思考】企业在其生产及经营活动中，不仅应合理利用自然资源，更应采取有效措施预防和控制环境污染，以履行其对环境保护的基本社会责任。此外，《中华人民共和国刑法》第 338 条明确规定了污染环境的刑事责任，为环境保护提供了刑法层面的保障。

在本案中，被告单位闽某公司未能遵守国家关于环境保护的法律法规，其在未获得排污许可的情况下，未对生产废水进行必要的处理，而是通过隐秘管道直接排放至自然环境中，此行为不仅违反了《中华人民共和国环境保护法》的相关规定，同时也构成了《中华人民共和国刑法》第 338 条所述的污染环境罪。该公司的行为严重破坏了自然环境，对公共利益造成了损害。黄某海与李某城作为闽某公司的主管人员和直接责任人，对于公司的违法行为负有不可推卸的责任。根据我国刑法的相关规定，单位的犯罪行为与个人的刑事责任并不是相互独立的，单位直接负责的主管人员和其他直接责任人员在单位犯罪中所起的作用，同样应当承担相应的刑事责任。因此，针对黄某海和李某城在该环境污染事件中的角色和行为，依法追究其污染环境罪的刑事责任是合理且必要的。

闽某公司及其相关责任人的行为已构成明显的法律违反行为，依据刑法及相关环境保护法律法规，应当对其进行法律制裁，以维护环境安全和社会公共利益。此案不仅体现了法律对环境保护的严格要求，也警示了所有企业必须严格遵守环境保护法律法规，负起保护环境的社会责任。

案例 2　崔某某环境监管失职案

【基本案情】被告人崔某某，男，1960 年出生，原系江苏省盐城市饮用水源保护区环境监察支队二大队大队长。

江苏省盐城市标新化工有限公司（以下简称"标新公司"）位于该市二级饮用水保护区内的饮用水取水河蟒蛇河上游。根据国家、市、区的相关法律法规文件规定，标新公司为重点污染源，系"零排污"企业。标新公司于 2002 年 5 月经过江苏省盐城市环保局审批建设年产 500 吨氯代醚酮项目，2004 年 8 月通过验收。2005 年 11 月，标新公司未经批准在原有氯代醚酮生产车间套产甘宝素。2006 年 9 月建成甘宝素生产专用车间，含 11 台生产反应釜。氯代醚酮的生产过程中所产生的废水有钾盐水、母液、酸性废水、间接冷却水及生活污水。根据验收报告的要求，母液应外售，钾盐水、酸性废水、间接冷却水均应经过中和、吸附后回用（钾盐水也可收集后出售给有资质的单位）。但标新公司自生产以来，从未使用有关排污的技术处理设施。除在 2006 年至 2007 年部分钾盐废水（共 50 吨左右）外售至阜宁助剂厂外，标新公司生产产生的钾盐废水及其他废水直接排放至厂区北侧或者东侧的河流中，导致 2009 年 2 月发生盐城市区饮用水源严重污染事件。盐城市城西水厂、越河水厂水源遭受严重污染，所生产的自来水中酚类物质严重超标，近 20 万盐城市居民生活饮用水和部分单位供水被迫中断 66 小时 40 分钟。造成直接经济损失 543 万余元，并在社会上造成恶劣影响。

盐城市环保局饮用水源保护区环境监察支队负责盐城市区饮用水源保护区的环境保护、污染防治工作。标新公司位于市饮用水源二级保护区范围内，属该支队二大队管辖。被告人崔某某作为二大队大队长，对标新公司环境保护监察工作负有直接领导责任。崔某某不认真履行环境保护监管职责，并于 2006 年到 2008 年多次收受标新公司法定代表人胡某某小额财物。崔某某在日常检查中多次发现标新公司有冷却水和废水外排行为，但未按规定要求标新公司提供母液台账、合同、发票等材料，只是填写现场监察记录，也未向盐城市饮用水源保护区环境监察支队汇报标新公司违法排污情况。2008 年 12 月 6 日，盐城市饮用水源保护区环境监察支队对保护区内重点化工企业进行专项整治活动，并对标新公司发出整改通知，但崔某某未组织二大队监察人员对标新公司进行跟踪检查，监督标新公司整改。直至 2009 年 2 月 18 日，崔某某对标新公司进行检查时，只在该公司办公室填写了 1 份现场监察记录，未对排污情况进行现场检查，没有能及时发现和阻止标新公司向厂区外河流排放大量废液，以致发生盐城市饮用水源严重污染。在水污染事件发生后，崔某某为掩盖其工作严重不负责任，于2009年2月21日伪造了日期为2008年12月10日和2009年2月16日两份虚假监察记录，以逃避有关部门的查处。

【诉讼及处理情况】2009年3月14日，崔某某因涉嫌环境监管失职罪由江苏省盐城市阜宁县人民检察院立案侦查，同日被刑事拘留，3月27日被逮捕，5月13日侦查终结移送审查起诉。2009年6月26日，江苏省盐城市阜宁县人民检察院以被告人崔某某犯环境监管失职罪向阜宁县人民法院提起公诉。2009年12月16日阜宁县人民法院作出一审判决，认为被告人崔某某作为负有环境保护监督管理职责的国家机关工作人员，在履行环境监管职责过程中，严重不负责任，导致发生重大环境污染事故，致使公私财产遭受重大损失，其行为构成环境监管失职罪；依照《中华人民共和国刑法》第408条的规定，判决崔某某犯环境监管失职罪，判处有期徒刑二年。一审判决后，崔某某以自己对标新公司只具有督查的职责，不具有监管的职责，不符合环境监管失职罪的主体要求等为由提出上诉。盐城市中级人民法院认为，崔某某身为国有事业单位的工作人员，在受国家机关的委托代表国家机关履行环境监督管理职责过程中，严重不负责任，导致发生重大环境污染事故，致使公私财产遭受重大损失，其行为构成环境监管失职罪。崔某某所在的盐城市饮用水源保护区环境监察支队为国有事业单位，由盐城市人民政府设立，其系受国家机关委托代表国家机关行使环境监管职权，原判决未引用全国人民代表大会常务委员会《关于〈中华人民共和国刑法〉第九章渎职罪主体适用问题的解释》的相关规定，直接认定崔某某系国家机关工作人员不当，予以纠正；原判认定崔某某犯罪事实清楚，定性正确，量刑恰当，审判程序合法。2010年1月

21日盐城市中级人民法院二审终审裁定，驳回上诉，维持原判。

【评析及思考】根据《中华人民共和国刑法》第408条的规定，环境监管失职罪是指负有环境保护监督管理职责的国家机关工作人员严重不负责任、导致发生重大环境污染事故，致使公私财产遭受重大损失或者造成人身伤亡的严重后果的行为。

实践中，国有公司、企业和事业单位经合法授权从事具体的管理市场经济和社会生活的工作，拥有一定管理公共事务和社会事务的职权。这些实际行使国家行政管理职权的公司、企业和事业单位工作人员，符合渎职罪主体要求；对其实施渎职行为构成犯罪的，应当依照刑法关于渎职罪的规定追究刑事责任。

参考文献

著作类

江伟：《民事诉讼法学》，中国人民大学出版社 2007 年版。

张卫平：《民事诉讼法》，法律出版社 2016 年版。

吕忠梅：《侵害与救济——环境友好型社会中的法治基础》，法律出版社 2012 年版。

别涛：《中国的环境公益诉讼及其立法设想》，中国环境科学出版社 2007 年版。

林莉红：《亚洲六国公益诉讼考察报告》，中国社会科学出版社 2010 年版。

《环境科学大辞典》，中国环境科学出版社 2018 年版。

李永军：《中华人民共和国民法总则精释与适用》，中国民主法制出版社 2017 年版。

陈甦：《民法总则评注》，法律出版社 2017 年版。

龙卫球、刘保玉：《中华人民共和国民法总则释义与适用指导》，中国法制出版社 2017 年版。

[德]冯·巴尔：《欧洲比较侵权行为法》，张新宝等译，法律出版社 2010 年版。

贾爱玲：《环境问题法律救济研究——以侵权责任法为视角》，法律出版社 2020 年版。

史会剑：《生态环境损害赔偿制度理论与实践研究》，中国环境出版集团 2020 年版。

竺效：《生态损害的社会化填补法理研究》，中国政法大学出版社 2017 年版。

黄薇：《〈中华人民共和国民法典侵权责任编〉解读》，中国法制出版社 2020 年版。

金福海：《惩罚性赔偿制度研究》，法律出版社 2008 年版。

王灿发：《中国环境诉讼典型案例与评析》，中国政法系大学出版社 2015 年版。

［美］唐·布莱克：《社会学视野中的司法》，郭星华等译，法律出版社 2002 年版。

金瑞林：《环境与资源保护法》，北京大学出版社 2006 年版。

杜群：《生态保护法论》，高等教育出版社 2012 年版。

万劲波、赖章盛：《生态文明时代的环境法治与伦理》，化学工业出版社 2006 年版。

《德国刑法典（2002 年修订）》，徐久生等译，中国方正出版社 2004 年版。

《俄罗斯联邦刑事法典》，赵路译，中国人民公安大学出版社 2009 年版。

李希慧、董文辉、李冠煜：《环境犯罪研究》，知识产权出版社 2013 年版。

韦春发：《环境污染犯罪疑难问题研究》，华中科技大学出版社 2022 年版。

高铭暄、马克昌：《刑法学》，北京大学出版社 2016 年版。

张明楷：《刑法学》，法律出版社 2016 年版。

周峨春、孙鹏义：《环境犯罪立法研究》，中国政法大学出版社 2015 年版。

论文类

吕忠梅：《中国生态法治建设的路线图》，《中国社会科学》2013 年第 5 期。

吕忠梅：《民法典绿色条款的类型化构造及与环境法典的衔接》，《行政法学研究》2022 年第 2 期。

吕忠梅等：《"绿色原则"在民法典中的贯彻论纲》，《中国法学》2018 年第 1 期。

吕忠梅：《〈民法典〉"绿色规则"的环境法透视》，《法学杂志》2020 年第 10 期。

吕忠梅：《环境司法理性不能止于"天价"赔偿：泰州环境公益诉讼案评析》，《中国法学》2016 年第 3 期。

张新宝、张红：《中国民法百年变迁》，《中国社会科学》2011 年第 6 期。

王灿发、王雨彤：《"绿色原则"司法适用的法理、风险与规制》，《学术月刊》

2023 年第 3 期。

陈海嵩:《〈民法总则〉"生态环境保护原则"的理解及适用——基于宪法的解释》,《法学》2017 年第 10 期。

宋亚容、汪劲:《生态环境损害赔偿磋商达成一致的影响因素分析》,《环境保护》2022 年第 9 期。

张梓太、李晨光:《关于我国生态环境损害赔偿立法的几个问题》,《南京社会科学》2018 年第 3 期。

王树义、刘琳:《论惩罚性赔偿及其在环境侵权案件中的适用》,《学习与实践》2017 年第 8 期。

陈瑞华:《论检察机关的法律职能》,《政法论坛》2018 年第 1 期。

别涛等:《生态环境损害赔偿磋商与司法衔接关键问题探析》,《法律适用》2020 年第 7 期。

才惠莲:《我国跨流域调水生态补偿法律问题的探讨》,《武汉理工大学学报(社会科学版)》2014 年第 2 期。

才惠莲:《我国跨流域调水生态补偿制度的完善》,《中国行政管理》2013 年第 10 期。

才惠莲:《我国跨流域调水生态补偿法律体系的完善》,《安全与环境工程》2019 年第 3 期。

陈海嵩:《生态文明体制改革的环境法思考》,《中国地质大学学报(社会科学版)》2018 年第 2 期。

陈洪磊:《民法典视野下绿色原则的司法适用》,《法律适用》2020 年第 23 期。

陈华东等:《水库移民社会保障制度研究》,《农村经济》2008 年第 7 期。

戴仁卿:《〈民法典〉背景下我国惩罚性赔偿制度的缘起、问题与未来》,《理论观察》2021 年第 9 期。

段厚省:《环境民事公益诉讼基本理论思考》,《中外法学》2016 年第 4 期。

樊华中:《检察公益诉讼的调查核实权研究:基于目的主义视角》,《中国政法大学学报》2019 年第 3 期。

甘力、张旭东:《环境民事公益诉讼程序定位及立法模式选择研究》,《重庆大学学报（社会科学版）》2018 年第 4 期。

顾向一、鲁夏：《环境损害惩罚性赔偿适用研究》，《行政与法》2021 年第 1 期。

郭海蓝、陈德敏：《生态环境损害赔偿磋商的法律性质思辨及展开》，《重庆大学学报（社会科学版）》2018 年第 4 期

郝振江：《论人民调解协议司法确认裁判的效力》，《法律科学》2013 年第 2 期。

侯国跃、刘玖林：《〈民法典〉绿色原则：何以可能以及如何展开》，《求是学刊》2019 年第 1 期。

胡肖华、熊炜：《生态环境损害赔偿磋商的现实困境与制度完善》，《江西社会科学》2021 年第 11 期。

黄锡生：《民法典时代环境权的解释路径——兼论绿色原则的民法功能》，《社会科学文摘》2020 年第 12 期。

黄鑫：《习近平法治思想中依法依规论述的法理意蕴与实践指向——以生态文明法治建设为分析背景》，《广西社会科学》2021 年第 12 期。

黄鑫磊：《浅论环境侵权民事责任构成要件》，《法制与社会发展》2019 年第 9 期。

季林云、韩梅：《环境损害惩罚性赔偿制度探析》，《环境保护》2017 年第 20 期。

康京涛：《生态环境损害赔偿磋商的法律性质及规范构造》，《兰州学刊》2019 年第 4 期。

康京涛、何丽：《生态环境损害赔偿磋商第三人的角色失调与定位——基于 15 省份磋商办法与十大典型案例的分析》，《中国环境管理》2022 年第 3 期。

李丹：《环境损害惩罚性赔偿请求权主体的限定》，《广东社会科学》2020 年第 3 期。

李富君：《超越人类中心主义与生态中心主义的对立——对"马克思是狭隘的人类中心主义者"的批判》，《中州学刊》2010 年第 3 期。

李小燕、胡仪元：《水源地生态补偿标准研究现状与指标体系设计——以汉江流域为例》，《生态经济》2012 年第 11 期。

李兴宇：《生态环境损害赔偿磋商的性质辨识与制度塑造》，《中国地质大学学报（社会科学版）》2019 年第 4 期。

李树训：《论"生态环境法典"之"生态环境"的阐释》，《中国环境管理》2022

年第 5 期。

李树训：《生态环境损害赔偿诉讼与环境民事公益诉讼竞合的第三重解法》，《中国地质大学学报（社会科学版）》2021 年第 5 期。

梁勇、朱烨：《环境侵权惩罚性赔偿构成要件法律适用研究》，《法律适用》2020 年第 23 期。

林煜、张晓楠：《生态环境损害赔偿磋商机制的法律构建——基于其法律性质思辨的论证》，《贵州大学学报（社会科学版）》2023 年第 1 期。

刘辉：《检察公益诉讼的目的与构造》，《法学论坛》2019 年第 5 期。

刘加良：《检察公益诉讼调查核实权的规则优化》，《政治与法律》2020 年第 10 期。

刘莉、胡攀：《生态环境损害赔偿磋商制度的双阶构造解释论》，《甘肃政法学院学报》2019 年第 1 期。

刘莉、胡攀：《生态环境损害赔偿诉讼的公益诉讼解释论》，《西安财经学院学报》2019 年第 3 期。

刘起军、何双凤：《制约生态环境损害赔偿磋商实效性的因素及其消解》，《湖南大学学报（社会科学版）》2023 年第 1 期。

刘伟：《落实双碳行动，共建美丽家园》，《环境科学与管理》2022 年第 6 期。

柳忠卫：《刑法立法模式的刑事政策考察》，《现代法学》2010 年第 3 期。

马密等：《〈民法典〉绿色原则的司法适用：实践样态与优化路径——以〈民法总则〉第 9 条的司法适用为基点》，《法律适用》2020 年第 23 期。

马腾：《我国生态环境侵权责任制度之构建》，《法商研究》2018 年第 35 期。

潘佳：《生态环境损害赔偿磋商制度解构》，《法律适用》2019 年第 6 期。

秦勇、张静：《生态环境损害赔偿磋商协议的性质考辩与规范构造》，《人民检察》2021 年第 13 期。

孙越：《环境补偿实践的困境及出路分析》，《贵州社会科学》2018 年第 10 期。

王冲：《〈民法典〉环境侵权惩罚性赔偿制度之审视与规制》，《重庆大学学报（社会科学版）》2022 年第 5 期。

王慧、樊华中：《检察机关公益诉讼调查核实权强制力保障研究》，《甘肃政法大学学报》2020 年第 6 期。

王曦：《论环境公益诉讼制度的立法顺序》，《清华法学》2016 年第 6 期。

王小钢：《以环境公共利益为保护目标的环境权利理论——从"环境损害"到"对环境本身的损害"》，《法制与社会发展》2011 年第 2 期。

王笑寒：《生态环境侵权惩罚性赔偿制度的法律适用问题》，《山东社会科学》2021 年第 3 期。

王一彧：《检察机关提起环境行政公益诉讼现状检视与制度完善》，《中国政法大学学报》2019 年第 5 期。

王勇：《环境犯罪立法：理念转换与趋势前瞻》，《当代法学》2014 年第 3 期。

吴俊：《中国民事公益诉讼年度考察报告（2017）》，《当代法学》2018 年第 5 期。

吴真、李雪：《生态环境损害赔偿磋商协议的行政契约属性》，《吉林大学社会科学学报》2021 年第 5 期。

肖峰、周孟蓉：《论〈民法典〉绿色原则的合同适用及其制度启示》，《大连理工大学学报》（社会科学版）2023 年第 1 期。

谢海波：《环境侵权惩罚性赔偿责任条款的构造性解释及其分析——以〈民法典〉第 1232 条规定为中心》，《法律适用》2020 年第 23 期。

熊超、谭惠娟：《生态损害赔偿磋商程序公众参与的困境及其破解路径》，《经济与社会发展》2021 年第 2 期。

闫云君等：《关于规划建设"长江流域生物物种资源（含基因）库及生态环境保障设施"调查结果与建议》，《华中科技大学学报（自然科学版）》2022 年第 10 期。

杨宁、黎宏：《论污染环境罪的罪过形式》，《人民检察》2013 年第 21 期。

杨秀清：《我国检察机关提起公益诉讼的正当性质疑》，《南京师范大学学报（社会科学版）》2006 年第 6 期。

叶名怡：《重大过失理论的构建》，《法学研究》2009 年第 6 期。

余凌云：《论行政协议无效》，《政治与法律》2020 年第 11 期。

张陈果：《论公益诉讼中处分原则的限制与修正——兼论〈新民诉法解释〉第 289、290 条的适用》，《中外法学》2016 年第 4 期。

张锋：《风险规制视域下生态环境损害赔偿磋商制度研究》，《兰州学刊》2022

年第 7 期。

张明楷：《刑事立法的发展方向》，《中国法学》2006 年第 4 期。

张明楷：《罪过形式的确定——刑法第五条第 2 款"法律有规定"的含义》，《法学研究》2006 年第 3 期。

张霞、周文升：《中外环境犯罪形态与因果关系认定之比较》，《山东社会科学》2013 年第 9 期。

郑少华、王慧：《绿色原则在物权限制中的司法适用》，《清华法学》2020 年第 4 期。

周婷婷：《生态环境损害赔偿磋商制度的构建》，《广西社会科学》2021 年第 10 期。

竺效：《论绿色原则的规范解释司法适用》，《中国法学》2021 年第 4 期。

曾哲、梭娅：《环境行政公益诉讼原告主体多元化路径探究——基于诉讼客观化视角》，《学习与实践》2018 年第 10 期。

陈晨等：《赔偿磋商与诉讼衔接的关键问题研究——以生态环境损害为例》，《法制博览》2021 年第 3 期。

陈广华、崇章：《环境侵权惩罚性赔偿司法适用问题研究》，《河海大学学报（哲学社会科学版）》2022 年第 1 期。

丁宁：《我国生态环境损害赔偿磋商制度的规范考察：困境与出路》，《党政干部学刊》2021 年第 6 期。

董荣：《环境民事公益诉讼诉前程序完善的法律思考》，《河北环境工程学院学报》2020 年第 5 期。

董正爱、胡泽弘：《协商行政视域下生态环境损害赔偿磋商制度的规范表达》，《中国人口·资源与环境》2019 年第 6 期。

窦海阳：《〈中华人民共和国民法典〉与生态治理》，《中国井冈山干部学院学报》2020 年第 6 期。

杜玮倩：《检察机关提起民事公益诉讼相关问题研究》，《重庆第二师范学院学报》2020 年第 1 期。

冯汝：《民法典制定背景下我国环境侵权惩罚性赔偿制度的建立》，《环境与可持续发展》2016 年第 3 期。

冯艳楠：《污染环境罪与投放危险物质罪的界分与竞合》，《山东审判》2015 年第 2 期。

高家伟：《检察行政公益诉讼的理论基础》，《国家检察官学院学报》2017 年第 2 期。

巩固：《〈民法典〉"绿色原则"司法适用的类型与功能——基于相关判决的分析》，《南京工业大学学报（社会科学版）》2021 年第 6 期。

乐天中：《新安江流域生态补偿机制政策探究》，《环境保护与循环经济》2019 年第 8 期。

李波、宁清同：《论绿色原则在合同纠纷中的司法适用》，《广西政法管理干部学院学报》2020 年第 3 期。

李东航、肖珍：《习近平生态文明思想的四重维度探析》，《中北大学学报》（社会科学版）2022 年第 3 期。

李锦：《四川横断山区生态移民的风险与对策研究》，《中南民族大学学报》2008 年第 2 期。

李毅：《黄河流域横向生态补偿的理论解析与制度完善》，《西南林业大学学报（社会科学版）》2022 年第 4 期。

梁福庆：《三峡工程移民补偿政策发展和创新研究》，《三峡大学学报》2012 年第 2 期。

刘恩媛：《论环境行政公益诉讼制度的反思与重构》，《环境保护》2020 年第 16 期。

刘惠明、浦瑜悦：《生态环境损害赔偿磋商制度现实困境与完善路径》，《四川环境》2022 年第 2 期。

刘期安：《环境侵权中的惩罚性赔偿问题与对策研究》，《昆明理工大学学报（社会科学版）》2015 年第 3 期。

刘倩：《生态环境损害赔偿磋商法律属性探析》，《环境保护》2018 年第 7 期。

刘艺：《行政检察与法治政府的耦合发展》，《国家检察官学院学报》2020 年第 3 期。

陆军、杨学飞:《检察机关民事公益诉讼诉前程序实践检视》,《国家检察官学院学报》2017年第6期。

麻宝宝、张峰:《环境公益诉讼诉前程序研究》,《山东理工大学学报(社会科学版)》2018年第2期。

马雁萍:《石羊河流域生态补偿研究》,《水利规划与设计》2018年第6期。

裴丽萍等:《我国生态环境损害赔偿磋商制度的现实困境与逻辑进路——基于多案例分析》,《河南工业大学学报(社会科学版)》2020年第5期。

齐伟等:《民法绿色原则的困境与出路》,《沈阳工业大学学报(社会科学版)》2020年第5期。

祁英:《陕西省检察机关公益诉讼试点调研情况及取得成效分析》,《吉林广播电视大学学报》2018年第8期。

秦鹏、何建祥:《论环境行政公益诉讼的启动制度——基于检察机关法律监督权的定位》,《暨南学报(哲学社会科学版)》2018年第5期。

申进忠:《惩罚性赔偿在我国环境侵权中的适用》,《天津法学》2020年第3期。

苏永生:《环境犯罪的独立性和体系性建构》,《中国地质大学学报(社会科学版)》2018年第5期。

苏永生:《我国环境犯罪的立法分类问题研究》,《武汉科技大学学报(社会科学版)》2023年第6期。

孙昭宇:《生态环境损害赔偿制度的问题检视与体系重塑》,《江苏大学学报(社会科学版)》2021年第5期。

王世进、夏虹:《论环境侵权惩罚性赔偿制度的法律适用》,《湖北经济学院学报》2021年第2期。

王腾:《我国生态环境损害赔偿磋商制度的功能、问题与对策》,《环境保护》2018年第3期。

王玉子:《生态环境损害赔偿磋商程序监督机制构建研究》,《山东青年政治学院学报》2022年第2期。

魏宏斌:《绿色原则的裁判功能、适用要求及法律效果》,《河南财经政法大学学报》2020年第5期。

谢春云、王宁:《德国农业生态补偿政策形成的背景、政策实践与启示》,《农业科学研究》2023 年第 4 期。

熊雪雨:《我国环境污染强制责任保险制度推行的现行障碍及法律需求》,《上海保险》2019 年第 4 期。

徐淑琳、冷罗生:《反思环境公益诉讼中的举证责任倒置:以法定原告资格为视角》,《中国地质大学学报(社会科学版)》2015 年第 1 期。

晏翔:《环境民事公益诉讼诉前程序的构建与完善》,《山东行政学院学报》2017 年第 3 期。

杨盛华:《〈民法典〉环境惩罚性赔偿制度适用研究》,《西部学刊》2022 年第 2 期。

张霞、陈宇霄:《新时代背景下环境监管失职罪立法的完善》,《山东农业工程学院学报》2019 年第 1 期。

赵惊涛、赵缔:《民法典物权编"绿色化"困境与实现思路》,《学习与探索》2020 年第 6 期。

郑少华、王慧:《绿色原则在物权限制中的司法适用》,《清华法学》2020 年第 4 期。

钟瑞栋、杨静:《民法典合同编的绿色化》,《河北工程大学学报(社会科学版)》2019 年第 4 期。

周春芳:《贵州省赤水河流域经济发展差异实证研究》,《现代商贸工业》2017 年第 11 期。

后 记

　　生态环境保护是一个全球性的课题，关乎人类的生存和发展。关于生态环境保护方面的法学研究成果非常丰富，笔者正是从汗牛充栋的研究成果中汲取了充分的营养。本书是笔者从多年法学教学中积累的案例中选择一部分作为研究素材，结合近年在陕西（高校）哲学社会科学重点研究基地"陕南绿色发展与生态补偿研究中心"和陕西高校新型智库"汉江水源保护与陕南绿色发展研究"工作中的浅薄思考，集合成文。这些案例可能不是最复杂的，也不一定具有多大示范作用，但在生态环境资源保护的某个环节是具有典型意义的。这些讨论可能不是生态环境资源法学中体系化的东西，但从不同角度阐述了环境保护法律适用中的一些重点问题。本书的写作、整理持续了两年时间，其间得到不少同事和学生的帮助，得到陕西（高校）哲学社会科学重点研究基地"陕南绿色发展与生态补偿研究中心"和陕西高校新型智库"汉江水源保护与陕南绿色发展研究"两个学术研究平台的有力支持。陕西理工大学经济管理与法学学院院长胡仪元教授、法学系主任马小花副教授参与了指导论证；部分 2019 级、2020 级法律硕士研究生在文字上给予了大力协助，在此一并致谢。

　　尽管笔者为写作本书付出很多努力，因水平有限，错漏在所难免，敬请批评指正。

责任编辑：李媛媛

装帧设计：胡欣欣

图书在版编目（CIP）数据

生态环境资源法典型案例研究 / 于君刚著 . -- 北京 ：
人民出版社，2025. 7. -- ISBN 978 - 7 - 01 - 027198 - 9

I. D922. 685

中国国家版本馆 CIP 数据核字第 2025C9J462 号

生态环境资源法典型案例研究

SHENGTAI HUANJING ZIYUANFA DIANXING ANLI YANJIU

于君刚　著

人民出版社 出版发行

（100706　北京市东城区隆福寺街 99 号）

北京九州迅驰传媒文化有限公司印刷　新华书店经销

2025 年 7 月第 1 版　2025 年 7 月北京第 1 次印刷

开本：710 毫米 ×1000 毫米 1/16　印张：18

字数：247 千字

ISBN 978 - 7 - 01 - 027198 - 9　定价：88.00 元

邮购地址 100706　北京市东城区隆福寺街 99 号

人民东方图书销售中心　电话（010）65250042　65289539